Gustav Rasch

Berlin bei Nacht

Berlin bei Nacht
Gustav Rasch

Herausgegeben von Paperview in Kooperation mit dem Berliner Verlag
Produktion: Paperview 2007
ISBN 9789078432623
Pflichtangabe D/2007/54370/21

www.paperviewgroup.com

Das Haus des Elends

Fast fünf Jahre waren verflossen, seit ich das große graue Haus am Alexanderplatz nicht besucht hatte, welches in der Akten- und Geschäftssprache «das Arbeitshaus» heißt und welches der Berliner kurzweg den «Ochsenkopf» nennt.[1]

Die Ecke der Alexanderstraße und des Alexanderplatzes bilden, wie ich für den Fremden bemerke, der Berlin nicht kennt, mehrere große Gebäude von einem grauen und düsteren Anstrich, von denen der Vorübergehende nicht weiß, was er daraus machen soll. Sie sehen aus wie eine Kaserne oder auch wie ein großes Magazin, dann auch wieder wie ein Gefängnis. Die Ausdehnung und der Umfang der Gebäude sind von der Seite des Platzes nicht recht zu beurteilen, weil sie einen weit größern Raum einnehmen, als es von dieser Seite aus scheint, und mit den hinteren Höfen und Seitenflügeln an die Spree stoßen. Im Winter kommt die Einwohnerzahl dieser Gebäude zuweilen der Bevölkerung eines kleinen Landstädtchens gleich, da sie oft bis auf tausend Seelen zählte – um hier einmal diesen Ausdruck zu gebrauchen, da er hier am Platze ist –, und steigt oft bis über tausend. Die Häuser gehören der Kommune und werden von seiten des Magistrats verwaltet.

Vor fünf Jahren ging ich an einem Herbstnachmittag in der Alexanderstraße vor diesem großen, grauen Gebäude eine Stunde lang umher. Die Stunde war recht interessant. Eine Menge neuer Bewohner hielt in das Siechenhaus menschlichen Elends seinen Einzug; heraus sah ich niemanden kommen. Zuerst hielt ein großer, gelb angestrichener Wagen, welcher das Aussehen eines Omnibusses hatte, vor dem Tor. Hinten im Wagen öffnete sich eine Klappe, und aus der Klappe stieg ein Konstabler, ein Papier in der Hand, von dem Wagentritt auf die Straße. Er hatte eine akten- und geschäftsmäßige Miene, blickte auf das Papier, auf dem eine Reihe von Namen verzeichnet war, und kontrollierte nun den Inhalt des Wagens, dessen Insassen – es mochten ungefähr zwölf sein – nacheinander mit größerer oder geringerer Geschwindigkeit den Tritt hinabkletterten. Der Wagen kam aus der Stadtvoigtei am Molkenmarkt[2] und lud hier alles das ab, was heute in den Polizeigefängnissen nichts mehr zu tun hatte oder was in der letzten Nacht dort eingebracht war.

Zuerst sprang ein hübsches junges Mädchen aus dem Wagen auf die Straße. Sie war gekleidet, als wenn sie von einem Balle oder aus einer Gesellschaft käme. Sie trug ein seidenes Kleid, einen ganz modernen Strohhut und ein Sommermäntelchen von neuestem Schnitt und strohgelbe Glacéhandschuhe. Trotz ihres modernen und geschmackvollen Anzuges sah man ihr aber ganz deutlich an, daß sie keineswegs zur guten Gesellschaft gehörte, wenn sie auch nicht aus dem gelben Wagen gekommen wäre. Wahrscheinlich hatte sie die Nacht auf einem jener Bälle zugebracht, wo, wie einer meiner Freunde zu sagen pflegt, «die dunkeln Existenzen» zu verkehren pflegen.

Nun wandte sie das Gesicht nach der Seite hin, wo ich stand. Sie war noch sehr jung. Sie konnte kaum neunzehn Jahre alt sein. Sie hatte schöne braune Augen, weiches braunes Haar, und auf ihren frischen Wangen war der erste Rosenschimmer der Jugend noch nicht von der rauhen Hand des Lasters verwischt.

Lachend blickte sie mich an. Hatte ich sie nicht schon früher gesehen? Ich konnte mich nur nicht erinnern, wo und wann?

«Sie wissen wohl nicht mehr, Herr Doktor, wo sie mich gesehen haben», sagte sie zu mir, als sie an mir vorüberging, «ich kenne Sie recht gut. Was machen Sie denn hier? Sie suchen wohl Stoff zu einem Feuilleton oder wie Sie das Ding nennen? Nun, wie ist es, kennen Sie mich jetzt?»

«Nein, ich weiß in der Tat nicht, wo ich Sie gesehen habe.»

«Das glaube ich; es war auch in ganz anderer Gesellschaft, in weit besserer als in dem gelben Wagen.»

Ich dachte nach, aber ich konnte mich des Mädchens nicht erinnern. «Nein», sagte ich, «ich weiß es nicht. Wo war es denn?»

«Wissen Sie noch», flüsterte das Mädchen, «als Ihr Freund, der Kaufmann A., sich verheiratete. Wir waren zusammen auf der Hochzeit. Es sind schon fast drei Jahre her. Ich war damals noch ein Backfisch von sechzehn Jahren. Sie haben mich wohl kaum angesehen?»

«O ja», erwiderte ich, «leider erkenne ich Sie jetzt. Elise, wie kommen Sie hierher? Sind Ihre Eltern denn gestorben?»

«Nun, sehen Sie mich nur nicht so ernst an. Meine Eltern leben. Ich bin in einem Ladengeschäft, wo ich auch wohne. Ich sehe meine Eltern oft mehrere Wochen hindurch nicht. Besuchen Sie mich doch einmal, die kleine Elise, wenn ich hier herauskomme. Ich wohne Friedrichstraße Nummer zwanzig, dann werde ich Ihnen die ganze Geschichte erzählen.» Das Mädchen lachte, wendete sich um und verschwand in dem großen Eingangstor.

Ich war ganz erstaunt über diese Begegnung und sah wieder auf den gelben Wagen. Derselbe hatte währenddem seinen ganzen Inhalt ausgeladen. Was stand da alles neben dem Konstabler zusammen? Noch zwei liederliche Frauenzimmer, welche noch einmal so alt waren wie die kleine, hübsche Elise. Das Laster stand auf ihren Gesichtern geschrieben. Sie erschienen weit älter, als sie waren. Ihr Blick war frech und gemein, ihre Haltung unverschämt, ihre Toilette in derangiertem Zustand. So mußte Elise aussehen, wie diese beiden Mädchen, wenn sie nochmals neunzehn Jahre alt war, falls sie das Leben weiter fortsetzte, was sie erst seit kurzem begonnen hatte. Ich nahm mir vor, sie zu besuchen.

Neben dem Mädchen standen zwei Leute, welche, so ärmlich sie auch aussahen, gerade nicht das Ansehen von Vagabunden und Spitzbuben hatten. Sie waren alt, über sechzig Jahre alt; ihre Mienen waren kummervoll, ihr Haar ergraut. Ihr Anzug war äußerst ärmlich und fadenscheinig. Es waren Bettler, alte Handwerker, welche, weil ihr Handwerk nicht mehr ging und weil sie nicht imstande gewesen waren, sich während ihres mühevollen Lebens einige Ersparnisse für die Tage ihres Alters zurückzulegen, betteln mußten. Arbeiten konnten sie nicht mehr, verhungern wollten sie nicht, nun, so bettelten sie. Man darf aber in Preußen nicht betteln. Wenn man bettelt, begeht man das, was das Strafgesetzbuch eine «Übertretung» nennt, und diese Übertretung kann mit Gefängnis bis zu sechs Wochen bestraft werden. Wird aber jemand wegen mehrmaligen Bettelns bestraft und bettelt er dann noch einmal wieder, so macht er sich eines Vergehens schuldig, und wegen dieses Vergehens kann er bis zu drei Monaten in das Arbeitshaus gesperrt werden. Es ergeht ihm dann wie den beiden alten Handwerkern, welche hinter den beiden liederlichen Weibern aus dem gelben Wagen stiegen und mit ihnen zu gleicher Zeit in das düstere Haus eintraten. Hinter ihnen stiegen verkommene Gestalten aus dem Wagen, Männer und Weiber von unordentlichem Aussehen, meist in Lumpen gekleidet. Sie hatten, sagte mir der Konstabler, die Strafe der sogenannten Landstreicherei verwirkt, sie waren dem Trunke und dem Müßiggang ergeben und hatten bereits eine Strafe von mehreren Monaten verbüßt. Jetzt detenierte die Polizei sie auf unbestimmte Zeit im Arbeitshaus.

Wieder kam ein Trupp Leute vom Alexanderplatz her, gerade auf das Arbeitshaus zu, Männer, Weiber und wenigstens ein Dutzend Kinder. Sie waren ärmlich gekleidet, hatten aber nicht das Aussehen von Vagabunden. Was waren das für Leute? Es waren Obdachlose, welche im Arbeitshaus ein Quartier suchten, für einige Tage oder für mehrere Wochen, je nachdem es ihnen gelingen würde, ein anderes Quartier zu finden. Sie waren nicht imstande gewesen, zum Ersten des Quartals den schuldigen Mietzins zu bezahlen. Das Geschäft war nicht gegangen, es wurde ja nur von der Hand in den Mund gelebt. Da hatte der Hauseigentümer sie auf die Straße gesetzt und die wenigen Mobilien, welche sie besaßen, für den schuldigen Mietzins zurückbehalten. Er hat das nicht selbst getan, o nein, die Sache ist ganz ordnungsmäßig zugegangen. Er hat einen Exmissionsprozeß beim Stadtgericht angestrengt, und der Exekutor hat, als das Erkenntnis rechtskräftig war, nur seine Pflicht getan. Die ganze Familie befindet sich aber ohne Sachen und ohne Kleidungsstücke auf der Straße, und auf dem Pflaster kann sie doch unmöglich bleiben. Der Revierpolizeibeamte hat sie deshalb nach dem großen Hause am Alexanderplatz geschickt, um dort für einige Zeit Quartier zu finden.

So hat, nachdem die Tür des Hauses sich hinter ihnen geschlossen hatte, das große, unsichtbare Band, das alle Kinder der Armut seit ihrer Geburt gemeinschaftlich umschlingt, das Band, was der fleißige und tätige Handwerker durch eine vierzehnstündige Arbeit für eine Zeitlang zerrissen hat, sie nun alle wieder hier im Hause des Elends vereinigt, die Vagabunden, die Umhertreiber, die liederlichen Frauenzimmer, die ordentlichen und tätigen Handwerker mit ihren Frauen und mit ihren Kindern und die hübsche und wohlerzogene Tochter des Bürgers, welche aus Hang zum Putz, zu einem fröhlichen Leben, zum Champagnertrinken und zum Austernessen bereits in ihrem neunzehnten Jahre den Weg betritt, der sie nun allgemach durch alle Stufen und Stadien des Elends und der Schande bis zu dem einsamen Grabe auf dem Armenkirchhof führen wird, wo die Einwohner des Hauses, wenn sie das Unglück haben, in diesem Hause zu sterben, in einem kleinen, platten Sarge begraben werden, den das Volk mit einem entsetzlichen Ausdruck «den Nasenquetscher»[3] nennt, ohne daß ihnen irgend jemand das Geleit gibt.

Schon wollte ich die Klingel am Eingangstor ziehen, da sah ich einen jungen Mann in Begleitung eines Konstablers die Straße vom Molkenmarkt her heraufkommen. Der Konstabler hatte ein Aktenstück unter dem Arm. Der junge Mann sah gar nicht aus wie ein Aspirant auf das Arbeitshaus. Er war elegant gekleidet, trug Glacéhandschuhe und einen Hut nach der neuesten Façon. Ich blieb stehen, um seine Ankunft zu erwarten. Als er näher kam, erkannte ich einen meiner Bekannten – einen Schriftsteller, der sich seit Jahr und Tag als Korrespondent für auswärtige Zeitungen in Berlin aufhielt.

Nun war mir alles klar. Er schrieb Korrespondenzen für englische und französische Zeitungen, welche der Regierung höchst mißliebig waren. Die Polizei hatte ihn ausgewiesen. Er hatte mir dies schon vor einiger Zeit erzählt, hatte mir aber gesagt, daß er gegen seine Ausweisung remonstrieren[4] wolle.

«Guten Morgen», rief er mir mit ganz heiterem Gesicht entgegen, «wollen Sie mich vielleicht in das Arbeitshaus begleiten?»

«Wollen Sie dorthin?» fragte ich.

«Wollen? O nein, durchaus nicht. Aber ich muß. Ich will Ihnen nur gestehen, ich habe einen recht dummen Streich gemacht. Ich erzählte Ihnen doch vor einiger Zeit Unter den Linden in der Kranzlerschen Konditorei, daß ich ausgewiesen sei, gegen die Ausweisung aber remonstrieren wolle. Sie warnten mich damals, unter keiner Bedingung ein Protokoll bei der Polizeibehörde zu unterschreiben, weil in diesem Protokoll mir eine Arbeitshausstrafe angedroht würde, wenn ich dem Ausweisungsbefehl keine Folge leistete. Leichtsinnigerweise habe ich es doch getan, und nun...»

«Spazieren Sie ganz nach dem Buchstaben des Gesetzes in das Arbeitshaus, Bester. Reisen Sie doch sofort ab. Es ist nun nichts mehr zu machen.»

«Nein, ich will es mir doch einmal vierundzwanzig Stunden da drinnen ansehen und an den Minister schreiben, daß ich im Arbeitshaus sitze. Abreisen kann ich jede Minute.»

«Das ist ein ganz eigenes Pläsier, um das ich Sie nicht beneide. Kann ich etwas für Sie tun, mich vielleicht nochmals für Sie verwenden?»

Er lachte laut auf. «Geld», sagte er, «steht mir in jedem Moment soviel zur Disposition, wie ich haben will. Geld brauche ich nicht. Aber, wahrhaftig, Sie sind mehr als naiv. Sie wollen sich für mich verwenden?»

Er lachte wieder von neuem.

«Nun, weshalb lachen Sie denn so?» fragte ich.

«Nein, das ist auch zu lächerlich. Sie wollen sich für mich verwenden. An wieviel Personen habe ich mich nun schon, während meine polizeiliche Ausweisung schwebt, gewandt, um diese Ausweisung rückgängig zu machen. An Graf Schwerin, an Herrn von Patow, an Herrn von Auerswald, an den geheimen Rat Matthis. Jeder von ihnen sagte mir, daß seine Verwendung mir nur schaden würde, denn er sei eine mißliebige Person. Ich sah dies natürlich ein. Und nun wollen Sie sich für mich verwenden, Sie, der Sie längst zehnmal ausgewiesen wären, wenn Sie nicht das Glück hätten, einen Bürgerbrief zu besitzen und sagen könnten, wie Shylock im Kaufmann von Venedig: ‹Ich stehe auf meinem Schein!› Nein, das ist ja lächerlich!»

Jetzt lachten wir beide zusammen so lange und so fröhlich, wie gewiß seit vielen Jahren vor der Tür des großen Hauses des Elends in Berlin nicht gelacht worden ist.

Das waren die Erlebnisse einer Stunde vor dem großen Tor des Arbeitshauses heute vor fünf Jahren an einem düsteren Herbstnachmittag. Heute verlief die Stunde, welche ich auf derselben Stelle zubrachte, ganz anders. Es ereignete sich nichts, was mich hätte interessieren können. Den gelben Wagen mit den liederlichen Dirnen, die Obdachlosen, die bestraften Bettler, den ausgewiesenen Korrespondenten der mißliebigen Zeitung erwartete ich vergebens. Was hat sich denn hier ereignet, sagte ich zu mir selbst, hat das Siechenhaus menschlichen Elends am Alexanderplatz eine andere Bestimmung erhalten? Den ausgewiesenen Schriftsteller, der, weil er sich seiner Ausweisung nicht fügen wollte, hier einige Zeit sein Quartier im Arbeitshause aufschlagen mußte, konnte ich freilich nicht mehr erwarten. Die sogenannte neue Ära, von der die Konstitutionellen erzählen, daß sie seit mehreren Jahren für Preußen aufgegangen sei, hat freilich bis jetzt weder in der äußeren noch in der inneren Politik der Regierung viel Lobenswertes in ihrem Gefolge gehabt. Von der Einheit Deutschlands sind wir noch ebensoweit entfernt wie von der Beendigung unseres nun zehnjährigen Notenkrieges mit Dänemark. Die Männer, von denen mein Freund, der Korrespondent, dem ich damals vor der Tür des Arbeitshauses begegnete, mir vor fünf Jahren erzählte, daß sie mißliebig seien, sind einige Jahre nachher Minister der neuen Ära geworden und sind als solche nicht allein bei Hofe, sondern auch noch beim Volke und in ganz Deutschland mißliebig geworden; aber ein Gutes hat die neue Ära doch in ihrem Gefolge gehabt: Die maßlose Polizeiwillkür ist, wenn auch nicht gerade überall im Lande, doch wenigstens in Berlin gebrochen worden. Die Pistolenkugel des Herrn Hans von Rochow hat dem Leben und der polizeilichen Allgewalt Herrn von Hinckeldeys ein Ende gemacht[5], und Herr von Zedlitz ist mit seinem Obersten der Konstabler als Opfer der öffentlichen Meinung gefallen. Die Polizei hat den Mut verloren, mißliebige Schriftsteller ins Arbeitshaus zu schicken. Aber der gelbe Wagen und seine Insassen, wo waren sie geblieben? Ein Beamter des Arbeitshauses, den ich an seiner blauen Uniform mit dem blauen Samtkragen erkannte, ging vorüber. Ich fragte ihn nach dem gelben Wagen.

«Den erwarten Sie hier vergebens, werter Herr», sagte er. «Der gelbe Wagen hält vor dieser Tür nicht mehr. Die liederlichen Dirnen muß die Polizei seit mehreren Jahren selbst aufbewahren, weil sie uns die Kosten ihrer Ernährung nicht bezahlen will; gehen Sie nach dem Molkenmarkt, da können Sie sie sehen, hier nicht mehr.»

«Aber die Siechen und die Elenden?»

«Auch nicht mehr. Der Oberstleutnant von Thümen und der Baumeister von Langen haben unter schattigen Lindenbäumen in der Schönhauser Allee ein Männersiechenhaus gebaut, wo sich's wohnen soll wie im Paradiese; dort sind die Siechen hingebracht.»[6]

«Aber die Irren und Wahnwitzigen?»

«Sind auch nicht mehr hier. Es ist ein besonderes Gebäude für sie zu ihrer Aufnahme eingerichtet.»

«Und das hat der Magistrat getan?» Ich staunte über den Fortschritt des Magistrats der Residenzstadt Berlin und rief: «Auch der Magistrat gehört zur Fortschrittspartei? Bürgermeister und Rat sind Fortschrittsmänner geworden? Wahrlich, Gott ist groß, und Mahomet sein Prophet. Aber die Bettler und die Obdachlosen?»

«Die finden Sie noch hier.»

Wirklich, das Arbeitshaus am Alexanderplatz schien mir endlich seiner eigentlichen Bestimmung übergeben zu sein. Der Beamte ging über den Platz nach der Königstraße. Ich zog nun, immer noch erstaunt und verwundert, die Klingel am Tor – denn im allgemeinen schreitet der Fortschritt im Berliner Magistrat außerordentlich langsam –; vielleicht hat der Magistrat bei seiner Verwaltung sogar die Prügel abgeschafft, sagte ich zu mir selbst, dann drehte sich im Schloß ein Schlüssel, schwerfällig und langsam öffnete sich die Tür von innen, und ich stand wieder auf dem engen und niedrigen Flur, auf dem sich die Eingänge zu der Wachstube und zu den Bürozimmern öffnen. Ein Dutzend Gewehre stand vor der Wachstube an ihren Ständern, Soldaten gingen ab und zu, der Flur bot noch den Anblick des früher gefängnisartigen Raumes, dessen Eindruck nichts weniger als einladend und erfreulich war.

Die schriftliche Empfehlung eines Magistratsmitgliedes, welche ich im Büro vorzeigte, verschaffte mir die Erlaubnis, von einem uniformierten Cicerone in den Räumen des großen Hauses umhergeführt zu werden. Wir stiegen, wie vor fünf Jahren, treppauf, treppab und kamen durch lange Korridore und weite, ein wenig niedrige Säle. Den grotesken, oft schrecklichen Anblick von früher, wo aller Schmutz und alles Elend der Residenz, wo der ganze Kehricht von den Straßen in diesen Räumen aufeinandergehäuft lag, hatte das Arbeitshaus allerdings verloren, und damit war für den Schriftsteller manches Interessante verschwunden.

Die Siechen und die unheilbar Kranken in den Höfen und den Räumen am Wasser, ebenso die Irren und Wahnwitzigen fehlten, das Gelächter und die frechen Scherze der liederlichen Dirnen waren verklungen, der «Ochsenkopf» war zu einem stillen Hause geworden. In den langen und niedrigen Sälen saßen die Detenierten an den Wänden und arbeiteten, in jeder Stube, unter Aufsicht eines Aufsehers. Nach ihren Leistungen und Fähigkeiten waren sie in einzelne Kategorien abgesondert. Sie kratzten Wolle, fertigten Schwefelhölzer an oder flochten Strohdecken. Alle waren in der grauen Hauskleidung, in grauen Jacken, grauen Hosen, grauwollenen Strümpfen und Klappantoffeln. So saßen sie von morgens fünf Uhr bis abends sieben Uhr, mittags hatten sie eine arbeitsfreie Stunde, morgens eine halbe Stunde, abends eine viertel Stunde, welche zum Essen und zum Umhergehen auf dem Hofe benutzt werden konnte. Das ist eine vierzehnstündige Arbeit. Niemand kann behaupten, daß vierzehn Arbeitsstunden täglich zuwenig sind. Ob mit dieser vierzehnstündigen täglichen Arbeit aber der eigentliche Zweck des Arbeitshauses erfüllt wird, der doch nicht allein darin besteht, die Kosten der Verwaltung und Erhaltung zu erschwingen, ist eine andere Frage, welche ich heute wie vor fünf Jahren wiederum mit Nein beantworten mußte. Dadurch, daß die hier Detinierten täglich vierzehn Stunden spinnen, Schwefelhölzer anfertigen und Wolle kratzen, mögen sie freilich einen Teil der Verwaltungskosten erwerben; sie werden aber durch eine solche Arbeit nicht fähiger werden, wenn sie das Haus verlassen, um ein Unterkommen zu finden, als sie es vorher waren. So ist der Zweck ihres Aufenthalts im Arbeitshaus meistenteils nutzlos und erfolglos. Sie kommen hierher, weil sie betteln, weil sie keine Arbeit und kein Unterkommen haben, und sie gehen nach Wochen und Monaten oder auch Jahren wieder hinaus, ohne daß ihre Fähigkeiten, sich ihren Lebensunterhalt zu erwerben, auch nur um eine einzige vermehrt wäre. Es mag sein, daß es seine großen Schwierigkeiten hat, aus dem Berliner Arbeitshause das zu machen, was es eigentlich sein soll, ein Zufluchtshaus und eine Besserungsanstalt; aber es ist dies daraus zu machen, wenn man bei der Administration von dem Gedanken, daß die Verwaltungskosten durch den Ertrag der Arbeiten im Hause selbst gedeckt werden sollen, fürs erste einmal gänzlich abstrahiert, daß man ferner den Sträfling an eine ordentliche und auch die Mittel zum Lebensunterhalt erschwingende Tätigkeit gewöhnt, und wenn er keine Fähigkeiten irgendeines Arbeitserwerbes besitzt, daß er sich diese Fähigkeiten erwerbe; wenn er endlich das, was er durch seine Arbeit im Hause verdient, für sich selbst verdiente. Würde er dann, mit der Protektion der Anstalt versehen, wieder auf die Straße gestellt, so würde er aus dem Arbeitshaus die Mittel mit sich fortnehmen, ein ordentlicher, fleißiger und der Gesellschaft nützlicher Bürger zu werden. So aber erwirbt er einen Teil der Kosten seines Aufenthalts, bettelt wieder, treibt sich wieder umher und kehrt dann wieder hierher zurück, zum ersten, zum zehnten, zum dreißigsten Male, bis er hier stirbt und von hier aus in dem kleinen platten Sarge in einem Winkel des Armenkirchhofes begraben wird.

Eine weite, lange Galerie führte uns in den Saal der Obdachlosen. Es war inmitten des Vierteljahres und deshalb hier ziemlich leer. Nur einige Frauen und Kinder waren anwesend, die Männer hatten sich bereits wieder entfernt, um ein passendes Quartier zu suchen. Die wenige Habe lag in einigen Bündeln auf den Dielen und Bänken umher, die Weiber und Kinder sahen ärmlich genug aus; ihre Gesichter waren bleich und abgezehrt. Natürlich trugen sie die graue Hauskleidung nicht und brauchten auch nicht zu arbeiten. Sie waren die einzigen im ganzen Hause, für welche dasselbe den Charakter einer Zufluchtsstätte hatte. Im Anfang des Quartals und im Winter ist es hier nicht so leer. Dann sind hier oft Hunderte von Menschen, welche in den großen und prächtigen Häusern der Stadt kein Obdach finden können, weil kein Hauseigentümer die Armen mit dem Kinderspektakel, mit den Lumpen und mit der Armut in seinem Hause wohnen lassen will oder weil er sie durch den Exekutor hat auf die Straße setzen lassen, da sie nicht imstande waren, Mietzins zu bezahlen, und weil sie doch nicht auf der Straße und im Freien liegenbleiben können und auch nach dem Willen der Polizei nicht sollen.

«Wollen Sie nun auch gleich die Tretmühle sehen?» sagte mein Cicerone, als wir wieder auf dem Hofe waren. «Sie ist in der Nähe.»

Ich staunte bei dieser Frage. Schon vor fünf Jahren, als ich hier war, erstaunte ich, als mein Begleiter mit mir von der Tretmühle sprach. Damals hatte ich oft von der Tretmühle gehört, hatte sie auch abgebildet gesehen, war aber immer der Ansicht gewesen, daß sie gar nicht existiere. Das Rad einer Mahlmühle, von Menschen gedreht, war mir in unserer Zeit, wo der Dampf überall als eine bewegende Kraft verwandt wird, wo an die Stelle beschwerlicher Handarbeit die Maschine getreten ist, denn doch eine fabelhafte Erscheinung. Mein Begleiter lachte damals, als ich ihm meine Idee mitteilte, und führte mich zu einem einzelnen kleinen Haus, welches mitten auf dem Hof stand und aussah wie ein großes Brunnenhaus. Vor uns gingen zwölf starke, große Männer, welche in der Tretmühle arbeiteten.

Sie betraten vor uns das Haus und waren bereits in voller Tätigkeit, als wir eintraten. Was sah ich? Ein schweres und großes Rad war in seinem ganzen äußeren Umfang mit einer Holzbedachung umgeben, und diese Holzbedachung war mit einer Reihe übereinanderliegender Stufen versehen. Zwei kleine Treppen führten von beiden Seiten bis auf die Höhe des Rades. Auf einer der übereinanderliegenden Stufen standen die zwölf Männer und stiegen in gleichmäßiger Bewegung, wie nach dem Takte, auf die über ihnen liegende Stufe, während sie sich mit den Händen an einer Stange festhielten, um einen Stützpunkt für den Moment zu haben, wo der eine Fuß sich über dem andern erhob, um einen neuen Boden auf der folgenden Stufe zu suchen.

Es war ein höchst mühsames, fortwährendes Treppensteigen. Bei jedem Tritt wechselte der Boden, indem die Stufe, worauf die vierundzwanzig Füße standen, hinabgedrückt wurde und verschwand. Daß die Tretmühle nun wirklich existierte, daß sie kein Produkt der starken Einbildungskraft der Berliner sei, sah ich nun freilich; ich sah auch, weil das Rad sehr schwer war, daß die Arbeit eine sehr mühsame sein müsse; warum diese Tretmühle aber überhaupt existierte, das begriff ich denn doch nicht. Ich kam natürlich auf den Gedanken, daß die Arbeit in der Tretmühle eine Strafe für die Personen im Arbeitshause sei, welche sich vielleicht zu arbeiten weigerten. Dem war aber nicht so. Die Arbeit in der Tretmühle im Arbeitshause ist keine Strafe. Jeder, der dort deteniert wird, konnte dazu kommen. Die im Arbeitshause detenierten Männer fürchteten sich vor dieser Arbeit. Es werden ihnen täglich zwei besondere Stücke Brot verabreicht, wenn sie in der Tretmühle beschäftigt sind.

Und diese Tretmühle war noch heute da. In Berlin, in der Stadt der Zivilisation und Intelligenz, in einer städtischen Anstalt, welche ihrem eigentlichen Zwecke gemäß ein Zufluchtsort und eine Besserungsanstalt sein soll, existierte noch heute eine Maschine, welche in die Rumpelkammer des vorigen Jahrhunderts gehörte. Die verflossenen fünf Jahre, welche doch nach so manchen Richtungen hin im Hause des Elends aufgeräumt haben, haben die Tretmühle nicht beiseite geschafft? Der Fortschritt geht im Magistrats-Kollegium mit langsamen Schritten. Und warum existiert die Tretmühle noch heute? Sie ist ein Überbleibsel vergangener Zeit, aber wahrlich kein Zeichen der Zeit, und die Anwendung des Dampfes oder der tierischen Kräfte kostet Geld. Die Anwendung der menschlichen Kräfte kostet hier aber kein Geld. Das ist, mit klaren, dürren Worten gesprochen, der einzige Grund ihrer Existenz.

«Ich will die Tretmühle nicht sehen», sagte ich zu meinem Führer, «ich kenne sie schon. Genug, daß ich weiß, daß sie noch da ist. Aber, ist der Fuchs auch noch da?»

Der Fuchs ist die Maschine, auf der die Prügel ausgeteilt werden. Der Unglückliche, der geprügelt werden soll, wird auf dieser Maschine festgeschnallt. Ein lederner Riemen wird ihm um die Beine, ein anderer um die Arme und um die Brust befestigt. So ist er auf dem mit Leder überzogenen hölzernen Bock regungslos, und der Prügelmeister erteilt ihm mit einem Rohrstock oder mit einem ledernen Kantschu, der die Dicke eines Daumens hat, die ihm zudiktierte Anzahl Hiebe. Den Frauen werden, wenn sie auf den Fuchs geschnallt werden, um die ihnen bestimmte Anzahl Hiebe zu empfangen, leinene Beinkleider angezogen.

«Gewiß ist der Fuchs noch da. Wo sollte denn der Fuchs geblieben sein?» erwiderte der Aufseher.

«Wieviel Hiebe können denn auf einmal ausgeteilt werden?»

«Dreißig Hiebe.»

«Nein, ich will den Fuchs nicht wiedersehen, ich kenne ihn schon, führen Sie mich wieder hinaus. Die Fortschrittsbeine des Berliner Magistrats schreiten sehr langsam.»

Die Anwendung der Prügel macht auf mich immer einen sehr unangenehmen und höchst widerwärtigen Eindruck, sooft ich ein Gefängnis besehe. Ich möchte wohl einmal eine Gefängnisverwaltung sehen, welche ohne Prügelstrafe regiert. Man meint aber nun ein für allemal, daß ohne Prügel Gefangene durchaus nicht in Ordnung gehalten werden können. Nach meiner Meinung ist dies recht gut möglich und auch nach der Meinung vieler anderer Leute, welche der Ansicht sind, daß Prügel durchaus nicht mit den Humanitätsprinzipien unserer Zeit in Einklag zu bringen sind. Früher glaubten alle Kriminalisten, es könne kein Strafgesetzbuch ohne Prügel existieren, und das nun aufgehobene preußische Strafrecht kannte sogar noch einen «Willkommen» und «Abschied» bei Aufnahme und bei Entlassung aus dem Zuchthause. Das neue Strafgesetzbuch hat, obschon es sich wahrhaftig nicht durch seine Milde auszeichnet, die Prügel bei Androhung der Strafen abgeschafft, ohne daß daraus irgendeine große Gefahr für die Sittlichkeit und Moralität hervorgegangen wäre. Wird man nicht endlich auch dahin kommen, die Prügel in den Gefängnissen abzuschaffen? Daß die Prügel als Strafe für ein Vergehen oder für ein Verbrechen entwürdigend sind und sich in der Verwaltung eines nach konstitutionellen Prinzipien regierten Staates nicht ziemen, darüber ist man in Preußen endlich wohl so ziemlich einig geworden. Aber warum geht man denn nicht logisch einen Schritt weiter? Sind denn die Menschen, welche das Unglück hatten, gegen ein Strafgesetz verstoßen zu haben und zu einer Gefängnisstrafe verurteilt worden zu sein, dadurch aus der menschlichen Gesellschaft herausgetreten, sind sie dadurch so entwürdigt worden, daß man gegen sie eine Strafe ungescheut in Anwendung bringt, welche man sonst zu verabscheuen gewohnt ist? Kein vernünftiger Mensch wird dies behaupten wollen; denn der Satz enthielt offenbar einen Verstoß gegen die gesunde Vernunft, selbst wenn man annehme, daß jeder Verbrecher ein entsittlichter und verworfener Mensch sei, was man doch, wenn man auf die Motive seines Verbrechens zurückgeht, vernünftigerweise ebensowenig behaupten kann. Gibt man also das Entwürdigende der Prügelstrafe bei freien Menschen zu, so muß man es auch bei Gefangenen zugeben. Die Sache hängt schließlich allein von der Frage der praktischen Nützlichkeit ab, nämlich von der Entscheidung der Frage, ob die Ordnung ohne Prügel nicht aufrechtzuerhalten sein würde? Kein denkender und wirklich humaner

Gefängnisvorsteher wird die Frage mit Nein beantworten.

Durch Strafen muß natürlich die Ordnung in einem Gefängnis aufrechterhalten werden. Es gibt aber eine Menge anderer Strafen, welche ebenso empfindlich und unangenehm sind wie der Stock und gewiß ebensoviel wirken, welche aber den Menschen, dessen Seele ein Teil der Gottheit ist, nicht entwürdigen und sein Ehrgefühl und Schamgefühl nicht ruinieren wie die Prügelstrafe. Im Berliner Arbeitshaus ist die Prügelstrafe aber durchaus nicht an ihrem Platze. Für die wenigsten Menschen, welche sich hier aufhalten, ist dieser Aufenthalt ein Zuchthaus, für die meisten soll es wenigstens eine Besserungsanstalt, ein Korrektionshaus oder gar eine Zufluchtsstätte sein. Wenn die Prügel also sogar für eigentliche Strafgefangene, welche Verbrechen gegen das soziale Gesetzbuch begangen haben, entwürdigend sind, wenn man recht gut um dieselbe umhinkommen kann, wie passen sie denn für die Unglücklichen, welche sich in dem großen Hause menschlichen Elends am Alexanderplatz aufhalten, nicht weil sie Verbrechen begangen haben, sondern weil man mit ihnen nirgends hin weiß und weil sie doch irgendwo sein müssen. Niemand wird doch behaupten wollen, daß die Unglücklichen, welche in die Kategorie der Bettler gehören, Verbrecher sind! Es gibt selten Menschen, welche betteln, um zu betteln oder weil sie keine Lust zum Arbeiten haben. Die meisten Bettler betteln, weil sie nicht imstande sind, sich in anderer Weise das tägliche Brot zu verschaffen. Es ist die Pflicht jeder Kommune, für solche armen und unglücklichen Gemeindemitglieder ein Zufluchtshaus oder ein Besserungshaus zu errichten, ein solches Besserungshaus darf aber in seinen Einrichtungen nicht den Charakter eines Gefängnisses annehmen. Diesen Charakter hat das Berliner Arbeitshaus aber nach mehreren Richtungen hin, und dieser Charakter tritt besonders in der Prügelstrafe hervor. Auch der Obdachlose, der hier auf Tage oder Wochen eine Aufnahme sucht, steht unter der Hausordnung des Arbeitshauses. Auch der von der Polizeibehörde Ausgewiesene verfällt dieser Hausordnung, wenn er trotz seiner Ausweisung zurückkehrt. Auch der Prinz von Armenien stand im Arbeitshause unter der Prügelstrafe.

Was meint der Magistrat? Wenn er die Tretmühle und den Fuchs in die Rumpelkammer des vergangenen Jahrhunderts würfe, in der auch die Folterwerkzeuge endlich ihren Platz gefunden haben?

Er hat während der letzten Jahre im Hause des menschlichen Elends am Alexanderplatz mit großer Energie aufgeräumt; wenn er auch noch unter diesen Überbleibseln der früheren Verwaltung aufräumte und in der Behandlung der zur Strafe im Arbeitshause Detinierten ein anderes System proklamierte, ich meine das System, sie zu bessern und ihnen die Fähigkeit und die Mittel zu verschaffen, um ein anderes Leben zu beginnen, wenn sie entlassen werden! Weit über dem bekannten Verwaltungsprinzip, daß Korrektionsanstalten sich durch die Arbeiten und Leistungen der Gefangenen selbst erhalten müssen, stehen die Humanitätsprinzipien unseres Jahrhunderts, und die alten Strafrechtstheorien Feuerbachs[7] und seiner Anhänger haben die immer lauter rollenden Wogen des Stromes der neuen Zeit längst verwischt, an deren Stirn die Worte «Freiheit, Gleichheit und Brüderlichkeit aller Menschen» leuchten. Man erwidere mir nicht: Das sind Illusionen; jene verkommenen Proletarier, welche in den Räumen des Hauses am Alexanderplatz Wolle kratzen und Strohdecken flechten, sind nicht mehr in nützliche Mitglieder der bürgerlichen Gesellschaft umzuwandeln; ich zeige euch jenes einsame, von grünem Rüsterzaun umgebene Haus auf dem anderen Ufer der Spree, welches ich im ersten Kapitel meines Buches beschrieben habe.[8] Dort hat ein wahrhaft christliches Streben weniger Menschen das vollbracht, was auch der Magistrat der großen und reichen Stadt Berlin, der Hunderttausende verausgabt, um seine loyalen Gesinnungen zu zeigen, vollbringen kann – wenn er will!

Ein Besuch im Zellengefängnis bei Moabit

Über das System der Isolierhaft und die Anwendung derselben im Zellengefängnis zu Moabit bei Berlin ist auf dem preußischen Landtage eine Denkschrift überreicht, von der vorher das Gericht sagte, daß sie einen Gesetzentwurf über die Einzelhaft enthalte oder wenigstens in Aussicht stellen würde. Leider widerlegte die Denkschrift[1] das Gerücht dadurch, daß sie zu einer Gesetzesvorlage keine genügende Veranlassung findet. Bevor ich nun die jetzigen Zustände im Berliner Zellengefängnis schildern will, muß ich auch von dieser merkwürdigen Denkschrift sprechen, denn sie sucht durch unlogische Gedankensprünge und Schlußfolgerungen einen Zustand zu rechtfertigen und zu motivieren, der augenblicklich und bereits seit einer Reihe von Jahren in Preußen stattfindet, einen Zustand, der vollständig unerhört ist und der in der kürzlich erschienenen, mit vieler Logik und großer Schärfe geschriebenen Broschüre des Herrn F. von Holtzendorff* ganz richtig folgendermaßen präzisiert ist:[2]

«Die im Zellengefängnis bei Berlin und in noch einigen preußischen Strafanstalten angewandte Einzelhaft ist durch Administrativmaßregeln eingeführt und widerspricht dem Sinne und dem Buchstaben des Gesetzes, nämlich dem § 11. des Strafgesetzbuchs, sie verletzt das Gesetz in zweierlei Beziehung: Erstlich dadurch, daß sie willkürlich eine Behandlung des Gefangenen anwendet, welche das Gesetz nicht kennt, sogar entschieden nicht will, ferner dadurch, daß die Einzelhaft mit der in den einzelnen Fällen durch strafrechtliches Erkenntnis ausgesprochenen gemeinschaftlichen Haft von gleicher Dauer ist.»

Die in dieser ministeriellen Denkschrift enthaltenen Grundsätze sind in der Tat von einer unbegreiflichen Originalität der

* Gesetz oder Verwaltungsmaxime von Dr. F. von Holtzendorff.

Anschauung. Es ist kein Staat in Europa, welcher gewagt hat, durch eine Administrativmaßregel das Gebiet der Strafvollstreckung zu verletzen und die Zellenhaft zu einem bloßen mode d'execution[3] zu machen. Wenn ein Staatsbürger durch ein strafrechtliches Erkenntnis zu einer bestimmten Strafe auf eine bestimmte Dauer verurteilt ist, so hat er doch wenigstens das Recht, dieselbe Strafe und keine andere zu verbüßen. Er kann doch verlangen, daß, wenn er zu Gefängnisstrafe verurteilt ist, er auch in das Gefängnis und nicht in das Zuchthaus zur Abbüßung der Strafe gebracht wird. Kein Gerichtshof kann das einmal rechtskräftig gewordene Erkenntnis abändern, die Gnade der Krone allein kann es mildern oder seine strafrechtlichen Folgen annulieren, eine Administrativbehörde hat es aber noch niemals in einem europäischen Staate gewagt, in die Ausführung dieses strafrechtlichen Erkenntnisses einzugreifen und den Modus desselben nach ihrem Belieben zu modifizieren. Holland, Baden, Belgien, Dänemark, Württemberg, Nassau, Darmstadt, Bayern, Hannover haben die in ihren Gefängnissen angeordnete Einzelhaft durch Gesetze geregelt: Sie haben die Isolierung entweder unter Reduktion des bisher örtlichen Strafmaßes eingeführt, oder sie haben bestimmt, daß die Einzelhaft als eine Schärfung der Freiheitsstrafen vorübergehend zulässig sein soll, aber auch in diesem Falle enthalten die Strafgesetzbücher darüber bestimmte präzisierte Vorschriften. Nicht Frankreich, nicht Hannover, wenn ich nicht irre, nicht einmal Kurhessen hat die Einzelhaft im Disziplinarwege angewandt. Mit diesem administrativen Staatsstreich steht Preußen in der Rechtsgeschichte gottlob in Europa einzig und allein da. Und diesen administrativen Staatsstreich sucht die ministerielle Denkschrift durch eine wirklich sublime und originelle Logik zu rechtfertigen und spricht zum Schluß dann die Ansicht aus, daß zu einer Gesetzesvorlage über die Anwendung der Einzelhaft keine Veranlassung sei! – Ich bin kein Gegner der Einzelhaft, aber vom Standpunkt sowohl des theoretischen Rechts als vom Standpunkt des Gesetzes ist die Einzelhaft, wie sie in Preußen angewendet wird, vollkommen ungesetzlich, also unerhört.

Der § 11. des Preußischen Strafgesetzbuches sagt: Die zur Zuchthausstrafe Verurteilten werden in einer Strafanstalt verwahrt und zu den in derselben eingeführten Arbeiten angehalten.

Er handelt also von der Zuchthausstrafe.

Der § 14. sagt: Die zur Gefängnisstrafe Verurteilten werden in eine Gefangenenanstalt eingeschlossen und können daselbst in einer ihren Fähigkeiten und Verhältnissen angemessenen Weise beschäftigt werden.

§ 14. spricht also von der Gefängnisstrafe, und beide Paragraphen finden den Unterschied zwischen Zuchthausstrafe und Gefängnisstrafe darin, daß die Zuchthausstrafe in einer Strafanstalt, die Gefängnisstrafe dagegen in einer Gefangenenanstalt vollstreckt werden muß, daß ferner für die zu Zuchthaus Verurteilten ein Arbeitszwang existiert, während daß der Gefangene seiner Individualität und seiner sozialen Stellung in der Gesellschaft gemäß beschäftigt werden kann.

Daß nur dieser und kein anderer Sinn den §§ 11. und dem 14. zugrunde liegt und daß die Notwendigkeit anerkannt worden ist, mit der Einführung des Isoliersystems zugleich einen bestimmten Maßstab für die dann erforderliche Herabsetzung der Dauer der zu erkennenden Freiheitsstrafen durch die Gesetzgebung anzuordnen, daß ferner dies als eine Frage der ordentlichen Gesetzgebung erachtet worden ist – das alles geht aus den Vorberatungen der Kammerkommissionen für das neue Strafgesetzbuch mit unwiderleglicher Klarheit und Deutlichkeit hervor.

Das Strafgesetzbuch kennt also das Isoliersystem nicht, es hat ferner charakteristische Unterschiede zwischen Zuchthausstrafe und Gefängnishaft festgesetzt.

Was geschieht aber in dem Zellengefängnis zu Moabit? Das Isoliersystem ist dort bis in seine äußersten Konsequenzen durchgeführt.

Der Unterschied zwischen Zuchthaus- und Gefängnisstrafe ist dort dadurch vollkommen verwischt, daß dort der Arbeitszwang individualisiert ist.

Alle Zuchthausstrafen werden dort ohne Rücksicht auf die Dauer der für gemeinsame Haft berechneten Zeitfristen durch Einzelhaft von derselben Dauer verbüßt.

Das letzte in dem Berliner Zellengefängnis angewendete Prinzip ist jedenfalls dasjenige, was am meisten dem Gesetz und jeder Rechtstheorie ins Gesicht schlägt. Man kann darüber verschiedener Ansicht sein, wie weit eine Reduktion ursprünglich anerkannter gemeinschaftlicher Strafen bei Einführung der Einzelhaft gehen könne; wie man aber behaupten kann, daß eine zeitliches Strafmaß durch die eine oder andere Strafart gar nicht affiziert werden[4], wie man ferner behaupten kann, daß eine gewisse zeitliche Grenze für die Isolierhaft gar nicht fixiert zu werden brauche, das hat bis jetzt weder ein Rechtslehrer noch ein europäisches Gesetzbuch begriffen, dies behauptet nur die Denkschrift des preußischen Ministeriums, welche ihre Behauptung durch den in ihr angetretenen Beweis zu rechtfertigen sucht, daß Zellenhaft und gemeinsame Haft ihrem Rechtscharakter nach identisch seien.

Auf diesem Boden des administrativen Staatsstreichs steht die in den preußischen Zellengefängnissen angewendete Einzelhaft.

Sprechen wir erst nun von der Frage der Zweckmäßigkeit der Einzelhaft überhaupt, bevor wir den traurigen Räumen des Zellengefängnisses bei Berlin einen Besuch abstatten. Es ist dies eine Frage, an der die Wissenschaft aller europäischer Länder noch heute arbeitet, eine Frage, welche fast alle Gesetzgebungen Deutschlands zum Gegenstande besonderer Sorgfalt gemacht haben, eine Frage, welche der deutsche Juristentag für eine Vorfrage deutscher Strafrechtseinheit erklärt hat. Die dem preußischen Landtage überreichte ministerielle Denkschrift ist mit dieser höchst wichtigen Frage ebenso schnell und ebenso bündig fertig geworden wie mit der Motivierung des Rechtsbodens oder vielmehr des Administrativbodens, worauf in Preußen die Anwendung des Systems überhaupt steht. Sie behandelt die Sache für abgemacht und erklärt die Art der in den preußischen Gefängnissen angewendeten Einzelhaft für absolut zweckmäßig. Und weshalb? Weil auf diese Weise das Rawiczer Gefängnis-Reglement vom 5. Dezember 1835[5] am besten durchgeführt werden könne und weil alle seit zwanzig bis dreißig Jahren gemachten Erfahrungen von diesen preußischen vierjährigen Erfahrungen nicht nur nicht übertroffen, sondern sogar hinsichtlich ihrer Erfahrung, wo sie widersprechend sind, überflüssig gemacht werden.

Was ist Strafe, und was soll sie sein? Das alte Rom verurteilte die Vatermörder, mit wilden Tieren in einen Sack gesteckt und dann ins Meer geworfen zu werden. Die Priesterinnen der Vesta, wenn sie der Regung des Herzens folgten, wurden zur Strafe eingemauert und starben den Hungertod. Das Mittelalter war erfinderisch in Folterwerkzeugen der mannigfaltigsten Art, und wenn man die peinliche Halsgerichtsordnung Kaiser Karl des Fünften liest, die doch schon einer humanen Periode der Strafgesetzgebung angehört, stehen einem die Haare zu Berge vor all den Martern, Foltern und Flammen, welche darin eine Rolle spielen. Unsere Zeit ist auch in den Strafen humaner geworden. Die Scheiterhaufen sind vor den Strahlen der Sonne der Aufklärung und Humanität, welche in der zweiten Hälfte des vorigen Jahrhunderts in Paris über Europa aufging, erloschen. Die Folterwerkzeuge sind in die Rumpelkammer geworfen. Nichts ist von ihnen übriggeblieben als blutige und traurige Erinnerungen. Die Todesstrafe hat in den letzten zehn Jahren manchen harten Strauß bestehen müssen, wenn sie auch leider von dem Gebiete der Straftheorien noch nicht gewichen ist.

In neuerer Zeit haben berühmte und große Strafrechtslehrer lange Zeit den Grundsatz festgehalten, die Strafe sei nichts anderes als eine Sühne der Schuld. Andere ebenso bekannte und ebenso bedeutende Strafrechtslehrer und Forscher in der Wissenschaft haben den Zweck der Strafe in der Abschreckung von Verbrechen gefunden und auf diesem Grundgedanken ihre Systeme erbaut. Aber auch diese Theorien und Systeme sind mit der Zeit alt geworden.

Mit Beccaria[6] hat die Humanität der neueren Zeit neben den Schrecken eine große und milde Idee gestellt, eins der Prinzipien des Christentums: «Der Mensch hat kein Recht, den Menschen zu bestrafen; er hat nur das Recht und die Pflicht, ihn zu bessern.» Und wenn diese Idee in den Strafsystemen der letzten zwanzig Jahre auch noch nicht die allein herrschende geworden ist, so nimmt sie doch auf dem Felde der Strafrechtspraxis einen bedeutenden Platz ein und tritt in der Behandlung des Gefangenen in unsern Gefängnissen überall hervor. George Sand[7] sagt mit der Milde des großen Stifters der christlichen Religion: «Wenn man alles genau kennen würde, würde man alles entschuldigen.»

Die erste Idee, die Gefangenen als Menschen zu behandeln

und ihnen neben der Beschäftigung mit gesunder Arbeit eine religiös sittliche Erziehung zu geben, scheint wohl in dem durch die Einflüsse der Quäker geleiteten Pennsylvanien entstanden zu sein. Und wenngleich die örtliche Lage, äußere Umstände sowie der Einfluß des inneren, geistigen Lebens die pennsylvanischen Einrichtungen später ausarten ließen, so kann doch nicht geleugnet werden, daß in ihnen der erste Keim aller später unternommenen, auf die Besserung des Gefangenen abzielenden reformatorischen Versuche gefunden werden muß. Mit Howard[8] – England kann stolz auf diesen Namen sein – begann dann in Europa der Anfangspunkt der Epoche der Verbesserung des Gefängniswesens. Howard bereiste, von dem lebendigsten Forschungsgeiste und von der brüderlichsten Liebe beseelt, in den Jahren 1756-1790 alle englischen Gefängnisse, dann die Gefängnisse der übrigen europäischen Länder, forschte überall mit unermüdlicher Geduld nach den Quellen des Verbrechens und nach den Mitteln, um dem Verbrechen Einhalt zu tun, und wurde im eigentlichen Sinne des Wortes der Stifter einer besseren Anschauung über die Erziehung sittlich verdorbener Menschen. Neith und Bentham schlossen sich diesen Bemühungen ihres großen und edlen Landsmannes an, und einflußreiche Schriftsteller und Parlamentsmitglieder wie Buxton, Holford, Western, Bennet und Romilly brachten mit geistreicher Beredsamkeit die Sache an das Parlament und vor das Publikum. Benthams Panoptikum – zwei konzentrische, voneinander durch einen Hof getrennte Gebäude, von denen das innere den Aufenthalt der Beaufsichtiger, die Geschäfts- und Verwaltungszimmer und die Kirche enthält, während in dem äußern, gegen den Hof und das erwähnte innere Gebäude, nur durch je eine Glaswand getrennten, Gefangene einzeln in abgesonderte Zellen untergebracht werden, und von den durch Blenden dem Auge der Gefangenen unsichtbar gemachten Aufsehern beobachtet werden können – ist freilich nur eine Idee geblieben, welche wohl niemals ins Leben treten wird; jedenfalls hat diese Idee des Panoptikums urrs die erste Bahn bezeichnet, welche die Architektonik der Gefängnisse nehmen mußte, um Reformen und Verbesserungen ins Leben treten zu lassen.

Die Idee zu einer Reform der Gefangenenanstalten war, wie

gesagt, aus Amerika nach England herübergekommen und hatte ihrerseits jene großen englischen Reformen angeregt. Die Idee mußte noch einmal nach Amerika übers Meer wandern, um dort ins Leben zu treten. Ein Gesetzbeschluß der beiden Staatenhäuser von New York und Pennsylvanien ordnete die Reform des amerikanischen Gefängniswesens an und stellte sittliche Besserung der Verbrecher als die Hauptgrundlagen dieser Reform auf. In dem Staatsgefängnisse zu Pittsburg im Staate Pennsylvanien sperrte man ohne alle und jede Beschäftigung die Verbrecher ein. Indes sah man bald ein, daß das Mittel durchaus nicht dem Zwecke entsprach. Anstatt die Verbrecher an Arbeit und Ordnung zu gewöhnen, erzog man sie zum Nichtstun und schuf mit diesem Nichtstun ein neues und wesentliches Strafübel, dessen Folgen unabsehbar waren. Auch bemächtigte sich der meisten Gefangenen bei dieser Beschäftigungslosigkeit eine Art von Stumpfsinn, welcher später oft in Wahnsinn ausartete. Dazu kamen die enormen Ausgaben, welche durch keinerlei Einnahme aus dem Verdienste der Gefangenen verringert wurden. Nach verschiedenen Versuchen teilten sich die Ansichten über dies Thema endlich in zwei große Zweige, welche in den Ansichten des Philadelphischen Strahlenplans und des Auburnschen Schachtelplans auseinandergingen. Der Hauptgrundsatz, auf dem das erste System beruht, ist unausgesetzte und fortwährende einsame Einsperrung mit Beschäftigung. Die Benennung «Strahlenplan» hat ihren Grund in dem in der Form eines Sternes gebauten, nach der Peripherie ausmündenden und im Zentrum zusammentreffenden einstöckigen Gefängnisgebäude, welches vermittelst eines im Zentrum angebrachten Observationsgebäudes genau beaufsichtigt werden kann. Dagegen besteht die wesentliche Einrichtung des Auburnschen Systems, nach seiner Architektur der «Schachtelplan» genannt, in folgendem: Eine bis unter das Dach gehende, mit vielen Fenstern durchbrochene, äußere Umfassungsmauer (die äußere Schachtel) umschließt in einem Abstande von etwa 10 bis 12 Fuß das eigentliche Gebäude (die innere Schachtel), welches seinerseits in eine große Anzahl von Zellen eingeteilt ist, deren Türen und Fenster in den Zwischenraum beider Gebäude münden. Die Verbindung wird durch hölzerne Galerien hergestellt, der hohle Raum wird erleuchtet und geheizt und kann auf diese Weise durch wenige Schildwachen leicht beaufsichtigt und bewacht werden. In den Einzelzellen des so eingerichteten Gebäudes werden die Gefangenen jede Nacht isoliert. Die Arbeit findet während des Tages in größeren Werkstätten statt, welche durch von außen angebrachte Öffnungen ohne Wissen der Gefangenen überschaut und durch die beständig gegenwärtigen Beamten beaufsichtigt werden. Den auf diese Weise zusammen arbeitenden Sträflingen ist das Sprechen untereinander auf das strengste verboten. Jede Übertretung des Stillschweigegebots wird auf das strengste bestraft. Der geistreiche Schriftsteller Stuart schildert in seinem Werke «Drei Jahre in Nordamerika» die Folgen dieses Systems als überaus wichtig; insbesondere hebt er den Umstand hervor, daß Disziplin, auf diese Weise geübt, Resultate herbeigeführt habe, die fast unglaublich seien. Arbeiter, welche Monate, ja jahrelang nebeneinander gearbeitet, sollen es dennoch nie gewagt haben, miteinander zu sprechen, obschon der gelehrte Verfasser selbst eingestehen muß, daß ihm einer der Beaufsichtiger erzählt habe, die Lust, miteinander zu konversieren, überhaupt der Geselligkeitstrieb unter den Gefangenen sei so groß, daß sie jede Gelegenheit benutzt hätten, um sich, trotz aller Aufsicht, dennoch heimlich Worte zuzuflüstern.

Das sind die beiden Systeme, nach denen man in Amerika Gefängnisse erbaut und das Gefängniswesen reformiert hat. Der Grund beider Systeme, nämlich die Besserung der Verbrecher zu erzielen, sie an Arbeit und Tätigkeit zu gewöhnen und sie zu einem religiös-sittlichen Leben zu erziehen, ferner zugeich zu verhindern, daß sie nicht gegenseitig durch das gemeinsame Zusammenleben verderben, ist jedenfalls der richtige, denn in ihm liegt der eigentliche und wahre Zweck der Strafe. Die Verwirklichung dieser Absicht kann aber weder durch die konsequente Durchführung des einen oder anderen Systems, sondern nur in der Verbindung beider Systeme miteinander gesucht werden. Keinesfalls darf das System der Einzelhaft und des Schweigens über das Gebiet des ihnen zugrunde liegenden sittlichen Zweckes ausgedehnt werden. Der Zweck der Strafe ist die Besserung des Gefangenen. Das Schweigegebot und die Einzelhaft ist unbedingt eine enorme Verschärfung der Freiheitsstrafe. Geht diese Verschärfung über die Grenze, innerhalb deren jener

Zweck erreicht werden kann, hinaus, so ist die Isolierung eine Menschenquälerei und eine durch nichts zu entschuldigende Tyrannei. Von diesem gar nicht zu bestreitenden und vollkommen logischen Gesichtspunkte ausgehend, hat man in Europa in den letzten fünfzehn Jahren versucht, bei der Reform der Gefängnisse sowohl das eine oder das andere System anzuwenden, und ist in den Gefängnissen auf einen Mittelweg geraten, der, wie gesagt, ja wohl der einzig richtige sein und werden wird. Man hat das Schweigegebot bei Tage bei gemeinschaftlicher Arbeit in denselben Räumen angewendet und nur nachts die Gefangenen zum Schlafen in ihren einzelnen Zellen isoliert. Zugleich hat man das Strafmaß bei der Einzelhaft im Verhältnis von drei zu vier reduziert. Wenn man ein System, welches von diesen beiden Grundsätzen ausgeht, einführt, wird der Zweck der Einzelhaft vollständig erreicht, zugleich aber auch das Gemüt, das Geistesleben, kurz die ganze Innerlichkeit der Gefangenen nicht in sich selbst zurückgedrängt.

In dem Zellengefängnis bei Berlin ist aber kein gemischtes System eingeführt. Die beiden Grundsätze, über welche, wie gesagt, die Anwendung der Einzelhaft nicht hinausgehen darf, weil sie dann nicht allein ihren Zweck überschreitet, sondern zu einer durch nichts zu entschuldigenden Menschenquälerei wird, die Anwendung des Schweigegebots bei räumlich gemeinschaftlicher Arbeit und bei nächtlicher Isolierung in den Zellen und die Reduktion der Einzelhaft im Verhältnis zu gemeinsamer Haft sind dort nicht gewahrt. Das Schweigegebot ist neben vollständiger Isolierung bei Tag und bei Nacht durchgeführt und beides wird in den äußersten Konsequenzen angewandt. Wenn keine Änderung in dem im Zellengefängnis bei Berlin angewandten System eintritt, werden wir eines Tages Gefangene sehen, welche über sechs Jahre in strenger Einzelhaft zugebracht haben – eine bis jetzt in europäischen Isoliergefängnissen unerhörte Tatsache; denn die preußische Regierung verfolgt den Plan, *alle Zuchthausstrafen ohne Rücksicht auf die Dauer der für gemeinsame Haft berechneten Zeitfristen durch Einzelhaft verbüßen zu lassen.* Dieser Plan ist in der Denkschrift ganz klar ausgesprochen.

Im Zellengefängnis bei Berlin ist während der letzten vier Jahre die Einzelhaft nach drei verschiedenen Systemen angewendet worden. Zu Zeiten des Direktors Bormann – es war im ersten Jahre der ersten Anwendung der Einzelhaft – wurden die Gefangenen nach einem gemischten System behandelt: Arbeit in gemeinsamen Räumen und im Freien unter denselben Bedingungen, nächtliche Isolierung in den Einzelzellen. Es wurden damit vortreffliche Resultate erzielt. Von diesen Resultaten nur ein Beispiel. Nachts brach in einem nicht weit vom Gefängnis gelegenen Gebäude Feuer aus. Herr Bormann bemerkte dies und sah, daß sofort keine Hilfe zur Hand war. Er ließ einen Teil seiner Gefangenen zusammenkommen und sagte: «Ich habe euch immer menschlich und gut behandelt, nicht wie ein Gefängnisdirektor, sondern wie ein Freund, der euch der menschlichen Gesellschaft zurückgeben will. Ich habe das Vertrauen zu euch, daß, wenn ihr mir etwas versprecht, ihr Wort haltet und niemand von euch mich in Unannehmlichkeiten bringen wird. Es ist in der Nähe ein Feuer entstanden. Die Gebäude brennen nieder, wenn nicht sofort Hilfe kommt. Versprecht mir, daß ihr alle wiederkommen wollt, daß niemand von euch entfliehen wird, und begleitet mich, um das Feuer zu löschen.» Einige fünfzig von den Gefangenen gaben ihrem Direktor das Wort, nicht zu entfliehen, begleiteten ihn zur Brandstätte, halfen ihm das Feuer löschen und kehrten mit ihm in das Gefängnis zurück. Als er sie nach der Rückkehr namentlich aufrief, fehlte keiner.

Der Nachfolger Bormanns, der Direktor Schück, hätte dies Experiment nicht machen können, ebensowenig wie heutigentags der Oberkonsistorialrat Wichern, der Gründer des heute im Zellengefängnis angewandten Systems. Es wäre wohl niemand von den Gefangenen während der dunklen Nacht zurückgekehrt. Herr Bormann wurde entfernt, weil er auf eine Änderung des Systems nicht eingehen wollte. Sein Nachfolger war der Direktor Schück. Die Arbeit in gemeinsamen Räumen hörte auf; es wurde in den Zellen gearbeitet, aber die Türen derselben blieben auf, auch wurde das Schweigegebot ebenso wie die Einzelhaft nicht in ihren ganzen Konsequenzen durchgeführt. Es wurden Versuche mit der Einführung der «Brüder des Rauhen Hauses» als Gefangenenaufseher gemacht. Dann kam Herr Wichern mit der Anwendung des heutigen Systems unter Aufsicht der Brüder des Rauhen Hauses. Er legte dem verstorbenen König eine

Denkschrift vor, in der er sein System darlegte.[9] Der König übergab die Denkschrift den betreffenden Ministern zur Begutachtung. Die Begutachtung fiel aus bürokratischen und finanziellen Gründen abschlägig aus. Nun hatte Herr Wichern eine Audienz bei dem König und wußte in dieser den König zu bewegen, mit der Anwendung seines Systems einen Versuch zu machen. Herr Wichern wurde Chef für die das Gefängniswesen verwaltende Abteilung im Ministerium des Innern, und die Gefängnisreform fand ganz nach den von ihm aufgestellten Prinzipien im Zellengefängnis bei Moabit statt. Alle Gefängnisaufseher wurden aus Brüdern des Rauhen Hauses genommen. Das Schweigegebot und die Isolierhaft wurden bis in die äußersten Konsequenzen durchgeführt. Herr Schück wurde versetzt, weil er sich mit den Änderungen nicht vereinbaren konnte und auch nicht wollte.

Ich habe das Zellengefängnis in seinen drei verschiedenen Stadien gesehen, unter der Direktion des Herrn Bormann, während der Zeit, wo Herr Schück Direktor war, und – heute: Ich werde dasselbe nun schildern, wie ich es vor wenigen Monaten gefunden habe, und in meiner Schilderung überall die früheren Zustände berücksichtigen.

Es war ein heiterer, frischer Junitag, als ich hinausfuhr. Die kleinen Gärten und Blumenbeete, welche die nach der Straße liegende Seite des Gefängnisses umgaben, schimmerten im frischen Grün des Frühlings. Die Front des Gebäudes mit den Beamten- und Dienstwohnungen ist nach dem Felde zu erbaut. Ein großes Eingangstor führte in einen kleinen, inneren Hof, auf dem sich das Wachgebäude der im Gefängnis stationierten Soldaten befand. Dann kam ich auf den Flur des Gebäudes. Zu beiden Seiten öffneten sich die Verwaltungszimmer und das Sprechzimmer der Gefangenen. In einem von den Büros hing eine weiße Tafel. Auf ihr waren die am heutigen Tage im Gefängnis detinierten Gefangenen bezeichnet. Es waren 651! Das Sprechzimmer, dessen Türen offenstanden, hatte nichts Gefängnisartiges. Es war licht und hell; das Drahtgitter, welches in den meisten Gefängnissen den Raum des Sprechzimmers in zwei Hälften teilt, fehlte. Der Gefangene hat Erlaubnis, in diesem Zimmer den Besuch eines Verwandten oder jemands, mit dem er in häuslichen oder Vermögensverhältnissen zu sprechen hat, zu empfangen. Die Unterredung kann eine Viertelstunde, eine halbe Stunde oder auch, wenn der Gegenstand der Unterhaltung es nötig macht, eine Stunde dauern. Die Verwaltung ist in dieser Beziehung nicht inhuman. Eine zweite große Tür führt noch in den inneren Raum des Gefängnisses. Ich hatte es, wie gesagt, bereits zweimal gesehen; die Einrichtung war für mich nichts Neues. Dennoch überraschte mich der Anblick wie früher, weil er etwas außerordentlich Fremdartiges hat. Vier Flügel, welche mit den Buchstaben A, B, C, D bezeichnet werden, trafen, in der Gestalt eines Sternes erbaut, mit den Enden ihrer Stadien in einem Zentrum zusammen, von dem sämtliche Flügel vom Boden bis zum Dachstuhl mit einem Blick überschaut werden können. Ich stand in diesem Zentrum und überschaute das ganze Gefängnis. Jeder Flügel hatte drei Stockwerke, an jedem Stockwerk lief eine schmale eiserne Galerie mit eisernem Geländer entlang. An der einen Seite dieser Galerien öffneten sich die Türen dieser einzelnen Zellen, in denen die Gefangenen Tag und Nacht isoliert sind; sämtliche Türen waren verschlossen. Sämtliche drei Galerien der drei Stockwerke vereinigen sich im Zentrum. Die Verbindung zwischen den Galerien wird durch freischwebende Treppen, welche vom Dachstuhl in Windungen bis zum Boden führen, hergestellt. Die Böden und Stufen der Galerien und der Treppen bestehen aus Schieferplatten. Das Licht fällt durch ein Glasdach von oben in diese Räume. Der ganze Anblick hat etwas Phantastisches. Wer ihn zum ersten Male hat und nicht weiß, daß er sich in einem Gefängnis befindet, weiß gewiß nicht, was er aus diesem höchst sonderbaren Gebäude machen soll und hat keine Ahnung davon, daß an den äußeren Seiten dieser schmalen, schlanken Eisengalerien in jedem Flügel hundertfünfzig Menschen gefangengehalten werden. Das Gefängnis ist mit einigen Modifikationen nach dem Philadelphischen Strahlenplan gebaut, der Bau fand in den Jahren 1843 bis 1846 statt.[10] Als er fertig war, hatte man die Idee, zu deren Realisierung man es mit enormen Kosten erbaut hatte, wieder aufgegeben. Es stand lange Zeit leer, dann benutzte man die Räumlichkeiten zur Gefangenhaltung der Polen, welche am Mieroslawskischen Aufstand in der Provinz Posen teilgenommen hatten. Die Unglücklichen erlitten dort eine fast einjährige Untersuchungshaft. Die März-Revolution machte bekanntlich diesem widerwärtigen Prozeß ein Ende.

Eine Todesstille herrschte in den gewaltigen Räumen. Ich hörte nichts als den Pendelschlag der großen Uhr, welche sich über meinem Kopfe befand und hier die Einsamkeit und das Schweigen in Stunden und Minuten abteilte, und dann und wann den schallenden Ton der Glocken, welche von den unsichtbaren Gefangenen in den kleinen Zellen in Bewegung gesetzt wurden und die Aufseher herbeiriefen. Vor zwei Jahren, als ich an dieser Stelle stand, überraschte mich ein höchst sonderbarer Anblick. Plötzlich hörte ich ein Schlurfen hinter mir, wie wenn jemand in Filzschuhen dahinschlich auf einem Boden, der hohl ist. Das Schlurfen ertönte erst in weiter Ferne, dann näher und näher. Der Ton schlug in verschiedener Schallstärke an mein Ohr, erst leise, dann immer lauter. Verwundert wandte ich mich um, um die Ursache dieses sonderbaren Geräusches zu entdecken. Und was sah ich? Einige fünfzig menschliche Gestalten schlichen eine der oberen Galerien entlang. Alle waren in dunkle, braune Jacken gekleidet. An dunkelbraune, kurze Hosen schlossen sich schwarze, lange Strümpfe. Die Füße steckten in Filzpantoffeln. Die Filzpantoffeln verursachten das sonderbare, schlurfende Geräusch auf den Schieferplatten der Galerien. Über den Kopf hatte jede von diesen Gestalten eine braune Wollkappe gezogen, deren vorderer Teil in der Gestalt eines Schirmes heruntergeklappt war und das Gesicht so bedeckte, daß man nichts von demselben sehen konnte als zwei Augen, welche durch zwei in den Schirm angebrachte Löcher unheimlich hindurchblickten. Jede schlich zehn Schritt hinter der andern her und hielt, da sie alle wie Soldaten in demselben Tritt und in demselben Takt marschierten, immer auf das genaueste dieselbe Entfernung inne. So stiegen sie auf der freischwebenden Verbindungstreppe von der oberen Galerie nach der zweiten, von der zweiten auf die untere Galerie herab. Dann schritten sie an mir vorüber. Jeder blickte mich durch die Augenlöcher unheimlich und starr an. Diese Gestalten wurden auf diese Weise zum Spazierengehen geführt. Verwundert sah ich die Gefangenen an, welche mit ihren verhüllten Köpfen wie Abgeordnete der mittelalterlichen Feme aussahen.

«Es sind Gefangene», sagte der Aufseher, «Gefangene, welche zum Spazierengehen geführt werden.»

«Und sie gehen immer in diesem Schritt, immer in dieser Entfernung voneinander?»

«Immer. So gehen sie zum Baden, zur Kirche, zum Spaziergang. In dieser Entfernung können sie nicht miteinander sprechen.»

Ich ging damals hinter dem traurigen Zug her und wurde in einen großen inneren Hof geführt. Der Hof war der Spazierhof. Auch der Anblick dieses Hofes hatte etwas Fremdartiges. Zwanzig hohe Mauern liefen in demselben strahlenförmig zu einem Zentrum zusammen. Im Mittelpunkt dieses Zentrums erhob sich in der Höhe von einigen fünfzig Fuß ein steinerner Turm, dessen oberer Teil ringsum ganz von Glas war. Eine Treppe führte im Innern des Turmes hinauf, bis in die gläserne Spitze. Dieses sonderbare, fächerartige Gebäude diente zum Spazierengehen der Gefangenen. In der gläsernen Spitze des Turmes stand ein Aufseher, der vermöge der Konstruktion des Gebäudes imstande war, mit einem Blick in sämtliche zwanzig Mauerstrahlen hineinzuschauen. In jeden einzelnen fächerartigen Raum wurde nun ein Gefangener hineingelassen. Sowie er drinnen war, schlug er die Wollkappe in die Höhe. Er hatte nun die Erlaubnis, eine halbe Stunde in diesem kolossalen Steinfächer hin- und herzulaufen und sich die beiden Mauern anzusehen, zwischen denen er eingeschlossen war. Schlug die große Gefängnisuhr die neue halbe Stunde, dann war das Vergnügen oder die Arbeit, wie man es nennen will, vorbei, und der Zug der Gefangenen ging in das Gefängnis zurück, in derselben Art und Weise, in derselben langsamen Bewegung, in demselben Maßhalten der Entfernung, wie er gekommen war. Ich erinnerte mich, als ich heute wieder im Zentrum des gewaltigen Gebäudes stand und die vier kolossalen Flügel überschaute, dieses sonderbaren Anblicks, den ich vor zwei Jahren hatte.

«Wird das Spazierengehen noch gerade so exekutiert wie vor zwei Jahren, als ich auch hier war», fragte ich den neben mir stehenden Aufseher, dem ich zum Umherführen übergeben war, «und ist der Spazierhof noch gerade so eingerichtet wie früher?»

«Es ist alles noch gerade so», erwiderte er, «Sie können aber von der Galerie später in den Hof hineinsehen, oder wollen Sie, daß ich Sie sogleich hinführe?»

Ich dankte, ich erinnerte mich des Anblicks ganz genau, und der Anblick war mir ein zu trauriger, um ihn zu wiederholen. Ich frage aber den Herrn Oberkonsistorialrat Wichern: Ist dies ein Spaziergang zur Erholung und Erfrischung des Geistes, oder ist dies eine nur mechanische Bewegung der Beine, und wird der gewiß anerkennenswerte Zweck der Isolierhaft, nämlich die Verhinderung der geistigen Gemeinschaft unter den Sträflingen, dadurch verhindert, daß man die Gefangenen ohne die Verhüllung des Kopfes aus den Zellen führt, daß man die Gefangenen statt zwischen den fächerartigen Mauern in einem Garten spazierengehen ließe, wo sie Rasen und Blumen sehen und frische Luft schöpfen können? Wenn man in diesem Garten jedem Gefangenen einen besonderen Gang zwischen den Rasenbeeten zuteilt, so kann man sie ganz in derselben Weise durch einen einzigen Aufseher von dem Turm beobachten lassen, wie dies jetzt zwischen den Mauern geschieht. Der Spaziergang ist für einen Gefangenen, der dreiundzwanzig und eine halbe Stunde während eines Tages und einer Nacht in einer engen Zelle von der Länge und Breite einiger Fuß zubringen muß, der diese dreiundzwanzig Stunden in größter Schweigsamkeit und Einsamkeit verlebt, eine Erholung und eine notwendige Erholung, welche auch dem ärgsten und schwersten Verbrecher zu gönnen und für ihn zur Aufrechterhaltung seiner geistigen Frische und seiner körperlichen Gesundheit notwendig ist. So eingerichtet, wie im Zellengefängnis in Moabit, ist der Spaziergang ganz nutzlos und gehört in die Reihe der menschenquälerischen Extreme der Isolierhaft, auf welche man in *diesem* Zellengefängnis nach allen Richtungen hin stößt.

In derselben Art und Weise werden die Gefangenen auch in die Kirche und zur Schule geführt. Die Bauart der Kirche ist insofern sehr sinnreich, indem jeder einzelne Gefangene, sobald er seinen Platz eingenommen hat, den Pfarrer auf der Kanzel sehen und an allen gottesdienstlichen Handlungen teilnehmen kann, ohne in irgendeine Gemeinschaft mit seinen Mitgefangenen zu kommen oder auch nur ohne dieselben sehen zu können. Den ganzen Grund der Kirche nehmen die terrassenförmig aufsteigenden Kirchenstühle ein, welche so eingerichtet sind, daß jeder

Kirchenstuhl eine eigene Zelle bildet, welche nur nach vorne offen ist. Die drei anderen Seiten dieses Kirchenstuhls werden durch drei hohe Bretterwände gebildet. Aus jedem Kirchenstuhl hat man den Anblick der Kanzel und des Altars. Sämtliche Kirchenstühle sind in ihrer Mitte durch zwei Gänge, welche nebeneinanderlaufen, und wiederum voneinander durch eine hölzerne Scheidewand getrennt. Durch diese beiden Gänge werden die Gefangenen einzeln, immer zehn Schritt voneinander, in ihre Kirchenstühle geführt, welche sie nach Beendigung des Gottesdienstes in ebendieser Weise wieder verlassen. Die Schulstuben der Gefangenen sind in derselben Art und Weise gebaut. Jeder Platz in eine nach drei Seiten hin bedeckte kleine hölzerne Zelle, deren vordere Öffnung dem Katheder des Lehrers zugewandt ist, so daß alle Gefangenen den Lehrer hören und sehen, niemand von ihnen aber den anderen sehen kann. Sie werden auf dieselbe Weise in die Schulstube geführt wie in die Kirche und verlassen die Schulstube ebenso. In einem Seitengang des Gefängnisses sind sechs Zimmer in dieser Art eingerichtet.

Die Gefangenen werden dort in den Elementarwissenschaften, im Lesen, Schreiben, Rechnen, in der Geographie usw., unterrichtet und nach ihrer geistigen Beschäftigung oder nach der Bildungsstufe, welche sie während des Gefängnisunterrichts erreichen, in vier verschiedene Klassen eingeteilt. Die Einrichtung der Kirche und der Schule sowie die Art und Weise des Unterrichts ist ganz ihrem Zwecke entsprechend. Es wird der Zweck der Isolierhaft, Bildung des Geistes und Veredelung des Gemüts sowie des Herzens erreicht, ohne daß eine geistige Mitteilung unter den Gefangenen stattfinden kann und ohne daß die Isolierhaft zu menschenquälerischen Extremen ausgedehnt ist.

Um in der Schilderung der Einrichtung des Gefängnisses ganz vollständig zu sein, muß ich, bevor ich mit dem Leser die einzelnen Gefangenen in ihren Isolierzellen besuche, noch einige allgemeine Mitteilungen machen.

Die ganze Anstalt wird winters mit Wasserdämpfen geheizt. Die Erleuchtung geschieht durch Gas. Mit der Anstalt ist eine Mühle und Bäckerei verbunden, welche sie mit dem nötigen Brot versorgt. Küche und Waschhaus liegen im Souterrain und werden ebenfalls von Gefangenen versehen, welche unter beständiger

Aufsicht sind und bei denen das Schweigegebot streng durchgeführt ist. Die Reinigung des Gefängnisses, welche musterhaft und außerordentlich genannt werden muß, geschieht ebenfalls von Gefangenen. Sie kehren, scheuern und frottieren die Galerien und die Gänge, deren Boden gebohnert und mit einem Firnis versehen sind. Es ist ihnen bei dieser Beschäftigung ausnahmsweise gestattet, die Schirme der Wollkappen von dem Gesicht zu entfernen. Die Kost besteht mittags in einem Gemüse, welches an jedem Tage der Woche wechselt und in einem Stück gutgebackenen Brots, morgens und abends in einer Suppe, welcher ebenfalls ein Stück Brot beigegeben wird. Fleisch erhalten die Gefangenen nur an vier Tagen des Jahres, an den hohen Festtagen und, wenn ich nicht irre, am Geburtstag des Königs. Gegen die Qualität der Speisen ist nichts zu erinnern. Auch ist es den Gefangenen gestattet, von dem Verdienste ihrer Arbeit, oder falls ihnen von ihren Verwandten und Freunden da draußen in der Welt die Geldmittel gewährt werden, sich kleine Genüsse wie Schnupftabak, ein Glas Bier, eine Wurst usw. zu verschaffen. Man kann nach dieser Seite hin der Verwaltung durchaus nicht den Vorwurf der Inhumanität oder einer nutzlosen Strenge machen.

Besuchen wir nun die Gefangenen in ihren Isolierzellen – eine traurige Arbeit. In betreff der extremen Art und Weise wie in diesen Zellen die Isolierhaft jetzt, unter der Verwaltung des Oberkonsistorialrats Wichern, bei den Gefangenen durchgeführt wird, kann ich unmöglich umhin, meine Meinung auf das entschiedenste dahin auszusprechen, daß das jetzt im Moabiter Gefängnis angewendete System über seinen Zweck weit hinausgeht und mit den Humanitätsprinzipien unserer Zeit im äußersten Widerspruch steht. Wie ich schon erwähnte, arbeiteten die Gefangenen unter der früheren Verwaltung in gemeinschaftlichen Räumen. Die verschiedenen Handwerker waren in den großen Räumen der vier Flügel verteilt. Die Schneider arbeiteten zum Beispiel an einem langen Tisch, ebenso die Schuhmacher. In einer anderen Abteilung des Raumes waren die in der Anstalt definierten Zigarrenarbeiter beschäftigt, in einer andern die Steindrucker, in einer andern die Tischler usw. Sie arbeiteten unter genauer Aufsicht der Aufseher und durften durchaus nicht konversieren, außer wenn es eine nötige, sich auf das Geschäftliche ihrer Arbeit bezügliche Information durchaus notwendig machte. Ein Teil der Gefangenen arbeitete auch, wie jetzt, in den Isolierzellen, aber die Türen der Zellen waren bei Tage geöffnet, so daß die Aufseher hineinsehen konnten. Nur während der Nacht wurden die Gefangenen in ihren Zellen eingeschlossen. Das Prinzip der Isolierung war also nur in betreff des Schweigens und auch hier nicht in seiner ganzen Strenge durchgeführt; von der Einzelhaft war, die Nacht ausgenommen, Abstand genommen worden. Genügte eine in dieser Weise und bis zu diesem Grade angewandte Isolierung, um die Demoralisation der Gefangenen zu verhindern und nun im Verein mit Schulunterricht und mit dem Zuspruch der Geistlichen die Besserung des Gefangenen vom religiös-sittlichen Standpunkt aus zu heben, oder genügte sie nicht? Die Frage ist unzweifelhaft mit Ja zu beantworten, weil auch in dieser Weise jede schädliche geistige Gemeinschaft unter den Gefangenen vollkommen aufgehoben war. Alles, was bei Anwendung der Isolierhaft aber über den Zweck derselben hinausgeht, ist eine Quälerei, welche vollkommen unmotiviert ist.

Man erwidere mir nicht, daß bei einem gemeinschaftlichen Arbeiten der Gefangenen das Prinzip des Schweigens nicht mit dieser Konsequenz durchgeführt werden kann, wie wenn man jeden Gefangenen allein in eine Zelle einsperrt – das ist nicht wahr. Und wenn es insoweit wahr wäre, daß wirklich einer dieser Unglücklichen dem andern ein Wort zuflüsterte, schadete das etwas? Kann dies Wort, kann diese kurze Mitteilung den Gefangenen moralisch verderben, kann es einen Einfluß auf seine Moralität, auf seinen Geist oder auf sein Herz haben? Oder man könnte mir erwidern, das gemeinschaftliche Arbeiten zieht den Gefangenen vom Nachdenken über sich selbst, von der Selbstbetrachtung ab? Ich denke aber doch, daß der Gefangene während der langen Nacht, welche sommers und winters im Zellengefängnis zu Moabit abends neun Uhr beginnt und bis morgens fünf Uhr dauert, hinreichend Zeit zur Selbstbetrachtung hat. Daß in dem gemeinschaftlichen Arbeiten und in dem Arbeiten in geöffneten Zellen für den Gefangenen außerordentliche Erleichterung seiner Haft liegt, das wird mir jeder zugeben, der sich um das Gefängniswesen bekümmert hat oder der selbst jahrelang im Gefängnis zubrachte.[11] Kann es zum Beispiel irgendwie vor der Vernunft oder vor der Humanität verantwortet werden, einen Gefangenen, der vier Jahre im Zellengefängnis zugebracht hat und dessen Strafe in drei Monaten zu Ende ist, kann es, sage ich, verantwortet werden, diesen Ungücklichen noch in den letzten Monaten seiner vierjährigen Haft die ganze Strenge des Isoliersystems in ihrer vollständigen Konsequenz fühlen zu lassen?

Wir stiegen die schwebende, eiserne Treppe hinauf und betraten die erste Galerie. Eine zweite schwebende Treppe mit gußeisernem Geländer und mit Schieferstufen führte zur zweiten Galerie, welche wir entlanggingen. Eine endlos scheinende Reihe kleiner Türen bildete die innere Seite der Galerie. Jede Tür war wohl verriegelt und verschlossen. Hinter jeder dieser kleinen, schweren Türen, welche mir vorkamen wie die Türen mittelalterlicher Verliese, wohnte ein Gefangener. Über jeder Tür war ein Klingelzug angebracht mit einem Schieber, welcher von selbst aufsprang, sowie die Klingel angezogen wurde. Der Klingelzug stand mit einem langen Drahtzug in Verbindung, welcher auf der ganzen Galerie oberhalb der Zellentür entlanglief und wieder mit einer Kurbel verbunden war, welche sich, sowie die Klingel angezogen wurde, nach der Seite hin drehte, wo die Schnur angezogen war. Kurbel und Schieber waren die Arme des Wegweisers für den Aufseher, dessen Hilfe herbeigerufen wurde. Die Richtung der Kurbel wies ihm die Richtung des Weges an, den er einzuschlagen hatte, der aufspringende Schieber die Zellentüre, in welche er eintreten mußte, um zu dem betreffenden Gefangenen zu kommen. Die Schweigsamkeit des Systems war auch auf den Klingelzug und auf diesen stummen Wegweiser ausgedehnt worden. Die Wegweiser sprachen nur durch eine Bewegung nach rechts oder nach links, eine Klingel oder eine Glocke schlug nicht an, man hörte nur das Zittern des in Bewegung gesetzten langen Drahtes und das Aufspringen des Schiebers an der Zellentür. Der Aufseher öffnete eine dieser kleinen, schweren Türen, und gebückten Hauptes trat ich ein. Ich befand mich im Innern einer kleinen, viereckigen Zelle. Drei Schritte genügten, um sie in ihrer Länge zu durchschreiten; sie hatte eine Breite von etwas über einen Schritt. Das Licht fiel durch ein vergittertes Fenster hinein, welches ungefähr zehn Fuß über dem Boden an der der Tür gegenüberliegenden Wand angebracht war.

Es war ein warmer Tag, und die oberen Scheiben des Fensters waren heute geöffnet. Die Scheiben sind geblendet und gestatten auch sonst dem Licht den Zugang, ohne daß jedoch die Farbe der Wolken zu unterscheiden ist. Neben der kleinen, schweren Tür stand ein Schemel und auf diesem der irdene Napf mit der Suppe; an der andern Seite der Tür lag die Matratze zusammengerollt, welche abends um halb sieben Uhr von dem Gefangenen ausgebreitet und als Lagerstätte zurechtgemacht wird. An der Wand hing eine Schiefertafel mit einem Rechenexempel, eine Schulaufgabe, welche der Gefangene in seiner Zelle gelöst hatte; neben der Tafel hing auch ein gedrucktes Reglement, die Hausordnung enthaltend. Lesen wir dieselbe, und wir werden alle Einzelheiten jeden Tages der Schweigsamkeit und der Einsamkeit kennenlernen, da hier der eine Tag ganz genau wie der andere verläuft. Die Nacht dauert hier nach den Vorschriften der Hausordnung sehr lange. Sie beginnt um sieben Uhr abends und endigt morgens um fünf Uhr, also hat der Gefangene zehn Stunden Zeit zum Schlafen – und zur Selbstbetrachtung über sich und über sein vergangenes Leben. Das sind lange, qualvolle Nächte, durch nichts unterbrochen als von dem Pendelschlag der großen Gefängnisuhr, welche diese Einsamkeit und diese Stille in Teile zerlegt. Nächte wie im Grabe, aber Nächte mit Empfindung und Bewußtsein, mit Erinnerungen an eine elende und durch Verbrechen bedeckte Vergangenheit!

Um fünf Uhr steht der Gefangene auf. Seine Kleider werden ihm durch die in der Tür befindliche Klappe in die Zelle gereicht, ebenso die scharfen und schneidenden Instrumente und Werkzeuge, deren er zur Ausübung seiner täglichen Arbeit bedarf. Er muß sich waschen, beten und erhält alsdann seine Morgensuppe. Nun beginnt die Arbeit, welche er in der beständig verschlossenen Zelle vornimmt. Der Vormittag wird sonntags durch den Besuch der Kirche, an den Wochentagen zweimal oder dreimal durch die Schulstunden unterbrochen. Die halbe Stunde Spazierengehens, welche bei schlechtem Wetter indes abgekürzt wird oder auch ganz fortfällt, findet für manche Gefangenen vormittags, für manche nachmittags statt. Aufs strengste ist dem Gefangenen jedes Geräusch, jedes Pfeifen, jedes Singen und alles laute Sprechen verboten. Kein Gefangener darf, bei Strafe härterer

Einsperrung in eine dunkle Zelle oder bei Entziehung warmer Kost, mit einem anderen Gefangenen, wenn er zufällig mit einem solchen auf einer der Galerien oder im Hof beim Spazierengehen oder beim Baden zusammentreffen sollte, sprechen. Sprechen darf er nur mit seinem Aufseher, der ihm durch die Türklappe oder auch durch die geöffnete Tür seine Mahlzeiten reicht oder den er durch den Zug der oben beschriebenen Klingelschnur herbeiruft, wenn er seiner Hilfe bedarf. Ein Anteil dessen, was er durch seine Arbeit erwirbt, wird für ihn verwandt oder für ihn aufbewahrt und ihm nach Beendigung seiner Haft ausgezahlt. Auch kann er darüber zugunsten seiner Familie disponieren. Monatlich ist ihm gestattet, einen Brief zu schreiben, auch kann er alle Monate einen Besuch im Sprechzimmer empfangen. Mittags um zwölf Uhr wird dem Gefangenen das Mittagessen durch die Klappe in die Zelle gereicht. Es besteht aus einer Bohnensuppe, Graupensuppe oder Erbsensuppe, von einem Stücke Brot begleitet. Dann beginnt wieder die Arbeit, welche bis abends sechs Uhr währt. Um halb sieben Uhr erhält der Gefangene die Abendsuppe mit dem dritten Stück Brot, rollt, nachdem er beides verzehrt hat, seine Matratze auf, entkleidet sich, wäscht sich, reicht seine Kleidungsstücke sowie seine Arbeitswerkzeuge durch die Klappe auf die Galerie hinaus und legt sich dann schlafen. Die im Zentrum befindliche Uhr schlägt langsam und tönend siebenmal; es beginnt die lange Nacht, um, wenn die Uhr wiederum fünfmal schlägt, dem neuen Tage zu weichen.

So lautete das Gefängnisreglement, welches an der Wand der Zelle hing, und der Leser weiß nun, wie es in jeder Zelle aussieht und wie man in jeder Zelle lebt. Eine Zelle sieht ganz aus wie die andere, jeder Gefangene in seinen braunen Kleidern, in seinen schwarzen Strümpfen und mit dem kurzgeschorenen Haar gleicht ganz und gar dem andern. Hier gibt es nur Buchstaben und Nummern. Die Buchstaben A, B, C, D bezeichnen die Fügel, die Nummern die Menschen. Die Unterschiede liegen in den verschiedenen Jahren der Haft und in der Beschäftigung.

Die Beschäftigung der Gefangenen geschieht im Metalldrehen, Rohrschneiden, Vergolden, Plüschweben, Knopfmachen und insbesondere in der Holzbildhauerei. Die Holzbildhauerei ist bekanntlich eine alte deutsche Kunst, welche eigentlich viele Jahre geschlafen hat oder deren Ausübung vergessen ist und welche zwei intelligente und industrielle Männer in Berlin, die Herren Louis und Siegfried Löwinson, vor einigen Jahren zum Leben erweckt haben. Sie verbanden mit der Gründung des Geschäfts eine sehr wohltätige und in die Existenz der Strafgefangenen eingreifende Idee, nämlich ihre Arbeiten in der Strafanstalt zu Moabit durch die Gefangenen anfertigen zu lassen, denselben dadurch zu einer interessanten und einträglichen Arbeit zu verhelfen und durch die Anlernung in dieser Kunst nach ihrer Entlassung wieder den Weg ins Leben zu bahnen. Die Idee ist vollkommen gelungen. Das mit drei Strafgefangenen begonnene Holzbildnergeschäft ist zu einer «Renaissance-Commandit-Gesellschaft für Holzschnitzkunst» geworden, aus deren Ateliers Gegenstände und Mobilien aller Art hervorgehen, welche die Bewunderung von Sachkennern haben, und aus den «drei Mann« sind einhundertfünfzig geworden, welche eine ebenso interessante wie einträgliche Arbeit erlernen und sowohl im Gefängnis wie nach ihrer Freilassung ausüben; unbedingt weit interessanter und vorteilhafter, als wenn sie mit den gewöhnlichen Zuchthausarbeiten, mit Spulen, mit Haarspinnen, mit Wollkämmen, mit Teppichweben und mit Brettschneiden, beschäftigt würden. Ich besuchte mit dem mich begleitenden Aufseher einige zwanzig Zellen. Zu jeder war der in derselben inhaftierte Gefangene mit einem Zweig oder mit einem Stück Holzbildnerei beschäftigt. In der einen saß ein Zeichner und zeichnete die Gestalt des Tisches, des Stuhls, des Spiegelrahmens, des Toilettenkastens, des Armleuchters – oder was aus dem Holz geschnitzt werden sollte – auf das abgeplättete Stück, in der andern stand ein Gefangener an einer Drehbank und gab dem Stück Holz nach der auf demselben angebrachten Zeichnung die erste Form von dem, was es werden sollte, in der dritten wurde diese rohe Form mit Hilfe feiner Schnitzwerkzeuge ihrer Vollendung nähergeführt. So durchwanderte ich die Holzbildnerei in allen Stadien und allen Graden ihres Werdens und war mehrmals die Kunst und die Fertigkeit der Gefangenen zu bewundern gezwungen, welche es in der Erlernung derselben oft in ganz kurzer Zeit zu einem bedeutenden Grade von Sicherheit und Vollendung gebracht hatten und meistenteils mit großem Interesse von ihrer Arbeit und von den Stücken, welche sie anfertigten, sprachen. Währenddem sprach der Aufseher mit ihnen von ihren häuslichen Verhältnissen und von dem, was sie da draußen interessierte, mit dem einen von seiner Frau, die sich einem anderen Manne zugewendet hatte, während ihr Mann eine zehnjährige Haft wegen schweren Diebstahls verbüßte, worüber der Arme sehr traurig und betrübt schien, mit dem anderen von seiner baldigen Entlassung, mit dem dritten von seinen Schularbeiten und mit dem vierten wiederum von seiner Frau und von seinen Kindern, denen der Unglückliche, welcher zwanzig Jahre zu verbüßen hatte, aus seiner Zelle von den Verdiensten seiner Arbeit binnen kurzem zwanzig Taler zur Unterstützung gesandt hatte. Ich kann der Wahrheit gemäß nichts anders sagen, als daß die Gefangenen, welche ich gesehen habe, sich in einem ziemlich heiteren Gemütszustande befanden und Teilnahme und Interesse äußerten. Verfallen und angegriffen sah keiner von ihnen aus. Die Gesichter trugen nur jene gelbliche Blässe, welche von einer langen Kerkerhaft unzertrennlich ist. Die Verbrechensgeschichte der Gefangenen, welche mir der Aufseher auf meine Frage zuweilen draußen auf der langen Eisengalerie erzählte, gehört nicht hierher. Auch gleichen sich die meisten Verbrechensgeschichten ja mit wenigen Ausnahmen fast alle; sie nehmen im Elend und in der Armut ihren Anfang und gehen gewöhnlich durch eine Reihe von Diebstählen der verschiedenen Grade, bis sie in das Stadium des Raubes kommen und damit im Gefängnis schließen. Zwischen den einzelnen Gefangenen und dem Aufseher – es war der Oberaufseher Scheer – schien nach den Gesprächen, welche zwischen denselben geführt wurden, überall ein wohlwollendes und teilnehmendes Verhältnis zu bestehen. Letzterer war ein verständiger, sich seiner Aufgabe, auf die sittliche Besserung des Gefangenen hinzuwirken, wohlbewußter Mann. Er gehörte zu der Brüderschaft des Rauhen Hauses wie sämtliche Aufsichtsbeamte des Zellengefängnisses. Bekanntlich zogen mit der Gefängnisreform, welche der Oberkonsistorialrat Wichern vornahm, die Brüder des Rauhen Hauses in das Moabiter Zellengefängnis ein und übernahmen sämtliche Aufsichtsstellen. Ob die Veränderung in der Verwaltung auf die sittlich-religiöse Besserung der Gefangenen von gutem oder nachteiligem Einfluß sein wird, ist in den letzten Jahren vielfach besprochen und vielfach bekrittelt worden. In Bruchsal soll man, nach Mittermayers

Berichten, mit den Brüdern des Rauhen Hauses keine guten Erfahrungen gemacht haben; ein in Strafanstaltssachen sehr erfahrener Mann, der Direktor Hoyer in Bechta, spricht sich in seinem Jahresbericht von 1860 ganz entschieden gegen die Brüder des Rauhen Hauses aus. Nach meiner Meinung hängt die Beantwortung der Frage lediglich von der Beantwortung der Vorfrage ab, ob die Brüder des Rauhen Hauses ihrer Aufgabe, auf die sittliche Besserung der Gefangenen hinzuwirken, sich bewußt sind und ob sie den Beruf und die Fähigkeit haben, diese Aufgabe zu erfüllen? Ist dies der Fall, so sind sie gewiß an ihrem Platze und weit besser an ihrem Platze als die Unteroffiziere der Armee, welche die Posten der Gefängnisbeamten und Gefängnisaufseher als Zivilversorgungsstellen in Preußen erhalten, welche freilich recht wohl wissen, was militärische Pünktlichkeit und militärisches Kommando ist, welche aber von ihrer eigentlichen Berufsaufgabe als Gefängnisaufseher gar keine Idee haben, ebensowenig wie sie zu Schulmeistern taugen und Kinder erziehen können.

Herr von Holtzendorff hat in seiner Broschüre nachgewiesen, daß die Brüderschaft des Rauhen Hauses allerdings als ein protestantischer Orden im Staatsdienst angesehen werden muß. Seine äußere und innere Gliederung, die Einrichtung mit Helfern, Oberhelfern, Oberbrüdern, mit Konvikten, Konventen und Oberkonventen, mit Logen unter einem Oberkonviktmeister, welche sämtlich ihre einheitliche Lokalspitze in dem Rauhen Hause oder eigentlich in dem Oberkonsistorialrat Herrn Dr. Wichern finden, welche eine selbständige, auf eigentümlichen Grundsätzen gegründete, bestimmten Regeln und Übungen unterworfene kirchliche Genossenschaft bilden, charakterisieren ihn vollkommen als einen solchen. Der Oberkonviktmeister, Herr Wichern, mag darauf erwidern, was er will; der Name tut nichts zur Sache, die Brüderschaft des Rauhen Hauses bildet in ihrer jetzigen Gestalt einen geistlichen Orden. Ich bin weit davon entfernt, die nützlichen Tendenzen der Brüderschaft wegleugnen zu wollen, will auch zugeben, daß die Brüder des Rauhen Hauses in Rettungshäusern, in Hospizen, in Hospitälern und in Gefängnissen recht gut zu verwenden sind; ich leugne gar nicht, daß sie gerade als Gefängnisaufseher weit mehr und weit besser am Platze sind als Unteroffiziere; im Zellengefängnis zu Moabit bei der

Art und Weise die Isolierhaft auszuüben, unter einem Oberkonviktmeister, der zugleich als Chef der ganzen preußischen Gefängnisverwaltung in einer vollkommen unabhängigen Stellung im Ministerium des Innern sitzt, sind sie aber durchaus nicht am Platze; ihre Tätigkeit ist dort gefährlicher Natur und ihre Entfernung durchaus notwendig.

Herr von Holtzendorff hat vollkommen recht, wenn er behauptet, daß in der Halbbildung und in dem theologischen Subalternentum entlassener Schuhmachergesellen und anderer Handwerker, aus denen doch die große Masse der Brüder des Rauhen Hauses besteht, eine besondere Gefahr liegt, daß Heuchelei und Hochmut die Folgen dieser Halbbildung und dieses Dünkels in dem theologischen Subalternentum sein müssen; sie müssen die konsequente Folge der Konvikteinrichtung werden. Die Tendenzen, nach denen die Isolierhaft im Zellengefängnis zu Moabit vollstreckt wird, sind, wie ich oben nachgewiesen habe, durchaus nicht zweckentsprechend; sie gehen über den eigentlichen Zweck der Isolierhaft weit hinaus und werden zu einer nutzlosen Menschenquälerei; die möglichen und konsequenterweise bestimmt eintretenden schiefen Tendenzen des Ordens der Brüder vom Rauhen Hause müssen durch die in Moabit bestehende Einrichtung aber unbedingt begünstigt und gefördert werden. Es wäre etwas ganz anderes, wenn die Brüder des Rauhen Hauses als Helfer des Geistlichen und des Direktors der Strafanstalten, nur auf eine sittliche Besserung der Gefangenen hinzuwirken, verwendet würden. Ein oder auch mehrere Geistliche werden schwerlich imstande sein, für die sittliche Besserung von beinahe siebenhundert Gefangenen zu sorgen, weil es für sie unmöglich sein wird, bei den Gefangenen die verschiedenen Individualitäten und deren Richtung kennenzulernen, und gerade in dieser Beziehung kann ein geschulter, intelligenter und religiöser Aufseher von großem Nutzen sein. Freilich müßten auch in dieser Art von Verwendung die Brüder dem Geistlichen und dem Direktor der Anstalt vollkommen untergeordnet werden. Als Brüder des geistlichen Ordens vom Rauhen Hause, als welche sie nur ihren Oberen und ihren Oberkonvikten Gehorsam zu leisten haben, würden sie freilich in ganz unvermeidliche und fortwährende Konflikte mit der Gefängnisverwaltung geraten.

Ein Haus in der Vorstadt

In der Rosenthaler Vorstadt oder im Voigtland[1], wie der Berliner zu sagen pflegt, also in jenem Stadtteil, welcher sich außerhalb der Stadtmauer vom Schönhauser Tor bis zum Rosenthaler Tor erstreckt, gibt es Häuser, wie man sie in der ganzen übrigen Stadt vergeblich sucht. Sie stehen vereinzelt zwischen den großen, modernen Häusern, oder sie bilden auch noch hie und da eine Straßenfront und repräsentieren so die Altertümlichkeit und die sonderbare Bauart der Vorstadt vor hundert Jahren; oft sind sie nur so hoch, daß man von außen in die Dachfenster hineinschauen kann. Selten haben sie zwei Stockwerke, sondern sie bestehen meistens aus einem Erdgeschoß, welches oft mehrere Fuß unter dem Niveau der Straße liegt. Ein Kellergeschoß fehlt gewöhnlich gänzlich. Über der Parterrewohnung oder eigentlich über dem Souterrain erhebt sich sofort das Dach, und auf demselben sind dann noch einige Wohnungen angebracht. Selten, wie gesagt, haben diese sonderbaren Häuser über der Parterrewohnung noch einen ersten Stock, oder wenn dies ausnahmsweise der Fall ist, so sieht man demselben an, daß er fünfzig Jahre später entstanden ist als sein Unterbau. Von einem Hofraum ist natürlich keine Rede; nur zwischen dem Straßendamm und der Vorderseite der Gebäude befindet sich eine grabenartige Vertiefung, welche nach der Straße zu mit einem alten, baufälligen Geländer umgeben ist, damit die Vorübergehenden nicht hineinstürzen und nicht in die Fenster hineinfallen. Dieselben reichen zur Hälfte unter das Niveau der Straße, und der Herunterfallende würde durch die Scheiben hindurch sogleich in die Parterrewohnung stürzen und sich bei diesem Falle dennoch an der niedrigen Decke der Stube den Kopf zerschlagen.

In einem dieser Häuser habe ich einen Bekannten wohnen, den ich, ich weiß eigentlich nicht, warum, dann und wann besuche. Unsere Bekanntschaft rührt aus den Kasematten der Festung Magdeburg her. Wir waren dort während mehrerer Jahre zusammen eingesperrt; die Motive unserer Einsperrung waren nur etwas voneinander verschieden. Ich bewohnte diese nichts weniger als komfortablen in den Wällen der Zitadelle eingerichteten Räume infolge einer Tatsache, welche das neue preußische Strafgesetzbuch «Aufruhr mit Waffen und Gewalt» nennt[2], mein Kamerad auf Grund eines Paragraphen des zwanzigstens Titels des zweiten Teils des allgemeinen preußischen Landrechts, der etwas anders lautet und von Raubmord spricht. Die nun antiquierte preußische Kriminalordnung hatte bekanntlich noch eine Beweistheorie, das heißt, sie schnürte die richterliche Überzeugung in bestimmte Schranken ein und sagte: Unter diesen Umständen ist ein voller Beweis gegen den Verbrecher vorhanden, wo er zur vollen gesetzlichen Strafe verurteilt werden kann, unter jenen Umständen aber nur ein halber Beweis, der eine geringere Strafe nach sich zieht. Die Tatsachen, welche gegen meinen Mitgefangenen aus der Festung Magdeburg sprachen, gehörten der zweiten Kategorie an, ob infolge seines Leugnens oder aus anderen Gründen, weiß ich nicht; er hat sich auch gegen mich niemals über seine Schuld oder Unschuld klar ausgesprochen; genug, es war in den dreißiger Jahren ein noch heute bekannter Raubmord in Berlin passiert. Es wurden eine Menge berüchtigter Personen inhaftiert und zur Untersuchung gezogen, unter ihnen auch mein Bekannter aus jenem kleinen alten Hause im Voigtland. Sie saßen mehrere Jahre in der Stadtvogtei, denn sie waren sämtlich der Tat dringend verdächtig, aber sie leugneten hartnäckig, und es stellten sich nicht in hinreichender Menge Tatsachen heraus, auf Grund deren sie zur vollen gesetzlichen Strafe, zum Tode, verurteilt werden konnten; sie wurden deshalb außerordentlich bestraft, nämlich mit lebenslänglicher Festungsstrafarbeit, welche gegen ihn auf der Festung Magdeburg vollstreckt werden sollte.

Er war eine sonderbare und eigentümliche Natur. Vor jener Verurteilung hatte er schon zu wiederholten Malen wegen kleinerer und größerer Vergehen mit den Gefängnissen und Zuchthäusern Bekanntschaft gemacht; er war aber immer nur auf Grund von Indizien, oder wie man im gemeinen Leben zu sagen pflegt, wegen Verdachts verurteilt, einen vollen Beweis hatte niemals ein preußischer Gerichtshof gegen ihn zu führen vermocht, und er behauptet bis heute, er sei immer vollständig schuldlos gewesen und die gegen ihn geführten Indizienbeweise seien nur infolge der Verkettung zufälliger und sonderbarer Umstände entstanden. Über seine Jugend und Erziehung hat er mir niemals genügende Aufschlüsse gegeben; ich weiß nur, daß er im Voigtland geboren und erzogen wurde, die Schuhmacherprofession erlernte und, als er Geselle geworden war, in Deutschland und Frankreich vielfach umherwanderte und endlich nach Berlin zurückkehrte. Er war ein geschickter und anstelliger Mensch, der außer seiner Profession manches verstand und gelernt hatte. In seinem ganzen Wesen war nichts Gemeines und an den Verbrecher Erinnerndes. Groß und stattlich gewachsen, von sehr kräftigem Körperbau, schwarzes krauses Haar, markierte Gesichtszüge, trat nur in seinen dunklen, etwas tief liegenden Augen und in den Mundwinkeln dann und wann etwas hervor, was gegen seinen Charakter Verdacht einflößen könnte und auf Bosheit und Tücke schließen ließ, wenn man auch seine Antezedenzien[3] nicht kannte. Konsequenz in der Verstellung war ihm keineswegs abzusprechen und ein Hauptgrundzug seines ganzen Wesens. Zwanzig Jahre lang war er unter den Baugefangenen der Festung Magdeburg inhaftiert, ohne daß ihm in betreff seiner Führung das mindeste vorgeworfen werden konnte. Nach zehn Jahren seiner Gefangenschaft erreichte er es, daß ihm die Fesseln abgenommen wurden. Nur die halb graue, halb gelbe Kleidung, welche er trug, und die beiden Eisenringe an den Beinen, welche dem Baugefangenen bei seiner Einkleidung angeschmiedet werden, verkündeten die Kategorie von Verbrechen, zu der er gehörte. Er machte niemals einen Fluchtversuch, fehlte niemals in der Kapelle, welche in einer Kasematte zum Gottesdienst eingerichtet war, und hörte die Predigt von Anfang bis zu Ende mit der größten Aufmerksamkeit an. Später wurde er zu den Einkäufen der Lebensmittel behufs Verpflegung der Baugefangenen in der Stadt benutzt; er hatte während seines Aufenthalts in Frankreich die Kochkunst erlernt und wurde auf der Zitadelle als Koch der Gefangenen verwendet. Zugleich fing er wieder an, seine Profession als Schuhmacher auszuüben, besohlte und flickte den Staatsgefangenen ihre Schuhe und Stiefel, machte das Brennholz klein und erlangte auf diese Weise bereits im zehnten Jahr seiner Gefangenschaft, daß er von den beschwerlichen Erdarbeiten der Baugefangenen gänzlich dispensiert und lediglich zu den häuslichen Geschäften verwandt wurde, welche innerhalb der Zitadelle vorfielen. Trotz alledem ist mir sein eigentlicher und wahrer Charakter niemals zweifelhaft geblieben; ich halte ihn auch heute noch für einen höchst gefährlichen Menschen. Aber er wußte, daß, wenn ein zu lebenslänglicher Gefangenschaft verurteilter Verbrecher sich zwanzig Jahre lang gut und tadellos betragen hat, von seiten der Kommandantur sein Begnadigungsgesuch unterstützt und befürwortet zu werden pflegt. Hierauf hoffte er, und in dieser Hoffnung verbarg er sein eigentliches Wesen so konsequent und so sorgfältig zwanzig Jahre lang, daß der nicht aufmerksame Beobachter ihn für einen ordentlichen und gebesserten Menschen halten mußte. Ich habe auf seinem Gesichte niemals, auch wenn er sich für ganz unbeobachtet halten konnte, einen andern als einen ergebenen und ruhigen Ausdruck gesehen, die Miene eines Menschen, welcher unschuldig verurteilt worden ist und sich mit Ergebenheit in sein Schicksal gefügt hat. Er wandte sich deshalb während zwanzig Jahren niemals um Begnadigung an das Kabinett, wie es seine Kameraden alle fünf Jahre taten, er wartete mit der größten Geduld auf das Ende des zwanzigsten Jahres seiner Gefangenschaft, wo von seiten der Kommandantur dies offiziell zu geschehen pflegt. Er wußte, daß ein verfehltes Gesuch ihm schädlich werden konnte, und darum wartete er. So erreichte er denn auch endlich mit Sicherheit das lang ersehnte Ziel. Er wurde begnadigt, und vor einigen Jahren begegnete er mir unerwartet in Berlin auf der Straße. Mit dem ihm eigentümlichen, stillen Lächeln, was nur der an ihm bemerkt, dem er Vertrauen schenkt, erzählte er mir, daß er begnadigt sei und wieder in der Rosenthaler Vorstadt wohne, wo er seine Profession ausübe.

Seit dieser Zeit besuche ich ihn dann und wann, wenn ich in seine Gegend komme. Ich muß seine weitere Lebensentwicklung und sein Ende sehen. Nach meiner Meinung ist es das Zuchthaus oder das Schafott. Wenn ich kriminalgerichtliche Bekanntmachungen in betreff schwerer und gefährlicher Diebstähle im Intelligenzblatt lese[4], denke ich unwillkürlich an ihn; doch habe ich seinen Namen niemals gefunden. Vielleicht irre ich mich in ihm; doch nein, ein solcher Blick wie in seinen Augen und ein so verstecktes tückisches Lächeln in den Mundwinkeln trügen selten!

Das Haus, in dem Schmidt – so will ich ihn hier nennen – wohnt, hat ausnahmsweise über dem Parterre oder eigentlich Souterrain noch einen ersten Stock und einen hinteren Hofraum, sonst steigt man auch hier fünf Stufen von der Straße abwärts und bückt den Kopf, um in die niedrige Haustür einzutreten. Auf einem schmalen, dunklen Hausflur, der nur durch die offene Haustür sein Licht empfängt und kein Fenster hat, öffnet sich rechts eine schmale Stubentür, an der man auf einem mit Tinte geschriebenen Papierzettel die Worte liest: «Destillation». An einer andern Tür links stehen mit Kreide die Worte geschrieben: «Zu vermieten. Näheres beim Wirt in der Destillation». Die Wohnung oder eigentlich der kellerartige Raum, zu dem diese zweite Tür führt, steht schon seit einem halben Jahr leer; er ist so feucht und ungesund, daß seine Bewohner deshalb ausgezogen sind und sich sogar im Voigtland seit sechs Monaten niemand gefunden hat, der diese Räume hat mieten wollen. Und doch ist es keine Fabel, daß es in den großen Familienhäusern vor dem Hamburger Tor Stuben gibt, in denen mehrere Familien in der Art zusammenwohnen, daß ein Kreidestrich auf dem Fußboden die Stube in zwei oder drei Reviere teilt, und jedes Revier einer einzelnen Familie als Wohnung angewiesen ist. Wie ungesund und erbärmlich muß diese Parterrewohnung sein. Die Tür ist nur angelehnt; dort drinnen ist nichts zu nehmen. Blicken wir hinein, wie die Wohnung aussieht.

Die Fensterbretter liegen wenigstens drei Fuß unter dem Niveau der Straße, die Stuben empfangen das Licht also nur durch die oberen, halb erblindeten Scheiben dieser schmalen, kleinen Fenster, so daß von einer eigentlichen Tageshelle in ihnen niemals die Rede sein kann. Es schlägt jetzt zwei Uhr auf dem Kirchturm in der Sophienstraße, und schon ist es hier so dunkel, als wenn es fünf Uhr wäre! Die Wände und die Decke waren vor Jahren einmal weiß, der Rauch und die Zeit haben ihnen allmählich ein Kolorit gegeben, was die Mitte zwischen dunkelgrau und schwarz einnimmt. Die Decke ist so niedrig, nicht, daß ich sie mit der Hand erreichen kann, sondern daß ich, wenn ich ganz gerade stehe, mit dem Kopfe daran stoße! Die Luft ist feucht und modrig; die Luft in den Magdeburger Kasematten, die doch zwanzig Fuß hoch mit Erde bedeckt waren, war reiner und gesünder. Gedielt war der Fußboden nicht. In der ersten Stube war er festgestampft, wie die Flure in den Bauernhäusern Westfalens, in der zweiten war offenbar einst ein hölzerner Fußboden gewesen, einzelne Überreste an den Wänden zeugten noch davon, jetzt war der nackte, feuchte Boden an die Stelle der hölzernen Dielen getreten. Ein großer schwarzer Kachelofen nahm die eine Ecke der ersten Stube ein und unterschied sich in seiner Farbe wenig von den Wänden. Ein modriger Dunst wehte mich an. Und hier haben Menschen gewohnt, wenige Schritte von den Toren der glänzenden, reichen Stadt. Hier wohnen und leben nach wenigen Wochen wiederum Menschen, welche doch kraft ihrer Geburt, weil sie geboren sind und existieren, denselben Anspruch auf Lebensgenuß haben wie die reichen Leute in ihren palastartigen Häusern, welche dort von allem Luxus und allen Bequemlichkeiten umgeben sind, welche die raffiniertesten Sinne nur erfinden können, weil sie zufälligerweise dort und nicht im Voigtland geboren sind, weil zufälligerweise ihr Vater kein armer Handwerker, sondern ein reicher Kaufmann und ihre Mutter kein armes Proletariermädchen, sondern eine reiche Erbtochter aus einem sogenannten vornehmen und reichen Hause war. Treten wir in das an der andern Seite des Hausflurs liegende Zimmer, an dessen Tür das Wort «Destillation» zu lesen ist. Die Destillationen sind Lokale, welche den nördlichen Ländern Europas wohl eigentümlich angehören, Branntweinläden und Schenken, in denen jener verderbliche und schreckliche Stoff verkauft wird, den alle Mäßigkeitsvereine und Mäßigkeitsapostel nicht wegschaffen werden, weil er dem Proletarier bei den schlechten Nahrungsmitteln, welche er zu erwerben nur imstande ist, in der kalten, feuchten Luft des Nordens zum Bedürfnis wird und das Land keinen Wein hervorbringt, um dies Bedürfnis zu ersetzen. Man muß die Destillationen Berlins nicht mit den Branding-houses in London vergleichen. Dort verkehren die Straßendirnen, um sich durch große Gläser Whisky oder Brandy zu ihren Promenaden in der feuchten Nebelluft auf der Gasse zu stärken. Fast durchschnittlich schön, bilden diese Mädchen in ihrer glänzenden Toilette, mit ihren edel geformten Gesichtern und ihren üppigen Gestalten einen höchst sonderbaren Kontrast mit dem Lumpengesindel, das sich dort umhertreibt. In Berlin ist es nur das letztere, was sich in den Branntweinschenken aufhält. Ein nur etwas anständig aussehender Mensch kommt selten dorthin, vielleicht dann und wann ein Dienstmädchen aus der Nachbarschaft, welches Spiritus für den Haushalt holt und sich scheu und schnell wieder entfernt.

Hier in der Vorstadt war es ebenfalls der Ausschuß der Bevölkerung, der schon um zwei Uhr nachmittags Schnaps trank. Der Raum war niedrig und düster wie der gegenüberliegende, der zu vermieten war, nur sah er etwas besser und wohnlicher aus. Er war gedielt, und die Wände hatten einen weißen Anstrich. Statt des dunstigen, modrigen Geruchs erfüllte ein intensiver Branntweindunst die Atmosphäre, der allein schon auf schwache Nerven berauschend wirken mußte. Hinter dem Schenktisch stand ein junges Mädchen, welches noch nicht zwanzig Jahre alt sein konnte, und schenkte einem ganz zerlumpt und schmutzig aussehenden Kerl ein Glas Kümmelschnaps ein, dessen Inhalt er auf einen Zug herunterstürzte, um sofort noch ein zweites Glas zu fordern. Er schien schon viel getrunken zu haben, denn sein Gang war etwas schwankend, und auf seinem Gesicht war bereits jene fliegende Röte eingetreten, welche die Folge des Genusses einer bedeutenden Quantität von Branntwein zu sein pflegt. Eine alte Mütze, deren ursprüngliche Farbe nicht mehr zu erkennen war, bedeckte sein wahrscheinlich wochenlang nicht gekämmtes, struppiges Haar, seine Gesichtszüge waren roh und gemein und paßten zu den schmutzigen Scherzen der niedrigsten Art, welche seine Unterhaltung mit dem Mädchen bildeten. Das Mädchen war ohne Zweifel ein wirkliches Voigtlandskind, im Voigtland geboren und erzogen; denn auf ihrem hübschen Gesicht zeigte sich auch bei den rohesten und gemeinsten Ausdrücken des halbtrunkenen Kerls nicht eine Spur von Scham und Verlegenheit. Sie hatte wahrscheinlich als Kind bereits abends auf den Straßen der Residenz oder in den Bierhäusern und Branntweinläden Veilchen- und Rosenbouquets verkauft und die Jungfräulichkeit ihrer Seele früher eingebüßt, als sie sich derselben bewußt geworden war. Als sie nun mit dem vierzehnten Jahre irgendeinem alten, abgelebten Wüstling in die Hände geriet, hatte sie eigentlich nichts mehr zu verlieren. Sie sank immer tiefer, und nach wenigen Jahren war ihre Seele so entsittlicht, daß ihr Körper in der Entsittlichung mit der Seele nicht gleichen Schritt halten konnte. Sie war noch nicht zwanzig Jahre alt, auf ihrem Gesicht blühten Jugend und Gesundheit, und ihre Wangen waren mit der Farbe der Rosenknospen bedeckt, welche sie einst als achtjähriges Kind in dem kleinen Körbchen verkaufte – aber ihr Herz war zertreten, und ihre Seele war ein schmutziger Sumpf geworden. Die Redensarten des Halbtrunkenen hatte sie schon als achtjähriges Kind gehört, als sie sie noch nicht verstand, und vor der zehnjährigen Gewohnheit errötet man nicht mehr. Sie schenkte ihm deshalb so viel Branntwein ein, als er trinken wollte, und so lange, als er bezahlte; das übrige ging sie nichts an, es berührte sie gar nicht. Ab und zu kamen einige kräftige und ordentlich aussehende Arbeiter, welche zu Hause ihr Mittagessen genossen hatten und zur besseren Verdauung beim Vorübergehen ein Glas Branntwein tranken. Sie tranken und bezahlten, ohne sich lange aufzuhalten und ohne sich mit dem Betrunkenen weiter einzulassen. Dann wurde die Tür aufgerissen, und lärmend traten zwei andere Kerle herein, welche wahrscheinlich schon anderswo während des Vormittags getrunken hatten, denn sie schienen nichts weniger als nüchtern zu sein. Sie forderten mehrere Gläser Branntwein und stießen mit dem Kerl, der am Schenktisch stand, an; einer zog ein schmutziges Spiel Karten aus der Tasche, und sie begannen um die Zeche Sechsundsechzig zu spielen, den Schenktisch als Spieltisch benutzend. Das Mädchen verbot ihnen dies, sie gerieten mit demselben in Streit und brachen in die gemeinsten und schmutzigsten Redensarten aus, bis es damit drohte, den Hauswirt zu rufen und sie aus dem Schenkzimmer bringen zu lassen.

«Wirt is nich, ick habe ihn eben in de Ackerstraße begegnet», erwiderte einer der Kerle und griff nach dem Mädchen, welches sich in die Fensterecke hinter dem Schenktisch zurückzog und dort für den Augenblick hinreichend Schutz fand. Der zuerst Dagewesene, den der stark genossene Branntwein streitsüchtig machte, geriet nun mit den später Gekommenen in Streit, und der Hader drohte in eine Prügelei auszuarten, als das Mädchen einen vorübergehenden Konstabler bemerkte und zu Hilfe rief. Ich erwartete die Entwicklung der Szene, die wahrscheinlich mit der Verhaftung der drei Betrunkenen endigte, nicht ab, ging hinaus und stieg die schmale, dunkle Treppe zu meinem Bekannten aus den Kasematten der Festung Magdeburg hinauf.

Schmidt war zu Hause. Seine Wohnung war die beste in dem ganzen Hause und mit alten birkenen Möbeln ziemlich ordentlich ausgestattet. Die Wände hatten einen gelben Ölanstrich, und die Decke war noch in diesem Jahre neu geweißt worden. In einer Ecke stand sogar ein altes, etwas zerrissenes Sofa. Ich hatte ihn in dieser Wohnung noch nicht besucht, war indes über die Einrichtung gar nicht verwundert. In der Kasematte hatte er unter den übrigen Baugefangenen sich immer die beste und wohnlichste Ecke in der Nähe des Fensters für seinen Schustertisch und seine Matratze zu verschaffen gewußt. Wenn er dort das Mittagessen für seine im Festungsrayon mit Erdarbeiten beschäftigten Kameraden kochte, hatte er die beste Brühe vorher getrunken und sich durch seine Schuhmacherarbeiten und kleinen Dienste, die er den Staatsgefangenen und den Aufsehern leistete, fortwährend einige Nebenverdienste verschafft, mit denen er seine Lage so erträglich wie möglich machte, so daß sie jedenfalls besser war als die aller übrigen. Schmidt saß hinter seinem Arbeitstisch und schien rührig mit dem Besohlen von Stiefeln beschäftigt. Allerlei zerrissenes Schuhwerk lag um ihn herum, der Tisch war mit Arbeitswerkzeugen und mit einzelnen Stücken Leder bedeckt, so daß die ganze Umgebung den Eindruck eines fleißigen Handwerkers machte, obschon ich der Überzeugung bin, daß er nur dann arbeitet, wenn es für ihn gar keine anderen und leichteren Nebenverdienste gibt. Er tat, als wenn er das Öffnen der Tür nicht hörte, und hämmerte ohne Aufsehen auf die Stiefelsohlen los. Wahrscheinlich dachte er, es sei ein Besuch des Konstablers, von dessen Anwesenheit im Hause bei dem Spektakel in der Branntweinstube er gehört haben mußte. Als ich ihm guten Tag sagte und er mich erkannte, legte er auch sofort die Arbeit aus den Händen. Ich bot ihm eine Zigarre an und setzte mich auf einen zweiten Schusterschemel, der am Tische stand. Seit einem halben Jahr hatte ich ihn nicht gesehen. Er war nicht älter geworden. Sein Aussehen war und blieb immer dasselbe wie vor mehreren Jahren auf der Festung Magdeburg. Die Zeit schien über diesen Mann keine Gewalt zu haben. Er mußte über die Mitte der fünfziger Jahre hinaus sein, schien aber trotz seines langen Gefängnislebens nicht älter als Anfang der Vierzig. Auf seinem runden und vollen, etwas von Blatternarben entstellten Gesicht zeigten sich nur in den Augenwinkeln einige Falten als Vorboten des kommenden Alters, in seinem schwarzen, krausen Haar war noch keine graue Stelle, nicht einmal an den Schläfen, zu entdecken. Er hatte dieselbe leidende und ruhige Miene, die ich in Magdeburg immer auf seinem Gesicht gesehen und die ihn, wenn er sich beobachtet glaubte, nie verließ, obschon dies gewiß nicht sein eigentlicher Gesichtsausdruck war. Mit derselben ruhigen und tonlosen Stimme, mit der er in Magdeburg mit seinen Kameraden und mit seinen Aufsehern gesprochen hatte, erzählte er mir, daß er in dieser Gegend der Vorstadt hinreichend Arbeit finde, um sich ordentlich und seinen Bedürfnissen gemäß zu ernähren. Er teilte mir mit einem etwas maliziösen Lächeln mit, daß es einem andern Baugefangenen, der, so wie er, wegen desselben Verbrechens auf Verdacht zu lebenslänglicher Haft auf der Festung Stettin verurteilt sei, nicht gelungen wäre, nach zwanzig Jahren Strafzeit begnadigt zu werden. Ich fragte ihn nach dem jungen Mädchen unten in der Branntweinstube; er behauptete, sie nicht zu kennen.

«Sie wissen ja», erwiderte er, als ich meine Frage wiederholte, «ich besuche die Branntweinstuben nicht, trinke auch nur morgens ein Gläschen. Auch mache ich mir aus Frauenzimmern nichts.»

Sein Gesicht hatte einen unverkennbar sinnlichen Ausdruck, der nicht täuschen konnte. Die Verstellung ärgerte mich. Daß er das Mädchen in der Branntweinstube nicht kannte, auch diese Branntweinstuben nicht besuchte, glaubte ich ihm zwar: denn er war klug genug, um sich auch in seiner nächsten Umgebung zu verstellen. Aber daß er im allgemeinen diese Behauptung aufstellte und mir gegenüber aufstellte, erschien mir doch zu frech.

«Ja, ja», sagte ich, «Ihr seid ja auch nur auf Verdacht verurteilt, Schmidt». Und ich stand auf, um zu gehen.

«Allerdings», erwiderte er mit einem stechenden Blick, «wenn der Zeuge, durch den ich mein Alibi beweisen konnte, während der langen Voruntersuchungen nicht gestorben wäre, wäre ich auch freigesprochen.»

«Das Elysium und das Eldorado[5] besucht Ihr wohl gar nicht?»

fragte ich, schon fortgehend.

«Nein! Wie sollte ich auch dazu kommen? Ich bin ein alter Mann, tanze nicht, und mache mir, wie Sie ja wissen, aus Frauenzimmern nichts.»

Die Heuchelei langweilte mich, und ich ging. Er klopfte sofort wieder auf seine Stiefelsohlen los. Ich stand noch einige Minuten auf dem kleinen, dunklen Flur, hörte ihn aber immer noch klopfen. Er konnte ja denken, ich wäre noch draußen, und er schien es darauf angelegt zu haben, auch in meinen Augen sich keine Blöße zu geben, obschon, wenn er derartige Behauptungen wie heute aufstellte, oft unwillkürlich ein schlaues Lächeln über sein Gesicht zuckte und er mich mit einem Ausdruck ansah, als wenn er sagen wollte: Ich weiß, Sie glauben das alles ja doch nicht, warum fragen Sie also? – Nach einer halben Stunde, davon war ich überzeugt, klopfte er seine Stiefelsohlen nicht mehr.

Ich ging drüben in die andere Wohnung. Es wohnte dort eine arme, ältliche Frau mit ihren Töchtern, die ich kannte. Die Mutter war ausgegangen. Marie und Auguste nähten Hemden für einen Laden in der Stadt und waren im Begriff, Kaffee zu bereiten, wozu sie mich einluden. Ich hatte dies erwartet und hatte ihnen Kuchen aus der Stadt mitgebracht. Die Wohnung der Mädchen war klein und ärmlich, aber rein und ordentlich. Das ganze Ensemble machte einen sehr wohltuenden Eindruck. Auguste war brünett, groß und schlank gewachsen, sie hatte schöne braune Augen und angenehme Gesichtszüge. Sie war noch nicht achtzehn Jahre alt. Marie war ein Jahr älter als die Schwester, blond und von weicheren, zarteren Formen. Und wer waren diese jungen Mädchen? Auch der aufmerksame Beobachter hätte sie für wohlerzogene Töchter eines Handwerkers halten müssen. Im Voigtlande galten sie dafür. Ihr Vater war Maschinenmeister in einer dortigen Fabrik gewesen[6], ihre Mutter war die Tochter eines Krämers aus der Vorstadt. Beide Mädchen waren im Voigtland geboren und erzogen, und ihr Vater, ein ordentlicher, verständiger Mann, hatte ihnen einen guten Schulunterricht geben lassen. Vor einigen Jahren war er an der Cholera gestorben, ohne der Frau und den Kindern das mindeste zu hinterlassen. Marie und Auguste waren nicht als kleine Kinder in die Stadt geschickt worden, um auf den Straßen Schwefelhölzer und Blumenbouquets zu verkaufen; ihre Seele war nicht früh entsittlicht worden wie die Seele des jungen Mädchens dort unten in der Branntweinstube. Und doch waren sie tief gesunken, obwohl man in ihrer eigentlichen Heimat, in der Vorstadt, keine Ahnung davon besaß. Sie hatten, wenn auch das Schamgefühl verlorengegangen war, doch noch Ehrgefühl. Sie mochten unter ihren Bekannten und Jugendgespielen im Voigtlande nicht für das gelten, was sie geworden waren. Sie besuchten deshalb die Tanzlokale der Vorstadt niemals. Während des Tages arbeiteten sie für ein Ladengeschäft und nähten Hemden oder verfertigten Stickereien; aber abends, wenn es dunkel wurde, gingen sie in die Stadt, promenierten Unter den Linden und in der Friedrichstraße und machten Bekanntschaften. Auguste, die Jüngere, hatte zuerst diesen Weg betreten. Sie hatte Lust zu leben und zu genießen. Was können zwei junge Mädchen mit der Nähnadel und am Stickrahmen verdienen, um so mehr, wenn sie noch eine alte und kränkliche Mutter zu ernähren haben! Ein erbärmlicher Handelsmann, für dessen Laden Auguste Stickereien arbeitete, hatte das hübsche junge Mädchen, ihre Sinnlichkeit und Genußsucht aufregend, zuerst verdorben und nach einigen Wochen fortgeschickt.[7] Dann war sie, zufällig in Bekanntschaften auf der Straße geraten, der böse Engel ihrer Schwester geworden, und nach und nach waren beide Mädchen immer tiefer gesunken. Sie hatten Champagner trinken und Austern essen gelernt, besuchten mit den Herren, welche sie abends trafen, die Delikatessenkeller, ließen sich Theaterbilletts für den dritten Rang im Opernhause schenken und kehrten dann spätabends oder in der Nacht erschöpft, ermüdet, übersättigt und angeekelt von dem eigenen Leben in ihre stille Wohnung nach der Vorstadt zurück, um den nächsten Abend wieder auf dieselbe Weise zuzubringen. Ich lernte sie bei Gelegenheit eines kleinen Soupers kennen, welches einer meiner Bekannten gab, und sie interessierten mich, weil sie jung und hübsch waren, weil sie eine gewisse Tournüre[8] und Bildung hatten und in ihrem ganzen Wesen sich nichts Gemeines aussprach. Es war ihnen ja nur so ergangen wie hundert und aber hundert andern jungen Mädchen aus dem Volke. Sie waren gesunken, weil sie nach den Genüssen des Lebens getrachtet, die der Arme nur sehen, aber nicht kosten soll, weil sie durch die Arbeit ihrer Hände nur das trockene

Brot verdienen konnten und weil ihr armer Vater ihnen das Gefühl für Ehre und Stolz, der Kindern aus vornehmerem Stande schon angeboren und anerzogen wird, bei ihrer Erziehung nicht eingeimpft hatte, weil er ihn selbst nicht kannte. Der Proletarier sieht eine Handlung seiner Tochter oft mit Gleichgültigkeit an, über welche der Mann vom Stande sich aus Verzweiflung das Haar ausraufen würde; das Blut, die Erziehung und die Lebensweise machen einen Unterschied, denn sie machen den Charakter des Menschen.

Ich hatte mit beiden Mädchen immer ernsthaft über ihr Leben und ihre Verhältnisse gesprochen. Sie wußten, was sie taten, sie schämten sich sogar dessen; denn sie verbargen ihr umherschweifendes Leben in der Stadt vor der Vorstadt auf das sorgfältigste, ohne indes einen Abscheu dagegen zu empfinden und ohne sich herausreißen zu wollen. Was war es, was sie festhielt? War es die Gewohnheit, war es Genußsucht, war es Mangel an Arbeitslust? Ich weiß es nicht. Ihnen war mehrmals die Hand geboten worden, ein anderes Leben zu beginnen; sie fielen dennoch bald in die alten Gewohnheiten zurück. Wer ist immer imstande, die Empfindungen des Herzens zu erklären und dafür die richtigen Motive anzugeben? Einer meiner politischen Freunde in London, ein Flüchtling, dessen Name in den Schlachten des ungarischen Krieges[9] vielfach mit Ruhm in Europa genannt ist, fuhr mit mir eines Abends auf der Themse aus Westend nach einem entlegenen Teile der City. Während der Fahrt fiel uns eine junge Dame durch ihre wunderbare Schönheit auf, wie man sie in Europa nur auf den Gesichtern der englischen Frauen findet. Sie war elegant, aber durchaus nicht auffallend gekleidet und in Gesellschaft eines älteren Mannes, der durchaus das Ansehen eines Gentlemans hatte. Wir suchten mit ihm eine Konversation zu beginnen, welche er indes abbrach. Am Landungsplatz des Dampfschiffes nahm er ein Cab und fuhr mit der Dame in die Stadt, so daß eine Nachforschung, wer sie waren, unmöglich wurde. Das himmlisch schöne Gesicht des jungen Mädchens und der weiche Ton ihrer Stimme wollten meinem Freunde indes gar nicht aus dem Gedächtnis kommen. Einige Tage darauf gingen wir abends, als bereits die Gaslaternen angezündet waren, auf Haymarket spazieren. Ein junges Mädchen eilte an uns vorüber; ich erkannte sie sofort, es war die Dame vom Dampfschiff. Wir gingen ihr nach, und was erfuhren wir? Sie gehörte unter die Klasse der unglücklichen Geschöpfe, welche sich abends in Haymarket und in Regentstreet umhertrieben, um Bekanntschaften zu machen. Dadurch war indes die Zuneigung meines Freundes für das Mädchen nicht erloschen. Er bedauerte nun um so mehr, daß so viel Jugend und Schönheit in einer so elenden Weise zugrunde gehen sollten, und nahm sich des Mädchens an. Sie war die Tochter eines wohlhabenden Krämers aus der City. Er brachte sie den Eltern zurück, welche sie, wie das in England unter solchen Verhältnissen nicht oft vorkommt, mitleidsvoll wieder aufnahmen. Nach einigen Wochen fanden wir sie wieder in Regentstreet; sie hatte das alte Leben von neuem begonnen. Die Eltern wollten nun nichts mehr von ihrer Wiederaufnahme hören. Mein Freund nahm sich deshalb selbst ihrer an, brachte sie in Pension, bestritt alle ihre Bedürfnisse und suchte ihr Gefühl für Scham und Ehre wieder zu erwecken. Sie hielt einige Wochen aus; dann trafen wir sie abends wieder in Regentstreet. Was daraus geworden ist, weiß ich nicht; jedenfalls war mein Freund nach mehreren Monaten, im Augenblicke meiner Abreise, mit seinen philanthropischen Versuchen noch zu keinem günstigen Resultat gekommen.

Warum war es nicht möglich, sie aus dem Leben, welches sie führte, welches sie in wenigen Jahren ruinieren mußte, herauszureißen? Die Gründe mochten wohl bei Auguste und Marie dieselben sein wie bei jenem Mädchen in Haymarket. Auch heute sprach ich mit ihnen über das Thema und fragte sie, ob denn die Mutter um ihr zuchtloses Leben wisse?

«Allerdings weiß sie darum», entgegnete mir Auguste.

«Sie weiß es und gibt dazu ihre Zustimmung?»

«Sie gibt ihre Zustimmung nicht; denn sie spricht nicht mit uns darüber. Aber sie leidet es doch. Die Mutter müßte auch sehr kärglich leben, wenn sie von den wenigen Groschen existieren sollte, welche wir mit Nähen und Sticken verdienen können.»

Ich schwieg. War jene Frau nicht weit tiefer gesunken als ihre Töchter, welche sich von dem einen Lebensgenuß verschaffte, was die Mädchen mit der Schande verdienten?

Es war inzwischen dunkel geworden, und ich ging. Die Ältere hatte ein Licht angezündet und trat mit mir auf den kleinen

Flur hinaus, um mich die Treppe hinabzubegleiten. Drüben bei Schmidt war alles still. Ich hörte ihn nicht mehr klopfen, und doch war Licht in seinem Zimmer. Ich ersuchte das Mädchen, mit der Kerze zurückzubleiben, ich würde schon allein den Weg auf die Straße finden. Sie ging zurück. Als sie die Tür hinter sich geschlossen hatte, bückte ich mich und sah durch das Schlüsselloch in Schmidts Stube. Die Tür war verschlossen, aber der sonst so vorsichtige Mensch hatte vergessen, den Schlüssel inwendig einzustecken, und ein langer Lichtstreifen, der durch das Schlüsselloch fiel, hatte mir seine Anwesenheit verraten. Was sah ich? Das alte Sofa stand der Tür gerade gegenüber in einer Ecke des Zimmers. Ein Licht brannte auf dem vor dem Sofa stehenden Tisch und beleuchtete diesen Teil des Zimmers. Auf dem Tisch standen zwei große Gläser mit Grog und auf dem Sofa saß ein Frauenzimmer, dessen Charakter an ihrem frechen Gesicht nicht zu verkennen war. Vor dem Tisch stand Schmidt, oder war er es nicht? Es war seine Gestalt, sein schwarzes krauses Haar, nur sein Gesicht war nicht wiederzuerkennen. Von dem leidenden, geduldigen Wesen war nichts mehr in diesen Zügen zu entdecken. Wilde Leidenschaft zuckte jetzt um diesen sonst leidenden Mund, frecher Hohn lagerte auf der sonst so demütigen Stirn, Sinnlichkeit und Gier blitzte aus diesen sonst so trüben, halbgeschlossenen, jetzt großen und funkelnden Augen. Er griff nach einem Glas, stürzte es mit einem Zuge hinunter und stieß in der Diebessprache der Gauner und Spitzbuben eine Redensart aus, welche zu wiederholen unmöglich ist, deren Sinn ich aber noch aus meiner frühern kriminalistischen Praxis verstand.

Jetzt war mein Wunsch erreicht. Ich hatte endlich einen Beweis für seinen Charakter, an dem ich nie gezweifelt habe. Nicht den duldenden Kettengefangenen aus der Festung Magdeburg, nein, den frechen Raubmörder hatte ich gesehen, der auf Verdacht nur zu zwanzig Jahren Festungsstrafe verurteilt war. Langsam stieg ich die Treppe hinab und verließ das kleine Haus in der Vorstadt, welches mir eine Reihe menschlicher Wesen, auf den verschiedensten Stufen der Schande und der Gesunkenheit stehend, gezeigt hatte. – Es war ein trüber und regnerischer Abend. An den Straßenecken träumte ein Droschkenpferd von vergangener Herrlichkeit, als es noch ein stolzes Reitpferd war und ein schönes Mädchen im Galopp auf seinem Rücken in den schattigen Alleen des Tiergartens trug; der Droschkenkutscher nickte halb schlafend, halb wachend auf dem Bock mit dem Kopfe, daß das Regenwasser stromweis von seinem wachstuchüberzogenen Hut auf den Mantel floß. Ich weckte Roß und Kutscher aus ihren Träumen und fuhr nach dem Schauspielhause, um Figaros Hochzeit zu sehen.

Aus den Familienhäusern

(...)

Die großen, düsteren Familienhäuser im Voigtland stammen aus den Jahren 1820-1824. Nach den Kriegsjahren von 1806 bis 1815 fing die Vorstadt an zu verarmen, während die Einwohnerzahl Berlins von Tag zu Tag stieg. Alles, was arm und elend war und in Berlin keine Wohnung finden konnte, drängte sich damals nach dem Voigtlande, und die Vorstadt wurde nach und nach der Sammelpunkt und der Zentralpunkt des Proletariats. Dieser immer größere Andrang von armen Leuten nach dem Voigtlande und der dadurch entstehende Mangel an Wohnungen veranlaßte nun eine Spekulation ganz eigener Art, nämlich die Anlage der sogenannten Familienhäuser, jener großen, kasernenartigen Gebäude, welche heute noch dastehen. Ein Kammerherr von Wülcknitz kaufte einen bedeutenden Bauplatz unmittelbar vor dem Hamburger Tor und erbaute dort fünf Häuser aus schlechtem Holz mit Lehmstaken. Eine Stube von zwei Fenstern wurde immer als Wohnung für eine Familie bestimmt. Später gerieten diese Häuser in die Hände eines Schreibers bei einem Advokaten, der sie nach seinem Tode seiner Familie hinterließ, dem sie nicht weniger als die Zinsen von 104 000 Talern eintrugen. Diese hohe Summe wird niemand übertrieben finden, der da weiß, daß am 24. April 1827 in diesen Häusern 496 Familien wohnten, welche aus 2197 Köpfen bestanden, daß bald darauf 2 500 Seelen gezählt wurden und daß jede Stube 25 bis 36 Taler jährliche Miete einbringt. So würden die fünf Häuser in der Gartenstraße Nr. 92 «das Schulhaus», Nr. 93 «das kleine Haus» und Nr. 94 «das Kaufmannshaus» jährlich jetzt über 8 000 Taler einbringen – eine ganz enorme Summe, wenn man den inneren Zustand dieser Häuser kennt, wo, wie der würdige Pastor Kuntze in seiner... Broschüre mit Recht sagt, der Sammelplatz des größten leiblichen und geistigen Elends ist.

Es war an einem schönen, sonnenleuchtenden Frühlingsmorgen des vergangenen Jahres, als ich eines dieser grauen, kasernenartigen Gebäude besuchte. Die langen Fensterreihen und die vielen aufeinandergesetzten Stockwerke werden dem Leser wenigstens aus der nach der Straße zugekehrten Front bekannt sein. Im grünen, duftigen Laube des Tiergartens sangen die Nachtigallen und Grasmücken, und Millionen glänzender Sonnenbildchen funkelten und schimmerten auf den grünen, frischen, noch nicht vom Staub und von der Hitze gelbgefärbten Blättern. Auf dem weiten, wüsten Sandplatz, der den inneren Hofraum des grauen, dunklen Hauses bildete, blühte keine Blume und rauschte kein Blatt. Weder der heitere Frühling noch der grüne Sommer, noch der gelbe Herbst leiht dieser einförmigen, grauen Fläche seine Farben, nur der Winter ist mitleidig gegen die armen Leute, er breitet seine weiße, glänzende Schneedecke überall aus, während die anderen Jahreszeiten hochmütig und achselzuckend vorübergehen. In dem Sande spielten Hunderte von zerlumpten Kindern, barfuß, ohne Schuhe und Strümpfe. Die Kinder waren noch nicht acht Jahre alt, denn wenn sie das achte Jahr erreicht haben, dürfen sie hier nicht mehr spielen, sondern müssen in die Fabrik gehen und mit ihren kleinen, zarten Fingern Garn haspeln. Eine Frau saß mitten auf dem Hofe in einem sonderbaren Häuschen und verkaufte Blumen und Kirschen; aber ich sah keinen Menschen, der ihr eine Blume oder eine Kirsche abkaufte. Ihr Haus bestand in einer großen, gerade aufgerichteten Tonne, aus der der obere Boden und die vordere Wand herausgeschlagen waren und der sie ein Dach von grauer Sackleinwand in der Form einer spitzen Mütze aufgesetzt hatte. Rechts auf dem Hof stand ein kleines einstöckiges Haus, welches nur aus einer einzigen Stube bestand. Ich trat hinein. Es war die Wohnung des Verwalters oder Inspektors des Familienhauses.

Die Stube war durch eine hölzerne Barriere in zwei Teile geteilt. Hinter der Barriere saß auf einem Schemel an einem kleinen Pulte ein alter, magerer Mann, ein paar große Registerbücher vor sich liegend. Um seinen halbkahlen Kopf flatterten einige spärliche graue Haare, die er, als er die Mütze abnahm, mit Mühe zusammenstrich. Der Mann war eine verwitternde Ruine, bei der der Mörtel das Gestein kaum mehr zusammenzuhalten imstande ist und welche die geringste Erschütterung in Trümmer stürzt.

Der Mann war Soldat gewesen, hatte die französischen Kriege in den Jahren 1813, 1814 und 1815 mitgemacht und war dann als Invalide mit zwei Talern monatlicher Pension entlassen worden. In dem Knopfloch seines wenigstens zehn Jahre alten Rockes war das Bändchen der Waterloo-Medaille eingebunden. Als Inspektor des Familienhauses hatte er mit sechzehn Talern monatlichem Gehalt eine kümmerliche, magere Ruhestätte gefunden. Ich setzte mich auf einen zweiten Schemel des sogenannten Comptoirs und suchte mit ihm ein Gespräch über die Verwaltung seines Amtes und die Zustände des Familienhauses zu beginnen. Der Mann war aber so gleichgültig, daß er kaum Lust hatte, mir zu antworten, und nur nach mehrmaligem Fragen über denselben Gegenstand konnte ich ihn zu einer Äußerung vermögen.

«Worin besteht denn hier eigentlich Ihr Amt?» fragte ich den alten Mann.

«Ich kontrolliere die Seelen», war die Antwort.

Ich horchte verwundert auf. Wenn ein Leibeignen-Aufseher in Rußland oder ein Sklavenvogt in den südlichen Staaten der amerikanischen Union mir diese Antwort gegeben hätte, hätte ich mich nicht gewundert, aber hier, in einem konstitutionellen Staate, dicht vor den Toren der sogenannten Metropole der Intelligenz, Staatsbürger «Seelen» genannt zu hören, das klang mir doch märchenhaft sonderbar.

«Die Seelen?» wiederholte ich fast mechanisch.

«Nun ja, die Seelen», sagte der Mann, «die hier im Hause wohnen; wir rechnen nach Seelen.»

«Wie groß ist die Zahl der Mieter oder die der Seelen, wollte ich sagen, denn jetzt?»

«Heute sind es eintausendeinundzwanzig Seelen. Einhundertsechsundvierzig Familien machen eintausendeinundzwanzig Seelen aus. Zwei Drittel von diesen sind junge Seelen.»

Das war für mich eine ganz neue Nomenklatur, welche gewiß noch in keinem Wörterbuch der deutschen Sprache vorkommt. «Was sind denn junge Seelen?» fragte ich neuerdings.

«Nun die Kinder. Je mehr junge Seelen die Leute hier haben, desto besser stehen sie sich.»

Wieder machte ich ein erstauntes Gesicht. Der Mann sah mich ungeduldig an, daß ich sein Deutsch und seine Begriffe nicht verstand. Bisher hatte ich immer geglaubt, daß es für arme Leute ein Unglück und ein Grund ihrer Armut sei, viele Kinder zu haben; der alte Mann stellte den Satz gerade auf den Kopf und erklärte ihn so für richtig.

«Warum sind denn die jungen Seelen ein Glück für die armen Leute?» fragte ich wieder.

«Weil sie arbeiten und Geld verdienen. Von ihrem achten Jahre an arbeitet die Seele im Hause und vom vierzehnten Jahre an in der Fabrik. Wenn nun jemand zehn Seelen täglich arbeiten läßt und nun jede Seele täglich fünf Silbergroschen verdient, rechnen Sie mal nach, was das einbringt. Sehen Sie mal aus dem Fenster, es schlägt jetzt Viertel auf eins, die Seelen müssen sogleich aus den Fabriken über den Hof kommen.»

Ich sah aus dem Fenster. Haufenweis und truppweis zogen Hunderte von unerwachsenen Kindern an dem Comptoir des Seelenwächters vorüber, bleich, armselig gekleidet, Knaben und Mädchen, viele in Lumpen, viele ohne Strümpfe und Schuhe. Sie liefen nicht, sie jagten sich nicht, sie jauchzten und schrien nicht wie fröhliche Kinder, welche die Schulstunden hinter sich haben und die übrigen Stunden des Tages mit Spielen und Umherlaufen verbringen, sondern sie gingen langsam und ruhig vorüber wie erwachsene und verständige Menschen, um das kärgliche Mittagsmahl bei ihren Eltern und Angehörigen einzunehmen, wenn es überhaupt ein Mittagessen gab, und nach einer halben Stunde neuerdings wieder in die Fabrik zu gehen und die eintönige Arbeit des Morgens für den Lohn einiger Silbergroschen fortzusetzen. Von allen Kindern ging auch kein einziges an das Tonnenhaus der Obsthändlerin heran, um für einige Pfennige Kirschen zu naschen oder sich ein Blümchen zu kaufen. Die jungen Seelen mußten ja jeden Pfennig Geld, den sie erarbeiteten, jeden Abend an ihre Erzeuger abliefern. Morgens um sechs Uhr begann ihre Arbeit und endigte abends nach sieben oder acht Uhr. Alle Freuden und glücklichen Stunden der Kindheit gingen in dieser zwölfstündigen Arbeit auf und wurden vom Haspel und vom Spinnrade konsumiert. Die jugendliche Fröhlichkeit und der kindliche Sinn schwanden in dem Geräusch der Maschinen und vor dem strengen Blick des Werkmeisters, der darauf achten muß, daß in jeder Stunde auch das verlangte Pensum abgehaspelt oder abgewickelt wird. Was hilft gegen diese Ausbeutung der Kinderjahre das Gesetz über die Beschäftigung der jugendlichen Arbeiter in den Fabriken, nach welchem die Tagesarbeit von halb fünf morgens bis halb acht abends mit einer Vormittags- und Nachmittagspause von je einer halben Stunde festgestellt wird, nach welchem Kinder unter dem vierzehnten Jahre täglich nur sechs Stunden beschäftigt werden können? Gar nichts! Wer hat Lust oder die Befugnis, den Arbeitgeber zu kontrollieren, wenn die Eltern der unglücklichen Kinder mit ihm gemeinschaftliche Sache machen?[1] Oder ist eine täglich fünfzehnstündige Arbeit für ein vierzehnjähriges Kind nicht schon eine entsetzliche Anstrengung? In der Mitte der Sandwüste trennten sich die jugendlichen Arbeiter und Arbeiterinnen, manche schauten sehnsüchtig nach den Blumen und Kirschen der Obstfrau hinüber und zerstreuten sich in die verschiedenen Türen und Gänge der großen, grauen Häuser. Ich schloß das Fenster und setzte mich wieder auf meinen Schemel.

«Kann denn jeder hier bei Ihnen eine Wohnung finden, wer will?» fragte ich den Inspektor weiter.

«I bewahre», erwiderte er, «nur der, welcher im voraus bezahlt, wer Sachen hat und vorher nicht anderswo exmittiert ist.»

Also ganz wie in den großen Häusern der Stadt, dachte ich, nur mit dem Unterschied, daß der Mieter hier Kinder haben kann, soviel er will, und die Kinder ihm sogar zum Wohlstande angerechnet werden.

«Wer wohnt denn eigentlich in Ihren Häusern, und was bezahlen die Seelen?» fragte ich weiter.

«Lauter Weber und alte, arbeitsunfähige Leute», war die Antwort. «Ein Weber verdient höchstens fünf Silbergroschen den Tag und kann deshalb auf die Wohnung nicht viel verwenden. Für die Kellerstuben wird ein Taler, für die Dachstuben ebenfalls ein Taler, für die Stuben im ersten, zweiten und dritten Stock eineinhalb bis zwei Taler monatlich bezahlt. Wer nicht ganz pünktlich bezahlt, wird sofort exmittiert, und seine Sachen werden einbehalten. Hier stehen sie alle in meinem Buche, und monatlich kontrolliere ich die Seelen, die zahlungsunfähig sind.»[2]

Mein Erstaunen wuchs von neuem. Unwillkürlich brach ich in die Worte aus: «Da braucht man wahrhaftig ja nicht in das

Erzgebirge zu reisen, um bei den dortigen armen Webern und Spinnern menschliches Elend zu sehen!»

«Das haben Sie auch gar nicht nötig», erwiderte der Mann, «gehen Sie nur in das Familienhaus. – Siebert, Siebert, komm mal her!» rief er dann mit einer rauhen und starken Stimme, welche ich ihm gar nicht zugetraut hätte, aus der Türe seines Comptoirs auf den Hof.

Siebert kam. Er war ein alter, aber noch kräftig aussehender Mann mit krausem Haar, in Leinwandhosen und Hemdsärmeln, auch ein Invalide, das Faktotum des Inspektors.

«Siebert, führe den Herrn mal in die einzelnen Stuben, aber zu den ordentlichen Leuten», sagte der Inspektor.

Ich verabschiedete mich von dem Verwalter des Familienhauses und trat in Sieberts Begleitung meinen Weg an. Auch Siebert trug das Bändchen der Waterloo-Medaille im Knopfloch seiner Weste, lebte von seinen zwei Talern monatlicher Pension und dem, was er so nebenbei verdiente, und hielt seinen Kameraden, der für sechzehn Taler die Seelen kontrollierte, für einen beneidenswerten Menschen. Über den großen, wüsten Sandplatz, an der Obsthändlerin in ihrer Tonne vorüber, gingen wir in das gegenüberliegende Haus und stiegen in das erste Stockwerk hinauf. Die Treppe war eng und die einzige Treppe im Hause, sie nahm nur die Breite des Fensters ein, also nur die Hälfte einer Stube, und verminderte den jährlichen Mietvertrag auf diese Weise also für jedes Stockwerk höchstens um zwölf Taler. Der Treppenflur war ganz dunkel, denn an den Treppenfenstern fehlten die Scheiben, und diese waren durch vorgenagelte Bretter ersetzt.

Während wir im Zwielicht die Treppe hinaufstiegen, bemerkte mein Cicerone erklärend: «Sehen Sie, die jungen Seelen schlagen die Scheiben doch nur ein, da haben wir denn statt der Scheiben Bretter vornageln lassen.»

Das Auskunftsmittel war zu naiv erfunden, um auf die Erklärung etwas zu erwidern. Von dem Treppenflur liefen schmale Gänge aus, so eng, daß nicht zwei Menschen nebeneinander gehen konnten, an denen die Eingänge zu den vorderen und hinteren Stuben lagen. Die Wände hatten, soviel ich im Zwielicht sehen konnte, einen gelben Ockeranstrich, der indes an den meisten Stellen heruntergefallen war. In einem dieser halbdunklen Gänge öffnete mein Führer eine Tür, und wir traten in eine Stube. Die Stube hatte eine Länge von höchstens sieben, eine Breite von ungefähr fünf Schritten und erhielt ihr Licht durch zwei schmale Fenster. Die Wände hatten auch hier den gelben Ockeranstrich wie die Gänge, an vielen Stellen war der Kalk von den Wänden gefallen, an andern war er dem Herunterfallen nahe. In der übrigens mit großer Sauberkeit und Ordnungsliebe aufgeräumten Stube waren jedes Plätzchen und jeder Winkel so besetzt, daß wir Mühe hatten, für unsere vier Füße einen Raum zu finden, um stehen zu können. Zwei große Webstühle nahmen den Raum an beiden Fenstern und die Hälfte der ganzen Stube ein. Hinter jedem Stuhle saß ein junger Mann in Hemdsärmeln und arbeitete tätig drauflos. Zwischen beiden Webstühlen saß ein Kind von vielleicht sieben Jahren und war emsig mit dem Haspeln von Garn beschäftigt. Es war eine junge, arbeitende Seele. Neben ihr saß eine Frau und drehte das Spinnrad. Sie konnte höchstens dreißig Jahre alt sein; denn sie war die Frau des einen jungen Mannes hinter dem einen Webstuhl; aber sie hatte das Aussehen einer Vierzigerin. In einer Proletarierfamilie muß die Frau am meisten und am anstrengendsten arbeiten, denn außerdem, daß ihr die Sorge für die Bewirtung und Verpflegung der ganzen Familie auf dem Halse liegt, muß sie auch zum täglichen Erwerb mithelfen und also alle Tage zehn bis zwölf Stunden am Webstuhle oder am Spinnrad zubringen. Die Stunde der Erholung, welche der Mann, eine Dreierzigarre rauchend und vor der Haustür stehend, vor dem Schlafengehen zubringt, wird auch bei ihr durch die Sorge für die kleinen Kinder in Anspruch genommen. Eine solche Proletarierfrau ist das gedrückteste und gequälteste Geschöpf auf der Erde, die weiße Sklavin der modernen Zeit.

Der Mann heiratet sie häufig nur, um ihre Arbeitskräfte auszubeuten, und da die Kinder für die armen Leute ein Erwerbsmittel sind, muß sie, wie die schwarze Sklavin in den südlichen Staaten der amerikanischen Union, auch im Kindergebären so produktiv wie irgend möglich sein, wenn sie in der Gunst ihres Herrn, nämlich ihres Mannes, bleiben will, für dessen üble Launen sie der einzige Gegenstand ist, woran er sie auslassen kann. Wenn die Proletarierfrauen dann früh alt werden und mit vierundzwanzig Jahren aussehen als wären sie vierundvierzig, so ist das kein Wunder. Auch diese Frau, die hier am Spinnrad saß, trug den Stempel ihrer Sklaverei auf ihrem Gesicht und auf ihrer ganzen schon verfallenden Gestalt. Sie hatte sechs Kinder, von denen das, was neben ihr am Garnhaspel mit den zarten, kleinen Fingern arbeitete, das jüngste war. Die übrigen fünf Kinder standen alle im Alter von neun bis vierzehn Jahren und arbeiteten sämtlich bereits in einer Fabrik. Der junge Mann drüben am andern Webstuhl wohnte in der Stube, wie man in Berlin zu sagen pflegt, mit ein und war noch unverheiratet. Es wohnten also neun Menschen in dem engen kleinen Raum. Eine Kommode, ein Tisch und einige Stühle von Birkenholz, zwei Betten und allerlei Gerümpel nahmen den übrigen Teil der Stube ein, den ein großer Ofen übrigließ. Dieser Ofen diente zugleich als Feuerherd, Küche und zur Erwärmung der Stube. Es war draußen eine Wärme von 20 Grad Reaumur im Schatten[3], und hier drinnen brannte ein Feuer im Ofen, denn es war Mittagszeit, und es mußte gekocht werden. Die Hitze und der Dunst in der Stube waren fast unerträglich, obschon beide Fenster geöffnet waren. Keine Stube im Familienhaus hat nämlich eine Küche, die Küche würde ja Raum wegnehmen, und da sie nicht zu dem Preise einer Stube vermietet werden kann, würde sie den Mietzins verringern. Im Lande und auch in der Stadt kommt häufig der fromme Glaube zum Vorschein, die Familienhäuser seien eine wahre Wohltat für die armen Leute und zum Nutzen derselben aufgebaut. Die Erbauer haben niemals daran gedacht. Spekulation war der einzige Gesichtspunkt bei der Erbauung der Häuser, wie sie es noch heute bei der Verwaltung ist. Der Übelstand, daß keine Stube eine Küche hat, ist eine wahre Tortur für die unglücklichen Bewohner. Im Sommer ist es in den Stuben deshalb vor Hitze nicht auszuhalten und im Winter, wo die Fenster nicht geöffnet werden können, vor Dunst nicht. Wenn in demselben Raum neun Menschen wohnen, essen, trinken und schlafen und für diese neun Menschen noch gekocht wird, wenn während des Winters dazu der Ofen geheizt wird und die Fenster verschlossen sind, wie enorm muß der Stickstoffgehalt dieser Luft sein, welche durch den Verbrennungsprozeß und durch das Atmen von neun Menschen erzeugt wird, und dies um so mehr, weil durch den im Winter notwendigen Verschluß der Fenster die freie Ventilation der äußeren Luft ja gänzlich ausgeschlossen ist. Dem Übelstande ließe sich leicht zumal dadurch abhelfen, daß man in jedem Familienhause mehrere gemeinsame Küchen erbaute und jeder Familie in jeder Stube eine Feuerstelle zuwiese. Es geschieht natürlicherweise nicht, weil es der Spekulation der Eigentümer der Häuser nicht vorteilhaft ist, welche die Stube zu einem hohem Mietzins ausbringen können als eine Feuerstelle. Was geht die Eigentümer des Hauses die Gesundheit der Bewohner an? Der Inspektor im Comptoir am Eingang hat nur zu kontrollieren, daß die Miete regelmäßig monatlich gezahlt und daß an den Wänden, Fenstern und Türen nichts ruiniert wird; über den Gesundheitszustand der Seelen in den engen, gelben Stuben hat er in seinen Büchern kein Register offen. Ich sprach mit den beiden Webern am Fenster und mit dem armen Weibe am Spinnrad darüber; auch sie erklärte diesen Übelstand, abgesehen von allen andern Übelständen, für unerträglich und für die Gesundheit höchst nachteilig; aber was sollten sie machen! Der geringe Verdienst einiger Groschen bannte sie in diesen engen Raum. Die Armut war das unsichtbare Band, das sie an die dunstige, heiße Stube fesselte; sie war die Kette, welche sie unauflöslich von der Wiege bis zum Grabe mit sich schleppen mußten. Wenn ihnen die Wohnung nicht gefiel, konnten sie sich ja eine Wohnung für mehrere hundert Taler in den schönen Häusern in der Stadt mieten das war die einzige Erwiderung auf ihre Klagen, die allmählich von selbst verstummten, da sie fruchtlos waren.

Das Faktotum mit der Waterloo-Medaille, also auch ein Stück Verwaltungsmitglied, zuckte die Achseln; ich verteilte unter sie die kleine Münze meines Portemonnais, und wir gingen hinaus. Die Webstühle klapperten hinter uns, das Spinnrad und der Garnhaspel schnurrten, um die verlorenen Minuten wieder einzubringen, und wir stiegen aus dem ersten Stock nach dem Parterre auf der schmalen, dunklen Treppe hinunter. Ich hatte die ordentlichen Leute in der Beletage des Hauses gesehen, ich wollte nun die Seelen in der Kellerwohnung besuchen.

Aus dem Parterre des Hauses stiegen wir auf einigen gebrechlichen Stufen in die Kellerräume hinab. Der Gang war hier noch enger und düsterer, die Wände in noch schlechterem Zustand. Eine schmale, gebrechliche Tür führte uns in die Kellerstube. Sie hatte die Größe der Stuben in den oberen Räumen, aber sie war weit niedriger und im Abputz der Wände und der Decke weit schlechter gehalten. Ein großer Ofen mußte auch hier doppelte Zwecke erfüllen. Die Fenster lagen zur Hälfte unter dem Niveau des Sandplatzes vor dem Hause. Die Wände waren ganz schmucklos, ohne Spiegel und ohne Bild. Möbel bemerkte ich außer zwei Betten, einem wackligen Tisch und einigen alten Stühlen gar nicht in der Stube. Von einer Kommode oder einem Kleiderspind war keine Rede. Das letztere war auch ganz überflüssig; denn die armen Weiber, die die Stube bewohnten, hatten gewiß keinen weiteren Anzug als die Lumpen, die sie auf dem Leibe trugen. Ein junges, hübsches Mädchen stand am Ofen und war mit dem Mittagessen beschäftigt. Sie war gerade aus einer Kattunfabrik gekommen, wo sie wöchentlich für eine täglich zehnstündige Arbeit 22½ Silbergroschen verdiente. Auf den Tag macht das drei Silbergroschen und einige Pfennige. Davon mußte das arme Geschöpf sich Kleider, Wohnung und Beköstigung verschaffen. Da die Stube monatlich einen Taler Mietzins kostete und sie mit acht armen alten Weibern zusammenwohnte, betrug ihr Mietzins monatlich nur etwas über drei Silbergroschen. Sie trug einen kattunen, durchsichtigen Rock, ihr weißer Hals und ihre schön geformten Schultern waren mit einem weißen, reinen Hemd bekleidet. Sie ging zur Wand, wo sie die Kattunjacke aufgehängt hatte, und zog diese wieder an. Vater und Mutter waren ihr früh gestorben, sie war bei mitleidigen Nachbarsleuten, die auch im Familienhause wohnten, groß geworden und hatte bis zum vierzehnten Jahre täglich sechs Stunden und dann täglich zehn bis zwölf Stunden die Kattunfabrik besucht. Eine Freude oder ein Vergnügen hatte sie gewiß nie in ihrem Leben gehabt. Das Leben bot ihr auch keine Aussicht auf eine Änderung ihrer Lage, wenn sie nicht vielleicht ein armer Seidenwirker oder Weber heiratete und sie durch diese Heirat zu seiner Sklavin und zur Ernährerin eines halben Dutzends von Kindern machte. Da war die eigene Existenz der Heirat noch vorzuziehen. Sie knöpfte züchtig ihre Jacke über ihre junge Brust zu. Kann man der Armen einen Vorwurf machen, wenn sie es nicht tut und wenn sie durch ein liederliches Leben sich eine menschliche Existenz zu verschaffen sucht? Drei alte Frauen waren gerade in der Stube anwesend, die übrigen waren in der Stadt und beschäftigten sich mit dem Einsammeln von Knochen und Lumpen. Eine alte Frau saß am Spinnrad. Sie war bereits fünfundsiebzig Jahre alt. Ihr Mann war Soldat gewesen, hatte bei Leipzig und Waterloo gefochten; in dem Gefecht bei Montmirail war ihm das linke Bein abgeschossen worden, und er hatte seit der Zeit eine Pension von zwei Talern monatlich und die Konzession erhalten, gegen Zahlung der Gewerbesteuer mit dem Leierkasten umherzugehen und zu betteln. Vor zwei Jahren war er gestorben. Die Frau ernährte sich seit der Zeit vom Spinnen, von dem, was ihr mitleidige Menschen schenkten und von einem Taler fünfzehn Silbergroschen, welche sie gewöhnlich von der Armendirektion erhielt. Sie mußte aber alle Monate von neuem darum einkommen, und jedesmal erhielt sie vorher einen Besuch des Deputierten, der sich die Gewißheit darüber verschaffte, ob die Frau wirklich des Almosens noch immer bedürftig sei. Die zweite alte Frau, die in der Stube umherschlich und drei Jahre älter war, beneidete sie darum. Sie kann, obschon sie kränklich ist und an einem offenen Schaden am Bein leidet, zu einer Armenunterstützung nicht gelangen, sondern lebt lediglich von dem Almosen, was ihr mitleidige Menschen in der Stadt gaben. «Wenn ich betteln dürfte», sagte sie zu mir, «würde ich mich schon besser ernähren, aber das neue Strafgesetzbuch setzt ja auf das Betteln eine Gefängnisstrafe von mehreren Monaten, und ich will nicht im Arbeitshaus sterben.»

Ich hatte auch hier genug in der Kellerstube gesehen, verteilte weiteres kleines Geld an das junge Mädchen und die arme alte Frau, die sich darüber beklagte, daß sie nicht betteln durfte, und ging mit dem Faktotum in den finstern Gängen auf und ab. In den meisten Stuben, an deren Türen ich vorüberkam, hörte ich das Weberschiffchen und das Spulrad oder den Garnhaspel rauschen; wenn ein Name an der Tür angeschrieben war, las ich darunter fast immer die Worte: «Webergeselle», «Webermeister» oder «Seidenwirker». In einer Stube hörte ich kein Geräusch, obschon ich dasselbe Wort mit Tinte auf einem Zettel an der Tür fand. Ich sah das Faktotum fragend an; es begriff den Sinn meiner stillschweigenden Frage und sagte: «Er sitzt.»

«Wo sitzt er, und warum sitzt er?» fragte ich weiter.

«Im Arbeitshaus. Er sollte die monatliche Miete bezahlen und konnte es nicht, weil er krank war und auch keine Arbeit hat. Seine Frau lag krank im Bett, und der Inspektor hatte die Exmissionsklage angestellt. Da ist er in die Stadt gegangen und hat gebettelt. Ein Konstabler hat ihn dabei abgefaßt, und nun sitzt er im Arbeitshaus, wo er zu einer vierzehntägigen Strafe wegen Vagabundierens und Bettelns verurteilt ist.»

«Und die Frau und die Kinder?»

«Die hat der Stadtgerichtsexekutor gestern auf die Straße gesetzt, weil sie drei Taler Miete nicht bezahlen konnten. Ich habe gehört, sie befinden sich auch im Arbeitshaus, im Saal für Obdachlose. Die Stube ist wieder vermietet an einen Seidenwirkergesellen mit einer Frau und neun Kindern; aber da es eine große und schöne Stube ist, ist die Miete um einen halben Taler monatlich gesteigert.»

Das Faktotum erzählte mir diese ganze Summe von Elend und Unglück, als wenn es von einer ganz gleichgültigen Begebenheit spräche. Es begriff nicht, wie ich darüber nur in Verwunderung geraten könne, und meinte, das käme hier alle Tage vor. Auf meine Frage, ob sich die Armen-Direktion denn nicht darum bekümmere, entgegnete es: «Da hätte dieselbe viel zu tun.»

«Sehen Sie», fuhr er fort, «hier nebenan wohnt bei mehreren anderen Leuten ein alter Webermeister von siebzig Jahren mit ein. Der Mann ist brustkrank und unheilbar. Deshalb entlassen sie ihn auch immer aus der Charité, weil er ja doch einmal nicht kuriert werden kann. Weben kann der Mann nicht mehr mit seiner kranken Brust. Nun geht er bei den anderen Webern im Familienhaus herum und sucht das Garn zusammen, das sie nicht mehr brauchen können. Davon macht er Schürzenschnüre und verkauft diese Schürzenschnüre heimlich in der Stadt. Er darf aber mit den Schürzenschnüren nicht hausieren gehen, weil er keine Konzession zum Hausieren hat. Er könnte die Konzession wohl bekommen, aber dieselbe kostet zwölf Taler, und wo soll der alte, kranke Mann zwölf Taler herbekommen; die hat er seit vielen Jahren nicht mehr zusammen gesehen, viel weniger besessen. Kriegen sie ihn dabei, so wird er bestraft und kommt in das Arbeitshaus. Aber er muß doch leben und kann von den zehn Silbergroschen, welche ihm die Armen-Direktion monatlich gibt, nicht existieren. In das Hospital kann er auch nicht kommen, denn er hat gar keine Fürsprache. Seine Frau und seine Kinder sind vor vier Jahren an der Cholera sämtlich gestorben; nur ein Sohn ist übriggeblieben, der ihm aber nichts geben kann, weil er selbst ein armer Webergeselle ist und im Stadtvogteigefängnis sitzt. Als vor einigen Monaten ein Konstabler seinen Vater in der Stadt mit den Schürzenschnüren hausieren gehen sah, verlangte er sein Hausierpatent zu sehen, und als er ihm dies nicht zeigen konnte, wollte er ihn verhaften und auf die Polizei führen. Der Sohn kam zufälligerweise des Weges und widersetzte sich dem Konstabler. Sie gerieten untereinander in Streit, es kam zu einem Handgemenge, der junge Mann wurde ergriffen und ist zu einer achtwöchigen Gefängnisstrafe wegen tätlicher Widersetzlichkeit gegen einen Abgeordneten der Obrigkeit verurteilt worden, welche er jetzt in der Stadtvogtei verbüßen muß. Solche Geschichten könnte ich Ihnen ein Dutzend erzählen, wenn Sie sie hören wollen, aber eine ist wie die andere.»

Der Mann hatte recht. Eine ist wie die andere: nur das Elend bleibt immer dasselbe. Ich hatte auch vollkommen genug gesehen und gehört, ohne helfen zu können, da ich nicht Eigentümer der Familienhäuser bin. Ich gab dem Faktotum den Rest meiner Börse als Trinkgeld und eilte über die dunklen Gänge, die holprigen Treppen und über den wüsten Sandplatz, bei der Obsthändlerin in ihrer Tonne vorüber, hinaus. Den Seelenwächter hörte ich in seinem elenden Comptoir mit lauter und heftiger Stimme schelten; er exmittierte zwei alte und zehn junge Seelen. Morgen lagen sie auf der Straße oder, wenn ihnen das Glück günstig war, im Saal der Obdachlosen im Arbeitshaus am Alexanderplatz.

Vor zwanzig und mehreren Jahren gab der in Berlin verstorbene Sanitätsrat Dr. Thümmel eine Broschüre über die Familienhäuser im Voigtlande heraus und beleuchtete dieselben in sanitätspolizeilicher Hinsicht.[4] Die Broschüre enthielt schreckliche Dinge und fürchterliche Ziffern und wurde kurz nach ihrem Erscheinen konfisziert. Die Zustände in den Familienhäusern aber blieben dieselben. Im Jahre 1843 erschien das Königsbuch der Frau Bettina von Arnim. Das Buch enthält weder Sonderbares noch Verkehrtes, wie der geistreichen und berühmten Verfasserin vorgeworfen ist. Das Buch ist eine Appellation von dem

Elend der Armen in der Gegenwart an die Zukunftsreligion des Sozialismus und trägt sehr sinnigerweise die Devise: «Das Buch gehört dem Könige»[5]. Es hat nur eine allerdings nicht sehr angenehme Eigentümlichkeit, es ist in einem höchst sonderbaren Stil geschrieben.

Der zweite Band dieses Königsbuchs enthält ein schreckliches Anhangkapitel. Es führt den Titel «Erfahrungen eines jungen Schweizers im Voigtlande» und erzählt eine Reihe von Schauergeschichten aus dem Leben in den Familienhäusern, Geschichten, wie ich sie aus dem Munde des Faktotums hörte oder sie selbst sah. Ich schließe diese Blätter aus dem Familienhaus mit den Eingangszeilen dieses Kapitels, sie skizzieren das Leben «der Seelen» in den ärmlichen Stuben des Familienhauses mit wenigen, aber scharfen Strichen:

«Der Vater webt zu Bett und Hemden und Hosen und Jacke das Zeug und wirkt Strümpfe, doch hat er selber kein Hemd. Barfuß geht er und in Lumpen gehüllt!

Die Kinder gehen nackt, sie wärmen sich eines am andern auf dem Lager von Stroh und zittern vor Frost.

Die Mutter weift Spulen vom frühesten Tag zur sinkenden Nacht. Öl und Docht verzehret ihr Fleiß, und erwirbt nicht so viel, daß sie die Kinder kann sättigen.

Abgaben fordert der Staat vom Mann, und die Miete muß er bezahlen, sonst wirft ihn der Mietherr hinaus, und die Polizei steckt ihn ein. Die Kinder verhungern, und die Mutter verzweifelt…

Ihr sagt zwar: ‹Es geht nicht zu helfen›, ich sage: ‹Es geht doch.› Ihr widersprecht und seid nicht zum Schweigen zu bringen mit hohlen Gründen der Philisterei. Wärt Ihr aber selber die Armut, dann würdet Ihr allen Philisterverstand übertäuben mit dem Geschrei Eurer Not.»[6]

Eine Nacht in der Berliner Verbrecherwelt

«Treffen Sie mich doch heute nacht um ein halb elf Uhr in Villa Colonna in der Ihnen bekannten kleinen Loge», hatte mir ein befreundeter Beamter der Berliner Kriminalpolizei, den ich zuweilen auf seinen nächtlichen Razzias durch die Berliner Verbrecherwelt begleitete, geschrieben. «Ich habe einige Recherchen zu machen und hoffe, Ihnen einige neue Spezialitäten unserer Verbrecherwelt zu zeigen.»

Ich stand gerade im Begriff, nach dem Wallnertheater zu fahren, um ein neu angekündigtes Stück zu sehen, als ich den Brief des Kriminalpolizeibeamten erhielt. Das Wallnertheater ist vom Alexanderplatz nicht weit, und von dort sind es nur wenige Schritte bis zu dem mir bezeichneten Tanzlokal in der Königstraße. Als die Vorstellung zu Ende war, machte ich mich nach dem Alexanderplatz auf den Weg, um das Rendezvous pünktlich einzuhalten. Es war eine von den durch Regenschauer und eiskalte Windstöße begleiteten Frühlingsnächten, von denen Berlin so häufig heimgesucht wird, daß der Berliner mit Recht sagen konnte: «Der Frühling steht wieder einmal nur im Kalender.» Fester wickelte ich mich in den Mantel, als ich die lange und einsame Alexanderstraße hinabging, um zum Alexanderplatz zu gelangen. Pünktlich um halb elf Uhr stand ich vor dem kleinen und schmalen Eingang zur «Villa Colonna», wie der Eigentümer das bekannte Tanzlokal wahrscheinlich nach den beiden Kolonaden getauft hat, welche an der Königsbrücke die Königstraße schließen. Die beiden Reihen von starken, hohen Doppelsäulen, welche hier die Straße von beiden Seiten einfassen und auf beiden Seiten einen bedeckten Gang bilden, auf den sich zu Läden und Magazinen hergerichtete Steingewölbe öffnen, gehören zu den ältesten Baulichkeiten des alten Berlin. Früher schlossen die Säulengänge mit einem hohen Steintor, welches hier das Ende der Stadt bildete und auf die alte, steinerne Königsbrücke führte, die sich über einen breiten Arm der Spree wölbt. Der jenseits der Königsbrücke gelegene große Alexanderplatz, auf dem sich die Landsberger Straße, die Neue Königstraße, die Prenzlauer Straße und die Münzstraße öffnen, gehört schon zum neuen Berlin. Gerade an der Stelle, wo das letzte Paar Doppelsäulen sich an die steinerne Balustrade der Königsbrücke anlehnt, befindet sich der Eingang zu dem erwähnten Tanzlokal, eines der ältesten und bekanntesten Tanzlokale der Stadt.

Die Tür ist schmal und klein, und dennoch findet sie zwischen dem letzten Doppelsäulenpaar und der steinernen Brückenbalustrade kaum noch ein Plätzchen. Wer hier abends vorübergeht, die Gasflamme über der schmalen und kleinen Tür leuchten sieht und in den engen Gang tritt, auf den sie sich öffnet, hat keine Ahnung davon, in welch prächtige, weite und glänzend dekorierte Räume der enge Gang führt. Aber treten wir ein. In dem engen, mit einem Teppich belegten und von dunkelrot gestrichenen Wänden eingefaßten, hell erleuchteten Gang befindet sich eine kleine Loge, wo der Kassierer des Lokals uns ein geringes Eintrittsgeld abfordert. Tanzmusik tönt uns entgegen, ohne daß wir wissen, woher sie kommt; noch einige Schritte, und wir schreiten durch eine hohe Glastür und stehen plötzlich vor einer breiten, mit türkischen Teppichen bedeckten Treppe, welche abwärts in den Schoß der Erde führt. Jeder, der zum ersten Male auf der obersten Stufe dieser Treppe steht, wird überrascht sein durch den Anblick, der sich auf einmal wie eine glänzende Phantasmagorie vor ihm öffnet. Ein weiter, glänzend erleuchteter, hoher Tanzsaal dehnt sich vor uns aus. Die Grundfarbe der Wanddekoration ist weiß. Arkadenreihen umgeben den prächtigen Saal von vier Seiten bis zur halben Höhe; die obere Hälfte der Wände bilden vier Reihen Logen; die Decke ist in reicher Weise mit Stukkatur und Vergoldung geschmückt, und goldbronzierte Kronleuchter schweben an bunten Schnüren von derselben abwärts und verbreiten mit ihren hundert Gasflammen im Saale eine zauberische Helle. Die Logenbrüstungen und inneren Logenwände sind mit rotem Plüsch und roten Vorhängen drapiert; Säulen und Wände sind an den Kapitellen, an den Vorsprüngen, in den Feldern und Karniesen[1] in der reichsten Weise mit Vergoldung und goldenen

Verzierungen geschmückt. Hohe Kolossalstatuen stehen auf den breiten Stufen der prächtigen Treppe. Der Treppe gegenüber nimmt das Orchester die ganze Breite des Saales ein, und über das Orchester hinaus blicken wir in die hinter dem Tanzsaale sich ausdehnenden, ebenfalls in prächtiger Weise hell erleuchteten, hinteren glänzenden Räumlichkeiten, welche zwischen der Königstraße und dem Flusse sich zur Hälfte unter dem Niveau des Straßenpflasters befinden.

Auf dem Parkettboden des Saales bewegen sich unter den Klängen eines raschen Walzers Hunderte von Tänzerinnen und Tänzern. Kaum ist noch Platz für die tanzenden Paare. Fast sämtliche Tänzerinnen stehen noch in blühender Jugend, sechzehn, siebzehn, achtzehn bis zwanzig Jahre; wohl keine einzige von all den Mädchen, welche hier tanzen, hat das vierundzwanzigste Jahr überschritten. Das frische Rot auf diesen jugendlichen Wangen hat nicht die Schminke hervorgebracht; es ist noch das natürliche Rot der Jugend und der Aufregung des Walzers, welches auf den Wangen glänzt. Aber wie lange wird es vorhalten? Wann wird es der Schminke Platz machen, oder wann wird die Schminke es ersetzen müssen? Binnen weniger Jahre! Das Leben der Mädchen, welche hier tanzen, wird schnell und stürmisch verlebt. Die Nächte verschlingen die Tage, und der Schlaf am Tage kann den fehlenden Nachtschlaf nicht ersetzen. Und wie die weißen Schultern, die weißen, vollen Arme im Gaslichtschimmer aus den knappen, dunklen Seidenkleidern hervorglänzen, wie die vollen, üppigen Gestalten sich ihren Tänzern anschmiegen, wie sie sich in immer schnellerem Wirbel drehen; wie die zierlichen Füße, umschlossen vom dunklen Zeugstiefel, über das glatte Parkett fliegen und kokett den weißen Strumpf und das schön geformte Bein beim raschen Herumdrehen zeigen; wie die Augen glänzen und die Wangen glühen! Die meisten sind in reicher Balltoilette oder in seidenen Kleidern. Das Kattun- oder Wollkleid tritt in der Villa Colonna nur selten auf. Perlenschnüre und goldene Ketten umschließen den weißen Hals und das schön geformte Handgelenk. Die Tänzerinnen der Villa Colonna sind durchschnittlich treffliche Tänzerinnen. Dort ist der Tanz noch ein Rausch, wenn dieser Rausch auch bald verfliegt. Ganz anders erscheinen dem, der auf der Höhe dieser prächtigen Treppe steht, die zum Parkettboden des Saals hinabführt, aber die Tänzer. Gewöhnliche, grobe Gestalten in Straßenanzügen mit groben Stiefeln, ohne Handschuhe an den roten, grob geformten Händen, schlechte Röcke, Mützen und Hüte auf dem unfrisierten, oft kaum gekämmten Haar, die Gesichtszüge gewöhnlich, roh und gemein, die Bewegungen ohne Schönheit in der Form und ohne jede Zierlichkeit. Wer sind diese Tänzer und Tänzerinnen, welche hier auf dem glatten Parkettboden des reich dekorierten, prächtigen Saales unter den Klängen des rauschenden Orchesters tanzen; wie erklären sich diese Kontraste in der äußeren Erscheinung der Tänzer und der Tänzerinnen, diese glänzenden Ballkleider, diese Seidenroben, diese Perlenschnüre und Armbänder – und diese abgetragenen Röcke und Jacken, diese abgegriffenen Hüte und Mützen auf dem ungekämmten Haar?

Die Erklärung dieser Kontraste ist leicht. Eigentlich sind die Tänzer und Tänzerinnen dieselben. Sie gehören sämtlich zu der Klasse der «Armen und der Elenden» der großen Stadt. Aber die Anzüge der Männer, die schlechten Röcke und Jacken, die zerdrückten Hüte und Mützen, die groben Stiefel und die schlecht sitzenden Beinkleider sind das Eigentum derselben; sie bilden ihren täglichen, gewöhnlichen Anzug. Die prächtigen Kleider, die Spitzentücher, die Perlen und Schmucksachen der Mädchen, ja sogar der weiße Strumpf und der zierliche schwarze Stiefel, die Glacéhandschuhe und das gestickte Taschentuch – alles ist dagegen geliehen, für den Abend, für die Nacht; morgen um Mittag kommt die «Lehnfrau», die Stück für Stück zu hohem Mietzins den Mädchen geliehen hat, und holt sich mit dem Mietzins die ganze «Kluft», wie es in der Berliner Verbrecher- und Diebessprache heißt, wieder ab[2], und um Mittag erscheint die geputzte Tänzerin, wie heute abend die Männer, im gewöhnlichen Straßenanzuge der «Armen und Elenden», im Kattunkleid, im dunklen Unterrock, im fadenscheinigen Umschlagtuch, in groben Schuhen – dann passen sie alle wieder zueinander, die Tänzer und die Tänzerinnen dieses Abends! Aber gehen wir in die Loge dort oben hinauf! Schon sehe ich meinen kriminalpolizeilichen Freund hinter dem roten Plüschvorhang in den Saal blicken, wo ich bleibe und weshalb ich so unpünktlich in meinem Rendezvous bin? Er wird uns Näheres über die Tänzer und Tänzerinnen dieses Saales erzählen.

Der Kriminalpolizeibeamte saß in der kleinen Loge an seinem gewöhnlichen Platz, auf dem mit schwarzem Glanzleder bezogenen Sofa, den Blicken der Gesellschaft im Saal durch die niedergelassenen roten Vorhänge verborgen, als ich durch die Tapetentür eintrat. «Sie haben wohl eine ganz besondere Razzia in dieser stürmischen Frühlingsnacht vor?» fragte ich ihn nach unserer gegenseitigen Begrüßung. «Ist etwas Besonderes passiert? Etwa ein Mord in der Grégyschen Manier, ein Raubanfall im Tiergarten, ein gewaltsamer Diebstahl durch Einbruch oder sonst irgendein gefährliches Verbrechen, dessen Mitschuldigen Sie nachjagen?»

«Spannen Sie Ihre Erwartungen nicht zu hoch», erwiderte der Beamte, «eine Mission von Bedeutung habe ich für diese Nacht nicht; trotz alledem wird unser Gang Ihnen manches Interessante vorführen. Die ‹Gänsejungen› und ‹Mauerjungen› sind seit einigen Wochen recht frech geworden. Die Marktdiebstähle auf dem Alexanderplatz haben enorm zugenommen; den Bauern verschwinden die Gänse und Hühner, die sie auf den Wochenmarkt bringen, sozusagen unter den Händen. Ich hoffe einen Schlupfwinkel der ‹Gänsejungen›, wo sie ihre Razzias gegen die Bauern zu organisieren pflegen, in einer halben Stunde ganz und gar auszunehmen. Morgen ist Wochenmarkt auf dem Alexanderplatz. Ich habe schon lange ein Auge auf eine hier in der Nähe befindliche, gefährliche Klappe. In einer halben Stunde wird es gerade Zeit sein. Man muß die Organisation der Bande mal wieder von Grund auf zerstören.»

«Aber Sie allein?» fragte ich verwundert. Als der Kriminalpolizeibeamte von «Gänsejungen» und «Mauerjungen» sprach, wußte ich ganz genau, mit welch einer gefährlichen Klasse der Berliner Verbrecherwelt wir es in einer halben Stunde zu tun haben würden. Namentlich den «Mauerjungen» kommt es auf einen Messerstich im Gedränge, und wenn derselbe auch tödlich sein sollte, gar nicht an.

«Wie können Sie glauben, daß ich eine solche Spelunke allein ausnehmen würde?» Der Beamte lachte. «Ich bin freilich ein großer und kräftiger Mann, und an Mut fehlt es mir gewiß nicht. Sie erinnern sich wohl noch, wie ich vor Jahr und Tag den gefährlichen Kerl, den ‹Oberförster›, nachts aus seiner Spelunke in der Adlerstraße herausholte, wie er die bissige Dogge auf mich hetzte und sich mit einer Eisenstange wehrte. Heute werden wir mit einem Dutzend solcher Kerle zu tun haben. Seien Sie unbesorgt. Ich habe zwanzig Schutzmänner vom Molkenmarkt um elf Uhr auf den Platz bestellt. Die Kerle müssen sehen, daß jeder Widerstand unnütz ist; sonst würden sie sich gewiß widersetzen. Denken Sie nur daran, als wir die nächtliche Konditorei am Oranienburger Tor ausnahmen. Das Haus war umstellt, ehe wir eindrangen. Ohne daß im Augenblick, wo ich der ganzen Gesellschaft ihre Verhaftung ankündigte, nicht die Schutzmänner mit Helm und Seitengewehr an allen Türen erschienen wären, hätte sich keiner von den Gesellen ohne Widerstand ergeben. Und damals hatten wir es nur mit Bauernfängern der vornehmen Klasse zu tun. Die ‹Mauerjungen› nehmen die gefährlichste Stelle im Kreise unserer Verbrecherwelt ein; und in Masse entwickeln unsere Verbrecher viel Mut. – Aber wollen Sie nicht Platz nehmen? Wir haben noch beinahe eine halbe Stunde Zeit. Schlag elf Uhr ruft uns ein Schutzmann ab.»

Ich setzte mich neben den Beamten auf das kleine, mit schwarzem Glanzleder bezogene Sofa und zündete eine Zigarre an. Die Tanzmusik, welche eine Weile geschwiegen hatte, begann im Saal von neuem. Die Introduktion zu einem Contretanz tönte von unten zu uns herauf. Der Contretanz ist seit einigen Jahren in den Berliner öffentlichen Tanzlokalen recht in die Mode gekommen, natürlicherweise nicht der Contretanz, wie er im Salon getanzt wird, sondern der Contretanz mit starkem cancanartigen Anstrich, wie man ihn in den Pariser Vorstädten tanzt, wenn auch ohne seine grotesken Verzierungen.

«Und nach der Razzia gegen die ‹Gänsejungen› und ‹Mauerjungen›?» fragte ich meinen kriminalpolizeilichen Freund weiter, der gerade seine Zigarre zu Ende geraucht hatte, ihm ein gefülltes Zigarrenetui hinhaltend. «Was gedenken Sie noch zu unternehmen?»

«Am Alexanderplatz», sagte er, sich eine frische Zigarre anzündend, «ist ein neues Kellerlokal seit einigen Wochen eröffnet worden, worüber mir die übelsten Anzeigen zugehen. Äußerlich von anständigem Anstrich, dient es für die Bauernfänger und

Mädchen des Viertels als Absteigequartier, natürlich nur für die Bauernfänger der vornehmen Sorte, welche Geld haben. Es wird dort Champagner und Ungarwein getrunken; die Austern und Hummern sind immer frisch. Wir wollen einmal recherchieren und das Terrain sondieren; denn ohne jeden Anhaltspunkt ist nicht sogleich ein Fang zu machen. Sie kennen das Haus wohl; ich meine das Haus an der Brücke, am Wasser.»

«Ah! Das neue Haus! Nun, das Haus hat für mich, seitdem es steht, immer einen verdächtigen Charakter gehabt. Und dann noch etwas?»

«Noch eine Recherche im Orpheum in der Alten Jakobstraße. Bis dahin wird es wohl zwei Uhr werden und das Tagewerk oder eigentlich das Nachtwerk vollbracht sein.»

«Im Orpheum, so? Ich habe es seit seiner Restauration noch nicht gesehen. Die neue Dekoration soll prachtvoll sein, und die Tanzsäle sollen in ihrer Einrichtung und Dekoration, wie mir kürzlich ein Kaufmann erzählte, der dort gewesen war, alle ähnlichen Pariser Tanzsäle und Vergnügungsorte übertreffen. Das ist mir recht angenehm! ‹Berlin wird Weltstadt›, sagen ja die Berliner. Den weltstädtischen Anstrich könnten wir freilich nach dieser Seite hin entbehren; meinen Sie nicht auch, Herr Kommissar?»

«Nun gewiß», erwiderte er seufzend. «Die Bevölkerungszahl hat sich in Berlin in den letzten achtzehn Jahren um mehr als 150 000 Seelen vermehrt, aber die Zahl der Kriminalpolizeibeamten ist dieselbe geblieben, wie sie vor achtzehn Jahren war. Die Stadtvogtei mit ihren großen Räumlichkeiten reicht lange nicht mehr aus.»

Im Saal begann die erste Tour des Contretanzes. Ein «Maître à danser» im schwarzen Ballanzug, in hellen Glacéhandschuhen, weißem Halstuch, den zusammengeklappten Hut unter dem Arm, stand vor dem Orchester zwischen den Reihen der tanzenden Paare und rief mit lauter Stimme in französischer Sprache die einzelnen Touren aus. Der Saal hatte sich noch mehr mit Gästen und Tänzern gefüllt, seitdem ich in der kleinen Loge neben dem Polizeibeamten saß. Auch unter den Säulenreihen waren die dort aufgestellten kleinen Tische und Stühle jetzt fast sämtlich besetzt. Eine Menge Kellner war eifrig beschäftigt, um die Gäste, welche dort Platz genommen hatten, mit Kaffee, Bier, Tee, Wein und Grog zu bedienen. Die Männer an den kleinen Tischen unter den Arkadenreihen hatten in Kleidung und Tournüre einen besseren Anstrich als die Männer, welche ich von der Höhe der prächtigen Freitreppe auf dem Parkett des Saales hatte tanzen sehen; die Mädchen waren dieselben, sämtlich in Balltoilette. Ich machte meinen Nachbar auf die Veränderung, welche ich unter dem Publikum im Saale seit einer Viertelstunde wahrzunehmen glaubte, aufmerksam.

«Ihre Wahrnehmung ist eine nur zufällige», sagte er. «Alles dieselbe Gesellschaft: Bauernfänger, Louis, verdorbene Ladencommis aus der Königsstadt, Spitzbuben und Gesindel; ich kenne sie alle. Vielleicht irgendein Neugieriger darunter. Zu psychologischen Studien ist wohl niemand außer Ihnen anwesend, und Sie sitzen nicht im Saale, sondern hier oben in der Loge. Zweimal die Woche ist hier abends und nachmittags Konzert ohne Tanz. Dann ist freilich das Publikum, welches hier verkehrt und für ein geringes Eintrittsgeld ein nicht schlechtes Konzert hört, ein ganz anderes. Es besteht aus dem kleinen Bürger- und Handwerkerstande der Königsstadt: dem Krämer, dem Materialwarenhändler, dem Schneider, Schuster, dem Sattler mit seiner Familie, mit Frau und Kindern. Aber an den Abenden, wo hier getanzt wird, nichts als Gesindel und Spitzbuben, wie ich Ihnen schon sagte, Bauernfänger und Louis, Kellner und Commis der geringsten Sorte oder solche, die alle diese Geschäfte zu gleicher Zeit betreiben oder sofort das eine Geschäft ergreifen, wenn das andere nicht mehr geht.»

«Und die Mädchen? Ist keine anständige Arbeiterin unter ihnen?»

«Arbeiterinnen genug; Näherinnen, Schneiderinnen, Putzmacherinnen, Fabrikmädchen, Dienstmädchen, gewiß! Aber ein gemeinsames Band verknüpft sie alle. Alle gehören zu den gefallenen Engeln. Ich wüßte keine unter ihnen, welche eine Ausnahme von der Regel machte, nicht eine einzige. Jugend, Schönheit, Toilette können Sie doch nicht täuschen. Schmuck, Kleider, Tücher, Spitzen sind geliehen und wandern morgen wieder in den Schrank der Lehnfrau. Heute ist Sonntag abend. Sehen Sie die beiden wirklich hübschen Mädchen da oben am Orchester, die eine im roten, die andere im blauen Kleid. Die Große ist aus Brünn; sie zog mit unseren Truppen als Marketenderin in Berlin ein und ist hiergeblieben, die Kleine mit den Taubenaugen und den sanften, jugendlichen Zügen stammt aus dem Voigtland und ist schon mehrmals bestraft. Als Kind in Schmutz und Elend großgezogen, verkaufte sie Blumen und Schwefelhölzer auf der Straße und trieb Taschendiebstahl nebenbei. Bereits mit vierzehn Jahren war ihre Unschuldsblüte entblättert.»

Der Kriminalpolizeibeamte wurde durch ein Klopfen an der Tapetentür unterbrochen. Auf sein «Herein» öffnete sich die Tür. Ein Konstabler, den Helm auf dem Kopfe, im Uniformmantel, trat herein und meldete «dem Herrn Kommissar», daß die bewaffnete Polizeimannschaft sich nach der Spelunke der «Gänsejungen» in zehn Minuten vom Alexanderplatz in Marsch setzen werde.

Wir standen auf und zogen die Mäntel an. Ich blickte nochmals über die Bogenbrüstung in den Saal. Dort unten rief der «Maître à danser» gerade die letzte Tour des Contretanzes aus. Im wilden Wirbel drehten sich die Tänzer und Tänzerinnen durcheinander; der «Cancan» gab jetzt dem Cancan in den Pariser Vorstadtkneipen an Stärke der Bewegungen wenig nach. Nach fünf Minuten stand ich mit meinen Begleitern vor der kleinen Tür auf der Straße, durch welche ich vor einer halben Stunde eingetreten war. Zur rechten Hand brauste der Strom in unheimlicher, schwarzer Tiefe; der Nachthimmel hatte sich ganz mit dunklen Wolken bedeckt, welche ein scharfer Ostwind vor sich herjagte. Aus dem halb unterirdischen Saale klangen die letzten Töne des Cancan zu uns hinauf. Der Konstabler stand, die Hand an den Helm gelegt, in dienstlicher Haltung an der Balustrade der Brücke, den letzten Befehl seines Vorgesetzten erwartend. «In einer Viertelstunde also hinter der Königsmauer bei der Ihnen bekannten Spelunke!» – «Zu Befehl, Herr Kommissar!»

Der Konstabler schritt eilig über die Brücke nach dem Alexanderplatz.

Wir gingen die Königstraße aufwärts nach der Kurfürstenbrücke zu, an den Kolonnaden entlang, deren innere Räume jetzt tiefe, schwarze Schlagschatten bedeckten. Die Straße war fast so belebt wie am Tage, obschon die Spaziergänger auf derselben einer ganz anderen Klasse der Bevölkerung angehörten, als es diejenige ist, welche sich in dieser Hauptgeschäftsstraße der großen Stadt während des Tages bewegt. Auf dem Turm der Klosterkirche in der Klosterstraße schlug es elf Uhr. Um elf Uhr befinden sich die Geschäftsleute, die Krämer, die Handelsleute, die Handwerker, die Commis und Kommissionäre, welche in den Morgenstunden oder zwischen fünf und sieben Uhr nachmittags die lange, schmale Königstraße zu einer der belebtesten Berliner Straßen machen, meistenteils schon zu Hause. In Berlin werden die meisten Geschäfte, Comptoirs und Verkaufsmagazine bereits um sieben, spätestens um acht Uhr geschlossen, während dieselben in Amsterdam, Rotterdam und in den anderen holländischen Handelsstädten bis elf Uhr geöffnet sind. Um zehn Uhr beginnt in Berlin das Leben auf den Straßen merklich abzunehmen; nach elf Uhr kann man ganze lange Straßen von einem Ende zum anderen passieren, ohne irgend jemandem zu begegnen als einigen Nachtschwärmern, welche aus Bierhäusern und Weinhäusern kommen und sich nach Hause begeben oder den «Töchtern der Armut und des Elends» und dem Lumpengesindel, welches in der Nacht seine Geschäfte macht, Bauernfängern und Strolchen, welche die liederlichen Tanzlokale besuchen, wie das Tanzlokal, wo ich mir heute mit dem Kriminalpolizeibeamten das Rendezvous gegeben hatte, oder sich nach den «Kaffeeklappen», «nächtlichen Konditoreien» und «Verbrecherkellern» begeben, um ihre Spießgesellen zu treffen und mit ihnen die Razzias in das Eigentum ehrlicher Leute für den folgenden Tag zu beraten oder die Waren los zu werden, welche sie am Tage ergaunert haben, oder in einem Spielhause einen unglücklichen Provinzbewohner zu rupfen, der am Tage den «Schleppern» in die Hände geraten ist. Trotz aller Recherchen und Razzias der Kriminalpolizei tauchen die Kaffeeklappen, die Verbrecherkeller, die nächtlichen Konditoreien, die heimlichen Spielhäuser in der großen Stadt unter allen Formen und Rahmen immer wieder von neuem auf, sooft die Kriminalpolizei auch beschäftigt ist, diese Höhlen und Versammlungsplätze des Verbrechens zu schließen.

Die Nachtvögel, wenn sie die Gestalt und den Uniformmantel meines Begleiters erkannten, zogen scheu oder ganz ungeniert an uns vorüber, je nachdem ihr Gewissen wenig oder mehr belastet war oder je nachdem sie unter Polizeiaufsicht standen; denn in diesem Falle durften sie ihre Wohnung nach zehn Uhr nicht verlassen und setzten sich, sobald sie erkannt wurden, der sofortigen Verhaftung aus. Eiligst verließen sie das Trottoir und huschten hinter den breiten Doppelsäulen im Schatten der tiefen Arkaden vorüber.

Zwischen der Neuen Friedrichstraße und der Bischofsstraße mündet in die Königstraße eine schmale, lange Gasse, welche sich, wie eine steinerne Schlange, von der Königstraße durch ein Gewirr von kleinen Häusern und Spelunken bis zur Spandauer Brücke hinaufzieht. Die Straße gehört heute zu den Hauptsitzen und Lagerplätzen der niedrigsten Berliner Verbrecherwelt. Sie ist der Stapelplatz der in diesem Viertel hausenden Strolche, Bauernfänger, Mauerjungen und Gänsejungen, der Taschendiebe und jener unglücklichen Mädchen, die das Tageslicht scheuen. Vor achtzehn bis zwanzig Jahren sah die schmale, dunkle Straße eine glänzendere Zeit. Die heute dunklen Häuser mit den blinden Fensterscheiben, mit den verschlossenen Türen, mit den geschlossenen Jalousien und Läden waren abends glänzend erleuchtet. Alle Türen waren geöffnet; die Fenster waren mit gestickten weißen Gardinen und roten Vorhängen verhangen, hinter denen man in den funkelnden Lichtschimmer vergoldeter Kronleuchter und prächtiger Astrallampen blickte, deren Flammen deckenhohe Spiegel strahlend zurückwarfen; Musik und Gesang und Gelächter tönten aus den prächtig dekorierten Sälen im Erdgeschoß in die stille Straße, und in den Türen erschienen schöne Mädchen in bunten Seidenkleidern und spitzenbesetzten Balltoiletten, Blumen und Perlen im Haar, um ebenso schnell wieder in einer der Türen des kleinen Hausflurs zu verschwinden. In den jetzt dunklen und verlassenen Zimmern wurde Rotwein und Champagner getrunken, und der Knall der Champagnerpfropfen mischte sich mit fröhlichem Lachen, mit den Klängen der Gitarren und Violinen und mit dem Klingen der Gläser. Die lange, schmale Straße war damals der Sitz des geschminkten Lasters. Und jetzt? «Sie denken wohl, diese kleinen, dunklen Häuser sind unbewohnt», sagte zu mir vor fünf Jahren ein Kriminalpolizeibeamter, in dessen Begleitung ich nachts, so wie heute, durch die schmale, finstere Straße ging, «da sind Sie im Irrtum. Von den

Kellerwohnungen bis unter das Dach sind sie ganz und gar mit dem gefährlichsten Verbrechergesindel gefüllt, welches die Stadt aufzuweisen hat. Was nirgends unterkommen kann, was Tag und Nacht von der Polizei verfolgt wird, findet hier nachts Quartier, um am frühen Morgen wieder zu verschwinden und von neuem der öffentlichen Sicherheit und dem Eigentum gefährlich zu werden. Von polizeilicher Kontrolle, von polizeilicher Anmeldung und Beaufsichtigung, ist hier keine Rede. Die Bevölkerung dieser Häuser wechselt oft von nachts bis morgens. Allein würde ich nachts nicht wagen, in diesen Spelunken eine Haussuchung abzuhalten, geschweige denn einen von den Strolchen, welche sich hier eingenistet haben, herauszuholen.» Während der letzten Jahre hat die Berliner Kriminalpolizei freilich gewaltig hinter der Königsmauer[3] aufgeräumt; aber heute noch sieht's dort schlimm genug aus. Die gefährlichsten Strolche haben in den kleinen Stuben ihr Quartier aufgeschlagen. Die Mieten sind sehr billig. Neben der Armut und dem Elend wohnen das Laster und das Verbrechen oder teilen sich auch miteinander den Raum. «Mauerjungen» heißen die vom Diebstahl und der Bauernfängerei sich nährenden jungen Männer von achtzehn bis dreißig Jahren, welche hier ihre Wohnung aufgeschlagen haben, in der Berliner Diebessprache, und die Kriminalpolizei hat denselben technischen Ausdruck angenommen, wenn sie von jugendlichen Strolchen spricht, welche zu jedem Verbrechen bereit sind und denen es, sollten sie in der Wohnung ihres Verbrechens auf Widerstand stoßen, auf Anwendung von Gewalt und auch auf einen Mord oder Totschlag nicht ankommt.

Oft ist davon in der Stadtverordnetenversammlung die Rede gewesen, die häßliche und gefährliche Straße mit allen ihren widerlichen, unsittlichen und gefährlichen Erinnerungen aus der Welt zu schaffen, den Hauseigentümern ihre Spelunken abzukaufen und die Neue Friedrichstraße, welche ebenfalls auch nicht an zu großer Breite leidet, um den Raum zwischen der Königsmauer und ihr selbst liegenden Häuser zu verbreitern. Aber dem Berliner Magistrat fehlt es immer an Geld; so hat denn die Königsmauer wenig Aussicht mehr, von der Erde zu verschwinden, und wird wohl noch viele Jahre der gefährlichste Stapelplatz und verborgenste Wohnsitz der Berliner Strolche und Verbrecher bleiben.

In diese Straße bog ich mit meinem Begleiter aus der Königstraße ein; denn an einem ihrer Endpunkte, wo sich von ihr eine noch dunklere und schmalere Nebenstraße abzweigt, befand sich der Keller der «Gänsejungen», wo in dieser Nacht die Razzia abgehalten werden sollte.

Die Straße erschien mir heute noch dunkler und unheimlicher als jemals. Vielleicht war der immer mehr sich verdunkelnde Nachthimmel daran schuld; vielleicht mochte das dunklere Kolorit auch in meiner Phantasie liegen. Der scharfe Ostwind brach sich an den Vorsprüngen der hie und da in die schmale Straße hervortretenden Häuser und heulte und stöhnte, wenn seine Schläge auf die gegenüberliegende Mauer zurückgeworfen wurden; die Gasflammen der wenigen Laternen, welche die Straße erleuchteten, bogen sich, flackerten hinüber und herüber und schienen zuweilen, vom Winde niedergebogen, fast ganz zu erlöschen. Nicht eine einzige erleuchtete Fensterscheibe in der ganzen langen Straße. Zuweilen öffnete sich ein Fenster; ein unheimlich ausschauender Kopf lugte daraus hervor, als wenn er sich scheue, sich sehen zu lassen, oder als wenn er einen unheimlichen Gast erwarte, und bog sich schnell zurück, wenn er den Uniformmantel meines Begleiters erblickte. Das Fenster schloß sich ebenso schnell, als es sich soeben geöffnet hatte. Zuweilen huschten unheimliche Gestalten an den Häusern vorüber die Straße entlang und verschwanden plötzlich in den kleinen, dunklen Türen, welche sich schnell hinter ihnen schlossen. Einmal begegnete uns ein Nachtwächter, der die Straße abpatrouillierte. Er trat in dienstlicher Haltung zu meinem Begleiter heran, legte die Hand an die Dienstmütze und meldete, daß in der Straße nichts Besonderes vorgefallen sei. In den Häusern schienen alle Bewohner längst zu schlafen. Aber diese Ruhe und Stille waren nur Täuschung, um die Aufmerksamkeit und Wachsamkeit der Polizei abzuziehen. Es waren kaum vierzehn Tage verflossen, als ich, ebenfalls in Begleitung der Kriminalpolizei, an einer Razzia in einem dieser jetzt so dunklen und stillen Kellerlokale, über deren Türen zu lesen war, daß dort Bier, Kaffee und Branntwein zu erhalten sei, teilgenommen hatte. Auch damals waren, wie heute, Türen und Fenster so dicht verschlossen, daß kein Lichtstrahl durch die Laden auf die Straße glitt. Trotz alledem fanden wir die Räume des Kellers mit allerlei gefährlichem Gesindel angefüllt, welche dann nach dem Polizeigewahrsam gebracht wurden. Als wir an der auch heute wieder dicht verschlossenen Tür vorüberkamen, fragte ich meinen Begleiter: «Sie sind mir immer noch die Erklärung der Gänsejungen schuldig. Was sind ‹Gänsejungen›? Die ‹Gänsejungen› müssen eine ganz neue Spezies der Berliner Verbrecherwelt sein.«

«Allerdings. Die ‹Gänsejungen› sind eine wohlorganisierte Gesellschaft von Spitzbuben, welche ihre Aufmerksamkeit besonders den Wochenmärkten zuwenden. Meistens ganz junge Leute von fünfzehn bis zwanzig Jahren, welche über die Landleute herfallen, die ihre Vorräte und Feldfrüchte zu Markte bringen. Ihre Tätigkeit erstreckt sich besonders auf die frühen Morgenstunden. Die Landleute, welche abends nach der Stadt kommen, um am anderen Morgen den Wochenmarkt auf dem Alexanderplatz zu beziehen, kehren in den Ausspannungen und Wirtshäusern der Klosterstraße, der Bischofsstraße, der Neuen Königstraße und der Prenzlauer Straße ein, da sich diese Straßen in der Nähe des großen Platzes befinden. Schon am Abend vor dem Markttag durchstreifen die ‹Gänsejungen› die Straßen, um die Einkehrorte der Landleute zu ermitteln. Um Mitternacht wird dann noch in irgendeiner Kaffeeklappe oder in irgendeiner nächtlichen Konditorei eine Beratung gehalten, welche Rolle am anderen Morgen jeder zu übernehmen habe. Und am anderen Tage beim ersten Morgengrauen treiben sich die ‹Gänsejungen› vor den Türen der Ausspannungen und der Wirtshäuser umher, erbieten sich, den Landleuten zu helfen, ihre Wagen aus den Schuppen zu ziehen, ihre Vorräte nach dem Alexanderplatz zu befördern, ihnen die besten Verkaufsplätze zu zeigen und ihnen bei der Aufstellung ihrer Waren, Gemüse, ihrer Hühner und Gänse behilflich zu sein. Währenddem haben sich ihre Kameraden schon auf dem Wochenmarkt eingefunden, und nun gehen die Diebstähle vor sich. Während die ‹Gänsejungen›, welche mit den Landleuten auf dem Markt erschienen sind, ihre Aufmerksamkeit abwenden, verschwinden die Hühner und Gänse von den Wagen in die Taschen und hinter die Rockschöße der dort schon lauernden Gauner unter den Händen ihrer Gehilfen in ebenso schlauer wie schneller Weise. Jetzt wissen Sie, was ‹Gänsejungen› sind? Sie sind während der letzten Zeit mit außerordentlicher Frechheit aufgetreten. Morgen ist Wochenmarkt auf dem Alexanderplatz. Wenn ich mich nicht über die Klappe getäuscht habe, wo in dieser Nacht die Beratung der ‹Gänsejungen› über ihre Razzia in die Gemüsevorräte, in die Hühner- und Gänseställe der einfältigen Bauern stattfinden soll, so hoffe ich das ganze Nest auf einmal auszunehmen, und der Alexanderplatz hat Monate hindurch Ruhe.»

Während dieser Auseinandersetzung über die neue Gaunerbande, welche seit Monaten die Königsstadt unsicher machte, waren wir in der Nähe der Spelunke, der in dieser Nacht ein Besuch gemacht werden sollte, angekommen. Hinter einem Kellerhals trat uns der Konstabler, der uns vor einer halben Stunde aus dem glänzenden Tanzsaal abgerufen hatte, entgegen und meldete, daß er mit seinen Kameraden soeben eingetroffen und die Spelunke umstellt sei. Noch wenige Schritte, und wir befanden uns an der Straßenecke, wo der Eingang in den Keller mündete. Die Tür war verschlossen; die Läden der halb unter dem Niveau der Straße befindlichen Fenster ließen auch nicht einen Lichtstrahl auf das Pflaster gleiten. Über dem Türbalken las ich mit roten Buchstaben die Worte: «Hier wird zu Mittag und zu Abend gespeist». Die Abbildungen eines Glases, einiger Flaschen, gekreuzter Messer und Gabeln zierten die hellgestrichenen Seitenpfosten der dunkelgrünen Tür.

«Treten Sie zurück, daß man Sie beim Öffnen der Tür nicht sieht. Ich werde allein hinabsteigen. Wenn Sie mein Pfeifen hören, dringen Sie sämtlich in den Keller. Ist der andere Ausgang auch besetzt?»

«Durch vier Mann, Herr Kommissar.»

«Gut.»

Jetzt klopfte mein Begleiter an die verschlossene Kellertür. Unten regte sich nichts. Kein Laut antwortete. Der Kriminalpolizeibeamte klopfte zum zweiten, zum dritten Mal, in bestimmten Intervallen, mit verschiedener Tonstärke. «Sie werden sehen, es wird nun geöffnet werden», sagte er, «ich kenne das Zeichen. Steigen Sie gleich ungeniert mit mir hinab. Das Gesindel dort unten wird Sie für einen höheren Polizeibeamten halten, der mich begleitet.»

Währenddessen hörte man schon Schritte auf der Kellertreppe. Mein Begleiter klopfte noch einmal, die frühere Manier des Klopfens in lauterer Weise wiederholend. Nun drehte sich ein Schlüssel im Schlüsselloch. Ein Riegel wurde zurückgeschoben. Die Angeln der Tür knarrten; sie öffnete sich nach innen. Ein breiter Lichtschein glitt durch die Öffnung derselben auf das Straßenpflaster. In der Öffnung erschien das dicke, aufgedunsene Gesicht und die obere Hälfte der mit einer weißen Schürze bekleideten Gestalt des Kellerwirts. Im Moment sprachlos vor Staunen, vielleicht auch vor Schreck, starrte er in das bärtige Gesicht meines Begleiters.

«Guten Abend, Patzke», redete dieser ihn an. «Viel Besuch unten?» In gleicher Zeit stieg er auf der feuchten, engen Steintreppe auch schon abwärts, an dem Kellerwirt, der ein flackerndes Talglicht in der Hand hielt, vorüber; ebenso schnell folgte ich ihm.

«Besuch, Herr Kommissar – ja, Besuch», stotterte der Kellerwirt, die Tür hinter uns anlehnend und dann die Treppe hinabstolpernd.

Die Räume des Kellers waren wirklich ganz mit Besuchern gefüllt. Der Schenkraum, in den die Treppe gerade hinabführte, war durch den mit Bier- und Branntweinflaschen und Gläsern bedeckten Schenktisch in zwei Räume geteilt. Hinter dem Tisch stand die Frau des Schenkwirts. Sie gab ihrem Mann an Korpulenz und Röte des fleischigen Gesichts nichts nach. Und welche Gestalten umstanden den Schenktisch, die Branntweingläser in der Hand, Zigarren im Munde? Personifizierte Strolche, über deren Gewerbe man keinen Augenblick zweifeln konnte. Junge Leute in Joppen und Jacken, zerknickte Filzhüte und abgegriffene Mützen auf dem unordentlichen oder ungekämmten Haar. Frechheit und Roheit waren der Typus dieser gemeinen Gesichter. Auf der Bank an der Wand saß oder lag ein Frauenzimmer, über deren Gewerbe das geschminkte Gesicht und die nach ihrer Zusammensetzung offenbar aus dem Schranke einer Lehnfrau genommenen Kleidungsstücke gar keinen Zweifel ließen, eine Tasse Kaffee trinkend. Aus dem Schenkraum blickten wir in einen größeren, gewölbten Raum mit Bänken und Tischen, der durch zwei Gasflammen erleuchtet wurde. Auf den Bänken saßen und lagen Menschengestalten, welche den im Schenkraum getroffenen Strolchen in Kleidung und Typus der Gesichter vollkommen ähnlich waren. Auch Weiber waren da, vier oder sechs, in geborgtem Putz, mit gemeinen Gesichtern, auf denen das Laster und die Ausschweifung ihre Linien gezogen hatten. Die ganze Gesellschaft schien durch unser plötzliches Erscheinen nicht im mindesten betroffen zu sein, obschon sie Veranlassung genug dazu hatte und über ihr nächstes Schicksal ganz außer Zweifel sein konnte. Es ist das so die Manier des Berliner Verbrechergesindels in den Momenten der Überraschung.

Der Kriminalpolizeibeamte trat an die ihm zunächststehenden Strolche heran, sie nach Namen, Wohnung und Beschäftigung fragend. Jeder antwortete in derselben frechen Manier. Alle nannten als Wohnung irgendeine Nummer hinter der Königsmauer. Das Mädchen auf der Bank ebenso. Nun traten wir in den zweiten Raum. «Kein Zweifel», flüsterte mir mein Begleiter zu, nachdem er den großen Raum mit seinen Blicken gemustert hatte, «ich kenne die meisten. Fast alle bestrafte Subjekte. Mauerjungen und ‹Gänsejungen›. Gefährliches Gesindel!»

«Ihr seid sämtlich verhaftet», rief er dann, «rühre sich keiner!» Aber die erwartete Wirkung war gerade die entgegengesetzte. Sämtlich sprangen die Strolche von ihren Bänken auf und drangen mit drohenden Mienen und heftigen Worten auf uns ein. Zwei wild aussehende Kerle hielten mir die Fäuste vors Gesicht.

«Zurück!» rief der Beamte, mit starker Faust die beiden Strolche zurückschleudernd. «Jeder Widerstand ist vergeblich. Die Straße ist besetzt.»

Zu gleicher Zeit ließ er einen gellenden Pfiff ertönen.

Da stürzten mehr als ein Dutzend Konstabler die enge Kellertreppe hinab und erschienen, im Uniformmantel, den Helm auf dem Kopfe, den Säbel an der Seite, in der großen Kellerstube. Einer von ihnen eilte zu der nach der Seitenstraße führenden Tür, schob den Riegel zurück, und nun drangen auch durch diese Tür bewaffnete Polizeibeamte in den Raum. Der kleine Schenkraum und die große Kellerstube waren ganz mit Konstablern gefüllt. Der dicke Kellerwirt zog sich zu seiner Frau hinter den Schenktisch zurück. Die «Mauerjungen» und die «Gänsejungen» hatten sich überzeugt, daß hier jeder Widerstand unnütz sei, aber für sie die gefährlichsten Folgen haben würde. Keiner rührte sich. Die meisten nahmen ohne Widerrede die Plätze wieder ein, wo wir sie bei unserem Eintritt in die Spelunke gefunden hatten.

«Sämtlich nach dem Polizeigewahrsam, wo sich das Weitere finden wird!» kommandierte der Kriminalkommissar. Zwölf Konstabler marschierten aus dem Keller, um sich auf der Straße aufzustellen und die Gaunergesellschaft in Empfang zu nehmen, welche paarweise die Spelunke verließ, von den übrigen Konstablern eskortiert und gefolgt.

In zehn Minuten war der Keller der «Gänsejungen» leer. Schweigend standen der Kellerwirt und seine Frau hinter ihrem Schenktisch, ihr Schicksal mit der Miene der Resignation erwartend.

«Patzke», sagte mein Begleiter, als wir an dem sauberen Paar vorüberschritten, «ich habe Sie oft genug gewarnt. Nun hat's mit der Wirtschaft hier ein Ende! Schließen Sie die Tür! Ich werde morgen gegen Sie das Verfahren auf Konzessionsentziehung einleiten.»

Keiner von ihnen erwiderte ein Wort. Als wir die Treppe hinaufgestiegen waren und wieder auf der Straße standen, wurde die Tür hinter uns verschlossen. Die Kolonne hatte sich bereits nach dem Molkenmarkt in Bewegung gesetzt. Taktmäßig erklang der Schritt der Eskorte durch die stille Straße. Und wieder öffnete sich hie und da in den finstern Häusern ein Fenster. Ein Kopf schaute hinaus und zog sich schnell wieder zurück, wenn er sah, wie die Lichter der im Winde flatternden Gasflammen auf den metallenen Beschlägen und den metallenen Spitzen der Helme funkelten.

Als die Tritte der Kolonne verhallt waren, wandte sich mein Begleiter zu mir und sagte: «Nun, ich denke, morgen und auch Monate hindurch werden die Bauern auf dem Alexanderplatz vor den ‹Gänsejungen› und ‹Mauerjungen› Ruhe haben.»

Das Verbrechen hat in Berlin hie und da in Stadtvierteln und in Häusern seinen Wohnsitz aufgeschlagen, wo man es gar nicht suchen sollte. Ich kenne in der Stralauer Straße beispielsweise ein Restaurant, dessen Äußeres, dessen innere Einrichtung, dessen Lage es ganz dazu berechtigen, wenn auch gerade nicht einen ersten, doch einen zweiten Platz unter den Berliner Restaurants und Bierhäusern einzunehmen. Fenster mit Spiegelscheiben, hohe Zimmer, welche mit Tapeten und großen Spiegeln dekoriert und in eleganter Art und Weise, ohne jede Überladung, möbliert sind, lassen den Eintretenden gar nicht ahnen, daß er sich in einem gefährlichen Spielhause befindet, wo ein Hauptstapelplatz der Berliner Bauernfänger und falschen Spieler ist. Selbst der Eindruck, den die dortige Gesellschaft auf ihn beim ersten Anblick macht, ist nicht dazu geeignet, ihm zu verraten, wo er ist. Wer sind die Herren, welche dort in der Ecke an dem kleinen Mahagonitisch eine Partie Whist spielen? Den etwas korpulenten Mann mit dem gutmütigen Gesicht hinter dem Tische sollte man für einen Gutsbesitzer halten, der nach Berlin gekommen ist, um seine Wolle zu verkaufen; der neben ihm sitzende ältere Herr mit der militärischen Turnüre und mit dem schönen schwarzen Schnurrbart repräsentiert den Offizier im Ruhestand. Seine Mitspieler geben ihm den Titel «Herr Hauptmann». Und der junge Mann in tadelloser Toilette ihm gegenüber, mit dem bleichen, etwas apathischen Gesicht, mit dem schön frisierten Haar, mit den feinen weißen Händen: Wer mag es sein? Alle drei gehören zu den gefährlichsten Berliner Spielern und Bauernfängern; der Hauptmann wurde wegen ehrloser und gemeiner Streiche kassiert[4], und der korpulente Mann ist ein Güterschwindler der gefährlichsten Art, Spieler und Bauernfänger; der junge Mann in der tadellosen Toilette, mit den Lackstiefeln und dem blitzenden Diamantring an der feinen weißen Hand, mit der er so zierlich die Karten hält, war früher Kellner und ist schon mehrmals wegen falschen Spiels bestraft. Schon zweimal war er in Untersuchung wegen schwerer Verbrechen gegen das Eigentum, wo seine Komplizen zu vieljährigem Zuchthaus verurteilt wurden; daß er ohne Strafe davonkam, hat er nur seiner Schlauheit und seinem Raffinement zu verdanken; seiner Schuldlosigkeit gewiß nicht. Nach Mitternacht ist in den elegant dekorierten Zimmern dieses Restaurants schon manches Opfer der Bauernfängerei ganz und gar ausgeplündert worden. Die berüchtigten «Kaffeeklappen» suche man ja nicht immer in Kellern und Spelunken. Ich kenne Kaffeeklappen im ersten Stockwerk vornehm aussehender Häuser in eleganten Stadtvierteln, welche in ihrer Gefährlichkeit und im Charakter der sie besuchenden Gesellschaft den verrufenen Kaffeeklappen in der Königsstadt nichts nachgeben. Vor einigen Jahren war ich beim Ausräumen einer solchen Kaffeeklappe in einem Hause der Bernburger Straße, also im sogenannten Geheimratsviertel, zugegen. Die Inhaberin der im ersten Stock befindlichen Wohnung benutzte einige Zimmer derselben sogar als Nachtquartier für jugendliche Verbrecher aus den benachbarten Dörfern, welche sich abwechselnd in Berlin umhertrieben, um Taschendiebestähle mit ihren kleinen Fingern auszuüben.

In der Neuen Königstraße gibt es eine Konditorei, welche ein ganz unverdächtiges Gepräge hat, wo mancher Vorübergehende nachmittags seinen Kaffee nimmt, ohne nur im entferntesten daran zu denken, daß nach Mitternacht sich in den mit großem Komfort ausgestatteten Hinterzimmern die gefährlichsten Strolche der Königsstadt ein Rendezvous geben, um ihre Razzias gegen das Eigentum ehrlicher Leute für den folgenden Tag zu beraten und die Rollen zu verteilen. In einigen ganz unverdächtig aussehenden Weinkellern der Friedrichstadt werden zu jeder Tageszeit von den Eingeweihten Orgien aller Art gefeiert, von denen der Rentier und der wohlhabende Bürger, der dort vormittags in den Vorzimmern sein Glas Madeira oder seinen «Frühschoppen» trinkt, gar keine Ahnung hat. Von diesem ganz unverdächtigen Aussehen war auch das Haus am Alexanderplatz, vor dem ich eine halbe Stunde nach der gelungenen Razzia in der Spelunke der «Gänsejungen» mit meinem polizeilichen Begleiter stand.

Ein im modernen Stil aufgeführtes neues Gebäude von vier Stockwerken; im Parterregeschoß glänzende Läden und Magazine; im ersten Stock ein vornehmes Restaurant mit eleganten Speisesälen und mit großem Komfort ausgestatteten kleinen Kabinetten, wo man zu jeder Tageszeit nach der Karte speisen oder Diners zu bestimmten Preisen von einem halben Taler aufwärts haben kann, wo man die feinsten Weine trinkt, die Austern immer frisch erhält und Gesellschaft aus den reichsten und bestsituierten Kreisen der Königsstadt trifft; die obersten beiden Stockwerke werden von Mietern bewohnt, welche sechshundert bis achthundert Taler jährliche Miete bezahlen; unter dem Parterregeschoß befindet sich ein Frühstücks-, Austern- und Weinkeller, dessen große Räumlichkeiten sich unter dem ganzen Gebäude hinziehen und für deren Benutzung der Mieter dem Eigentümer jährlich nicht weniger als tausend Taler Mietzins zahlt. Der Eingang zu diesem Frühstücks-, Austern- und Weinkeller befindet sich in der dem Alexanderplatz zugekehrten Front des Hauses. Auf einer breiten, bequemen Treppe steigt man in den Keller hinab.

Ich war, so sonderbare Kontraste mir in den Räumlichkeiten und in der in den Räumen verkehrenden Gesellschaft in Berlin schon aufgestoßen sind, denn doch einigermaßen erstaunt, als ich mit meinem Begleiter vor dem Eingang zu diesem Keller stand und er zu mir sagte: «Nun, wir sind zur Stelle. Ich bin neugierig, ob meine Nachrichten mich nicht getäuscht haben.»

«Aber das ist ja einer der vornehmsten Weinkeller in der ganzen Königsstadt!»

«Desto schlechter soll die Gesellschaft sein, welche um Mitternacht und bis zum Morgen hier verkehrt. Denken Sie an die Frühstücksstube in der Alexanderstraße, die Sie auch mit mir besuchten.»

Ich dachte an jene ganz unverdächtig aussehende Frühstücksstube, wo ich ein halbes Dutzend Bauernfänger beim «Kümmelblättchen» getroffen hatte, und stieg die Treppe hinab. Auf den Treppenwänden waren mit großen schwarzen und roten Buchstaben alle Delikatessen, Biere und Weine verzeichnet, welche der Keller seinen Besuchern versprach. Die breiten Treppenstufen waren in ihrer ganzen Breite mit einem türkischen Teppich bedeckt. Nun waren wir unten und standen vor einem gelb und rot gestreiften Teppich mit dunklem Grunde, der den Eingang verhüllte. Rechts und links umgab ein breiter, mit starken Strohmatten belegter Gang die inneren Räume. Der Gang war durch mit weißen Milchgläsern umhüllte Gasflammen erleuchtet. Auf den Gang öffneten sich kleine Türen, welche in größere und kleinere Kabinette führten. Einige Türen standen offen. Neugierig trat ich in eines von diesen kleinen Kabinetten. Es war ein für sich ganz abgeschlossenes, kleines, höchst komfortabel eingerichtetes Zimmer, wo zwei, drei, auch vier Personen zu einem Souper hinreichenden Raum hatten. Die Wände waren mit einer dunkelroten Tapete dekoriert, die Möbel elegant. Ein weicher, dicker Teppich bedeckte den Boden. «Nicht wahr», sagte mein Begleiter, als wir aus der Tür wieder auf den Gang zurücktraten, «zu einem Souper mit Champagner ganz wie geschaffen?»

Nach einigen Schritten standen wir wieder vor dem gelb und rot gestreiften Vorhange. Mein Begleiter schlug den Vorhang auseinander, und wir traten in ein elegant ausgestattetes und gut möbliertes Schenkzimmer, auf welches sich rechts und links mehrere größere Speisezimmer öffneten. Die Rückwand des Schenkzimmers nahm der breite, mit Metallstreifen ausgeschlagene Schenktisch von Mahagoniholz ein. Die Wände des Schenkzimmers waren in pompejanischer Weise dekoriert und mit vergoldeten Spiegeln und Bildern in Goldrahmen ausgestattet. Kleine, mit braunrotem Leder bezogene Causeusen[5] und Sessel luden zum Sitzen ein. Die Tische waren von runder und zierlicher Form, klein und ebenfalls von Mahagoniholz. Auch hier bedeckte ein starker dunkler Teppich den Boden. Ein gemütlicheres Schenkzimmer konnte gar nicht gedacht werden. Im Zimmer war niemand. Wir nahmen an einem der kleinen Tische Platz. Ich klingelte mit der zierlichen, auf dem Tische stehenden Klingel, um den Kellner herbeizurufen. Nach einigen Momenten trat der Kellner aus einem der angrenzenden Speisezimmer in den Schenkraum – ein junger Mensch mit ganz flachsblondem Haar, die Serviette auf der Schulter. Als er mich und meinen Begleiter erblickte, trat der Ausdruck eines plötzlichen Erschreckens auf seinen matten und verlebten Gesichtszügen für einen Moment hervor, um sofort wieder einer stereotypen Gleichgültigkeit Platz zu machen. Bei meinem Begleiter zeigte sich ein momentanes Lächeln in den Augen- und Mundwinkeln. Jetzt stieg auch eine Erinnerung in mir auf. Ich hatte den flachsblonden Kellner irgendwo gesehen vielleicht in irgendeiner Diebesspelunke. Aber wo und wann?

«Zwei Glas echtes Erlanger Bier!» rief ich ihm zu. Er trat in das Zimmer, aus dem er gekommen war, zurück. Der Polizeibeamte bog sich zu mir herüber und sagte zu mir mit halblauter Stimme: «Das war der Weißkopf! Haben Sie ihn erkannt? Nun bin ich außer Zweifel, wo wir sind.»

Auch ich wußte jetzt, woran ich war. Meine dunklen Erinnerungen verkörperten sich in der gefährlichen Gestalt eines berüchtigten Bauernfängers und Spitzbuben. Der «Weißkopf» war dies gefährliche Subjekt. Seinen Namen führte er von seinem flachsblonden Haar in der Berliner Verbrecherwelt. In einer berüchtigten Kaffeeklappe hatte ich vor Jahr und Tag seine Bekanntschaft gemacht. Wo der Weißkopf Kellner ist, da müssen die gefährlichsten Vagabunden und Spitzbuben verkehren, sagte ich mir.

Nach einigen Minuten erschien der Kellner mit den zwei Gläsern Erlanger Bier. Das Bier war von vortrefflicher Qualität. In auffälliger Weise vermied der Kellner, uns im Schenkzimmer allein zu lassen. Er suchte mit uns über das Lokal eine Konversation anzuknüpfen, nur um im Zimmer zu bleiben und unsere Aufmerksamkeit von dem, was draußen passierte, abzulenken. Daß wir nicht zufällig – oder um Erlanger Bier zu trinken – in den Keller gerieten, konnte er ja erraten. Von Zeit zu Zeit hörten wir, wie Männer und Frauen die Treppe vom Alexanderplatz in den Keller hinabstiegen. In dem Moment, wo sie unten angekommen waren, trat der Weißkopf dann durch den Türvorhang auf den Gang, wie um sich umzusehen, wer komme. Dann verstummten plötzlich das Gespräch und das Lachen, welches wir auf der Treppe gehört hatten. Die Angekommenen waren gewarnt und begaben sich, ohne das Schenkzimmer zu betreten, in eines von den stillen Kabinetten, die sich auf den Gang öffneten. Nun erschien der Weißkopf wieder im Schenkzimmer, um sogleich in ähnlicher Weise bei einem neuen Geräusch hinter dem Vorhang zu verschwinden. Die Szene wiederholte sich alle fünf und zehn Minuten. Der Keller mußte stark besucht werden. Zuweilen klang auch Gelächter und das Knallen von Champagnerpfropfen aus weiter Ferne an unser Ohr. Die Töne drangen aus einem der entferntesten Kabinette im Moment, wo die Tür desselben geöffnet wurde, in das Schenkzimmer. In den angrenzenden Speisesälen war niemand. Wir sprachen von dem Gregyschen und dem Coryschen Morde, woraus mir mein Begleiter mehrere interessante Details erzählte. Dazwischen erschien dann und wann der Weißkopf, um nach einigen Minuten wieder hinter dem Vorhang auf dem Gang oder in den kleinen Kabinetten zu verschwinden, wenn er ein verdächtiges Geräusch hörte. «Ich bin über den Charakter der hier verkehrenden Gesellschaft im klaren», sagte mein

Begleiter, als der Kellner einmal wieder hinter dem Vorhang verschwand und das eben gehörte Gelächter und Gespräch in ein leises Flüstern überging. «Schon der Mieter, der den ‹Weißkopf› als Kellner engagiert, ist verdächtig.»

«Nun, wer ist denn der Mieter des Kellers?»

«Ein verdächtiges Subjekt, welches nicht im Hause wohnt. Er hat den Keller erst seit dem ersten April in Pacht. Ich werde die Wirtschaft nun genau beobachten und hoffe, Sie in einer Woche zu einer sehr interessanten Razzia einladen zu können.»

Die im Schenkzimmer befindliche Stutzuhr schlug eins. Der Kriminalpolizeibeamte stand auf und sagte: «Es ist Zeit. Um zwei Uhr werden wir das Mädchen wohl finden. Vielleicht haben wir dabei so viel Glück wie mit den ‹Gänsejungen›.»

Als wir unsere Paletots wieder angezogen hatten, erschien der Weißkopf. Auf seinen matten und verlebten Zügen war der Ausdruck einer plötzlichen Heiterkeit nicht zu verkennen, als er uns reisefertig sah. Vielleicht hatte er gefürchtet, daß er selbst den übrigen Teil der Nacht in der Stadtvogtei zubringen würde und daß unser Besuch ihm gelte. Dieser Besorgnis war er für heute überhoben. Ich bezahlte die beiden Gläser Bier; er öffnete den Türvorhang, und nach einigen Minuten standen wir wieder auf der obersten Treppenstufe des Kellers auf dem Alexanderplatz. Als wir aus dem Schenkzimmer auf den Gang traten, hörten wir laut lachende Frauenstimmen aus einem der entferntesten Kabinette.

«Kein Zweifel», sagte der Beamte der Kriminalpolizei, «Weißkopf Kellner, diese Stimmen, dies Lachen, die geheimnisvollen Besuche nach Mitternacht – der Weinkeller ist das, was ich erwartet habe: der Rendezvousort für die gefährlichste Gesellschaft aus der Verbrecherwelt dieses Stadtviertels. Wir wollen bald damit ein Ende machen. Aber nun kommen Sie, gegen zwei Uhr müssen wir am Platze sein.»

Wir gingen quer über den Platz, über die Brücke nach der Königstraße, nach demselben Tanzlokal, welches wir vor zwei Stunden verlassen hatten, um die Razzia gegen die «Gänsejungen» auszuführen. Der Wind hatte aufgehört; der Himmel war nun ganz und gar mit einer schwarzen Wolkendecke umhüllt, aus der dicke und schwere Regenwolken zur Erde fielen. Der Beamte stieg auf der schmalen, verborgenen Treppe in die kleine Loge hinauf, mich ersuchend, einige Minuten zu warten. Ich trat durch die große Glastür und stand nun wieder auf der obersten Stufe der breiten Treppe mit den Kolossalstatuen, in den weiten Tanzsaal blickend. Ein wilder Cancan brauste durch den Saal. Die Wangen der Tänzerinnen glühten, die Augen blitzten; sie überboten sich in wilden und leidenschaftlichen Sprüngen und Bewegungen. Eine Wolke von Dunst und Tabaksdampf schwebte über den Tänzern und Tänzerinnen und hüllte die Gasflammen der Kronleuchter in dunkle Nebelschleier. Ströme von Musik, durchbrochen von Gelächter und Geschrei, drangen aus der Tiefe des Saales zu mir hinauf. Nach einigen Minuten erschien der Kriminalpolizeibeamte neben mir auf der obersten Stufe der Treppe. Er hatte sich in der Loge umgekleidet, den Uniformrock abgelegt, einen dunklen Paletot angezogen und die Dienstmütze durch einen runden bürgerlichen Hut ersetzt. «Der Fiaker, den ich bestellt habe, hält vor der Tür», sagte er, «kommen Sie, es ist Zeit!» Wir durchschritten den kleinen Gang und stiegen vor der schmalen Tür zwischen den Doppelsäulen, durch welche sich neue Gäste nach dem Saal drängten, unbemerkt in den dort haltenden Wagen. «Nach dem Orpheum!» sagte der Beamte zum Kutscher. Der Wagen rollte die Königstraße entlang.

«Was haben Sie vor?» fragte ich meinen Begleiter, als sich der Wagen in Bewegung gesetzt hatte.

«Ich will eine Verhaftung vornehmen», erwiderte er. «Vor acht Tagen ist der Sohn eines Gutsbesitzers aus der Nähe von Magdeburg nach Berlin gekommen, um im Auftrag seines Vaters einen Möbeleinkauf zum Betrage von mehreren tausend Talern in den hiesigen Magazinen zu machen. Er hat im Hotel die Bekanntschaft eines Bauernfängers der gefährlichsten Art gemacht, der ihn in noch gefährlichere Gesellschaft brachte. Trotz alledem ist ihm, außer einigen nicht bedeutenden Verlusten beim ‹Kümmelblättchen›, bis gegen Abend nichts eben Gefährliches passiert, wahrscheinlich, weil die Gauner den Hauptcoup, der gegen ihn schließlich versucht werden sollte, noch nicht für zeitgemäß hielten. Gestern abend ist nun «ein Souper mit Damen» in einem Weinkeller der Friedrichstadt gefeiert worden. Unser junger Mann vom Lande, der übrigens zum ersten Male in Berlin ist, hat hier viel Champagner getrunken. Als er heute morgen um zehn oder elf Uhr mit benebeltem Kopfe erwachte und nach seiner Brieftasche, worin sich die Bankscheine zum Einkauf der Möbel befanden, faßte, welche er in die Brusttasche seines Rockes gesteckt hatte, machte er die höchst fatale Entdeckung, daß die Brieftasche mit dem ganzen Inhalt verschwunden war. Der junge Mann hat aus Schamgefühl, in dieser Weise bestohlen zu sein, den Diebstahl nicht sofort angezeigt, sondern den Tag über vergebliche Versuche gemacht, seine Gäste aufzufinden und ihnen die Beute auf eigene Hand wieder abzujagen. Endlich ist er heute vor einigen Stunden auf dem Büro der Kriminalpolizei auf dem Molkenmarkt erschienen, um von dem Diebstahl Anzeige zu machen und die Hilfe der Kriminalpolizei nachzusuchen. Nach der von ihm gemachten Beschreibung ist mir die Person der Diebin gar nicht zweifelhaft. Eine Haussuchung, welche, wie mir soeben telegraphisch mitgeteilt ward, vor einer Stunde in der Wohnung des Mädchens stattgefunden hat, ist ebenso resultatlos gewesen wie die Verhaftung der letzteren. Ich will nun versuchen, das Mädchen im Orpheum abzufangen, wo sie gewöhnlich nach ein Uhr sich zum Tanz einzufinden pflegt. So sind wenigstens zwölf Stunden ungenützt verlorengegangen. Ob die gestohlene Summe noch wiederzubekommen ist, ist also sehr zweifelhaft. Das Mädchen ist eine schlaue und sehr gefährliche Person, übrigens noch nicht bestraft.»

Nach einer Viertelstunde hielt der Wagen in einer schmalen Straße vor dem glänzend erleuchteten Tor des berühmtesten und prächtigsten Tanzlokals der Stadt. Ich kenne keine europäische Stadt, welche ein ähnliches Tanzlokal aufzuweisen hat wie das Orpheum. Berlin übertrifft darin Paris, London, Marseille, Neapel und Petersburg. Wir durchschritten einen geschmackvoll dekorierten, mit Teppichen und Matten belegten geräumigen Gang und traten in das matt erleuchtete Vorzimmer, dessen Rückwand offen ist und den ganzen Einblick in den Wintertanzsaal gewährt. Wer zum ersten Mal hier steht, wird über das farbenreiche und prächtige Bild erstaunen, welches sich plötzlich vor ihm aufrollt. Er schaut in einen hohen Saal von fast viereckiger Form, dessen Dekorationen Pracht und Geschmack in gleicher Weise und in gleichem Maße vereinigen. Die hohe Decke, von der ein goldbronzierter Kronleuchter, dessen Gasflammen durch weiße Milchgläser von runder Form in ihrer Intensität gemildert werden, herabschwebt, ist ganz mit vergoldeten Zieraten und Spiegeln bedeckt, welche das Licht der Flammen reflektieren. Die linke Seitenwand füllen farbenstrahlende Fresken zwischen hohen Spiegeln und weißen Statuen. Der Grundton der ganzen Wand bis zu der mit Vergoldung gefüllten Decke ist matte Vergoldung, in deren Rahmen die farbenreichen Fresken, die weißen Statuen und die funkelnden Spiegel auf das vorteilhafteste hervortreten. Die Konsolen der Spiegel sind mit Blumen und Pflanzen bedeckt, zwischen deren Blättern und Blüten Springbrunnen plätschern. Die gegenüberliegende Wand besteht aus einer doppelten Logenreihe und ist mit grünen Vorhängen, welche von der Decke bis zum Boden reichen und den Einblick in die Logen frei lassen, deren innere Räume mit Spiegeln und Blumen geschmückt sind, drapiert. Die schmalen Zwischenwände zwischen den grünen Draperien sind mit Vergoldung, Spiegeln, Statuen und Topfgewächsen dekoriert. Nirgends eine Überladung im Schmuck der Wände oder in den Farbtönen. Der dekorative Vorzug dieses schönen Saales vor ähnlichen Sälen besteht in einer ausgezeichneten Harmonie der Farben und der Ausschmückung. Der parkettierte Fußboden des Saales ist von einer Estrade von drei Stufen umgeben, auf denen man zu den Logen hinaufsteigt und welche mit Stühlen besetzt sind, so daß die Tänzer und Tänzerinnen durch niemand in ihren Bewegungen gehemmt oder belästigt werden. Die vierte Wand des Saales ist wieder offen und besteht aus einer Arkadenreihe, durch deren Bogen man in einen ovalen Kuppelsaal blickt, dessen Wände Säulen bilden, zwischen denen sich diese Logen öffnen. Die Grundfarbe dieses zweiten Saales ist ein mattes Weiß. Vorhänge und Drapierung der Logen sind von gedämpftem Rot. Die Mitte des Saales nimmt ein geschmackvoller Springbrunnen ein. Beide Säle würden dem prächtigsten Palais zum Schmuck gereichen. Die Töne der Musik eines vortrefflichen Orchesters, die verschiedenen Farben, die prächtige Dekoration mit den Statuen, Spiegeln, Blumen und Brunnen vereinigen sich zu einer ebenso schönen wie wohltuenden Harmonie.

Wir durchschritten den Saal, wo gerade nicht getanzt wurde,

um durch den ovalen Kuppelsaal in den Garten zu gelangen. Wer auf dieser gewundenen, schmalen eisernen Treppe hinabsteigt, kann, wenn er sich unten in der kurzen Halle befindet, aus der man links in den Garten gelangt, während sie geradeaus in den Sommertanzsaal führt, glauben, plötzlich auf dem Schauplatz eines Märchens aus Tausendundeiner Nacht zu sein. Der Garten hat hochstämmige Bäume, deren Fuß Blumenparterres und dichtgehaltene Rasenplätze umgeben. Aber auf diesen Blumenparterres blühen Wunderblumen von allen Farben und Gestalten, deren Staubfäden aus Gassonnenstrahlen bestehen, und an den Zweigen der Bäume hängen Früchte des unterirdischen Zaubergartens, den Aladin durchwandelte. Überall plätschern Springbrunnen zwischen den Gebüschen und Blumensträuchern, und ihre Wasserstrahlen fallen über leuchtende Lilien, Rosen und Tulpen, über Gassterne und Irrlichtflammen in marmorne Becken. Und von Baum zu Baum sind bunte Girlanden von leuchtenden roten, gelben, grünen und weißen Kugeln gezogen, welche ein zauberhaftes Licht in den Gängen dieses Wundergartens verbreiten. Und dann steigt man auf Blumenterrassen zu säulengetragenen Pavillons empor, in deren Mitte wieder zwischen Blumensträußen Brunnen plätschern und Frische und Kühle verbreiten. Eine offene Säulenhalle trennt den Zaubergarten von dem alle anderen Säle an Pracht und Geschmack übertreffenden Sommertanzsaal. Die Decke dieser schönen Halle tragen ebenholzfarbige, runde Säulen mit vergoldeten Kapitellen und mit goldenem Laub bekränzte Piedestale, welche sich rings um die anderen drei Wände des weiten, hohen Saales in derselben Gestalt und Form fortsetzen. Auf den anderen drei Seiten des Saales füllen die Räume zwischen den Säulen mit Blumen und roten Draperien geschmückte Logen, deren Rückwände Spiegel bilden. Ringsum, auf den vergoldeten Säulenkapitellen, ruhen Logen, welche den Raum bis zur Decke füllen, ihre Reihe um alle vier Wände des Saales fortsetzend. Der Grundton der Brüstungen und Vorhänge dieser oberen Logen ist ein frisches Grün; farbenreiche Gestalten bilden einen langen, blühenden Kranz um die Brüstungen, sich einander anschließend. Und die Decke dieses Saales bildet der Sternenhimmel, der durch eine Bedachung von hellem Glas auf alle diese Schönheiten der Architektur, der Malerei und der Dekoration hinabschaut. Vor jeder von den Logen der unteren Reihe, welche sich, wie in dem Wintertanzsaal, auf drei Stufenreihen über das Parkett des Saales erheben, schieben sich zwei grüne Laubgeländer einige Schritte weit in den Saal vor, deren Enden Vasen mit Blumensträußen und Statuen schmücken. Das Parkett des Saales ist in der Mitte mit einem blühenden Blumengeländer besetzt, aus dem sich hochgewachsene Zierpflanzen und Topfgewächse am Stamm einer Palme mit goldener Blätterkrone hinauf ranken.

Wer in dieser offenen Halle steht und in den Saal blickt, wird sich, wenn er den Blumenduft atmet, wenn er das Rauschen und Plätschern der Springbrunnen und fallenden Wasser hört, wenn die Trompetenfanfaren des Orchesters das Ohr berühren, wenn er die schlanken und schönen Gestalten der Mädchen mit den Blumen und Perlen im Haar, in den seidenen und gelbdurchwirkten Kleidern an dem blühenden Blumenparterre auf dem glatten Parkettboden des Saales vorüberfliegen sieht, des glänzenden und harmonischen Eindrucks, den die ganze Umgebung auf ihn macht, nicht entschlagen können. Mir ist es wenigstens immer so ergangen, wenn ich in der offenen Säulenhalle stand und in den feenhaft schönen Saal blickte. Und die Tänzer und Tänzerinnen sind doch dieselben, die ich vor zwei Stunden in der Villa Colonna sah. Sie sind nur einige Stufen weiter hinauf, wenn man will, auch hinabgeschritten auf der Bahn des Lasters, der sittlichen Verderbnis und des Elends ihres Lebens. Das Laster und die moralische Verderbnis sind im Sommertanzsaal des Orpheums nur mehr mit Seide, Sammet und Goldbrokat verhüllt wie in dem räucherigen Tanzlokal der Villa Colonna. Die sittliche Erniedrigung hat sich nur glänzender herausgeputzt – das ist der ganze Unterschied. – Ich ging mit meinem Begleiter durch die offene Halle, und wir durchschritten den Saal in seinem ganzen Umfange. Aufmerksam betrachtete er jede Tänzerin, welche vorüberflog oder in einer der Logen auf rotem Plüschsessel ruhte oder mit ihrem Begleiter an einem der weißgedeckten kleinen Tische soupierte und Rotwein und Champagner trank. Aber sein Suchen schien vergebens. Die «blonde Dora» war nirgends zu sehen. Zweimal, dreimal umschritten wir den großen Saal in seiner Länge und Breite. Andere Tänzer, andere Tänzerinnen erschienen auf dem glatten, braunlackierten Parkett und flogen vorüber – aber Dora war nicht unter ihnen.

«Wenn sie nicht kommt, so ist sie nicht mehr in der Stadt und hat mit ihrem Raub das Weite gesucht», sagte der Beamte. «Der einfältige Provinziale, warum hat er sich nicht heute morgen an die Kriminalpolizei gewandt? Weit über zwölf Stunden sind unnütz vergeudet worden.»

Wir gingen wieder an der Breitseite des Saales entlang, da, wo ihn der Säulengang von der bedeckten Halle trennt, welche sich zwischen dem Sommerlokal und dem Winterlokal ausdehnt, und traten in die bedeckte Halle. Plötzlich fesselte ein phantastisch schönes Bild meine Aufmerksamkeit, was ich früher bei meiner Anwesenheit im Orpheum nicht bemerkt hatte. Aus der Halle führte eine mit Blumen bekränzte, gewundene eiserne Treppe zu der offenen Tür eines Saales. Der Blick durch die hohe offene Tür war feenhaft schön. Ich sah in einen runden, prachtvoll dekorierten Kuppelsaal mit roten Wandtapeten und reicher Vergoldung. Der Saal war matt erleuchtet; die Gasflammen der Kronleuchter waren mit rot gefärbten Kristallschalen umgeben, und ein mattroter Lichtschimmer hüllte den Saal in einen duftigen Gazeschleier. Die mit dem hellen Gaslicht in der Halle und im Sommertanzsaal kontrastierende mattrote Beleuchtung des Kuppelsaales war von einer ganz ausgezeichneten Wirkung, um so mehr, da die Wand, in welcher sich auf dem Hintergrund der offenen Tür das phantastische Bild dem Auge zeigte, in tiefem Schatten lag. Und auf den roten Causeusen und roten Plüschsesseln des Kuppelsaales saßen schöne, hohe Mädchengestalten in geschmackvollen und prächtigen Toiletten, in reichen Seidenkleidern, welche in Gesellschaft mehrerer Herren an kleinen, weißgedeckten Tischen soupierten. Mit dem Gesicht der offenen Tür zugekehrt, saß in halb liegender Stellung auf der Causeuse ein junges Mädchen von großer Schönheit und prächtigen Formen. Die Züge des Gesichts waren regelmäßig, ihre großen, tiefblauen Augen blickten mit einem schwermütigen Ausdruck in den erleuchteten Garten; reiches goldblondes Haar umwallte in kurzgehaltenen Locken den schöngeformten Hals und die runden weißen Schultern, und ein mattblaues Kleid von schwerem Atlas hüllte ihre prächtige Gestalt bis zur Spitze des kleinen

Fußes ein, der, mit einem schwarzen Atlasschuh bekleidet, auf einem niedrigen Taburet[6] ruhte. In der schmalen weißen Hand hielt sie einen elfenbeinernen Fächer mit Pfauenfedern, mit dem sie sich Kühlung zuwehte.

Ich machte meinen Begleiter, dessen Augen in der Halle nach der blonden Dora umherstreiften, auf das Bild aufmerksam, welches in dieser phantastischen Beleuchtung so plötzlich auf dem dunklen Hintergrund der Wand hervorgetreten war. «Sehen Sie das schöne Mädchen mit den goldblonden Locken, wie wundervoll! Wissen Sie vielleicht, wer das Mädchen ist?»

«Aber das ist ja die blonde Dora», rief er, «die ich suche!»

«Was, die Diebin? Unmöglich!»

«Unzweifelhaft! Ich werde sie doch wohl kennen. Aber das Geld, was sie in der verflossenen Nacht gestohlen hat, ist wahrscheinlich zum Teufel?»

«Weshalb?»

«Das Mädchen würde sonst nicht mit dieser Keckheit hier erscheinen. Ich hatte geringe Hoffnung, daß ich sie im Orpheum finden würde. Daß sie hier ist, ist ein Beweis, daß sie das Geld in Sicherheit gebracht hat. Was wollen Sie? Verhaften kann ich sie freilich, denn auf ihr lastet ein schwerer Verdacht. Aber bestraft ist sie bis jetzt nicht. Bei der Haussuchung in ihrer Wohnung ist nichts Verdächtiges gefunden worden. Natürlicherweise wird sie alles leugnen. Daß sie das Geld dem Gutsbesitzersohn genommen hat, ist ja nur zu vermuten, durch nichts zu beweisen. Die Brieftasche kann ihm ja auch bei der Orgie im Weinkeller abhanden gekommen sein. Dieser einfältige Esel aus der Provinz!»

Wir stiegen aus der bedeckten Halle die gewundene, mit Blumen bekränzte Eisentreppe hinan und traten in den rotbeleuchteten Kuppelsaal. Die in demselben soupierende Gesellschaft ließ sich durch unseren Eintritt nicht im mindesten stören. Die blonde Dora betrachtete uns einen Moment mit vollkommener Gleichgültigkeit, obschon ihr mein Begleiter persönlich recht wohl bekannt war und sie mit ihrem geübten Auge ihn auch in dem bürgerlichen Anzuge sofort erkennen mußte. Ihre Gesichtszüge zeigten nicht die mindeste Veränderung. Sich halb von uns abwendend, nahm sie ein weiteres Glas Champagner vom Tisch, es langsam ausschlürfend.

Da berührte der Kriminalpolizeibeamte mit der Hand ihre Schulter.

Mit anscheinend verwundertem Blick wandte sie sich um und sah ihn mit ihren großen blauen Augen fragend an.

«Erkennen Sie mich?» fragte der Beamte.

«Gewiß, Herr Kommissar. Was wollen Sie von mir?»

«Kommen Sie mit mir in das anstoßende Zimmer.»

Das schöne Mädchen erhob sich ohne alle Widerrede und begleitete uns in das nächste Zimmer.

«Ich verhafte Sie. Sie fahren sofort mit mir nach dem Molkenmarkt.»

«Weshalb?»

«Sie haben in der verflossenen Nacht einem jungen Mann über zweitausend Taler gestohlen. Wo ist das Geld?»

Das Mädchen blieb ganz ruhig. Auf ihren sanften Zügen zeigte sich der Ausdruck des Erstaunens. Entweder war sie wirklich an dem Verbrechen unschuldig, oder sie war auf die Frage vorbereitet und spielte ihre Rolle vortrefflich. «Zweitausend Taler gestohlen?» fragte sie. «Ich begreife von der ganzen Geschichte nichts.»

«Nun, das wird sich finden, Dora; ich kenne Sie und weiß, mit wem ich zu tun habe. Wollen Sie mir gutwillig folgen?»

«Gewiß, Herr Kommissar; aber ich mache Sie für die Verhaftung verantwortlich.»

Der Beamte lächelte. «Also kommen Sie!»

Wir stiegen die Treppe hinab, welche in das Vorzimmer führte, aus dem wir den Wintertanzsaal bei unserer Ankunft betreten hatten. Die Springbrunnen plätscherten und rauschten; in das Gemurmel der fallenden Wasserstrahlen tönte eine Hornfanfare aus dem Sommertanzsaal, welche die Tänzer und Tänzerinnen zu einem langsamen Walzer rief. In dem auf die Straße führenden Gang überreichte der Garderobier dem Mädchen einen Sammetmantel, in den sie sich einhüllte, wie es schien, gar nicht verwundert über das, was er sah. Derartige Verhaftungen kamen im Orpheum öfter vor. Vor der Tür rief der Kriminalpolizeibeamte einen der dort immer in der Nacht haltenden Wagen heran. Ohne irgendein Wort der Widerrede stieg das Mädchen in den Wagen. Ich nahm nun von meinem Begleiter während dieser interessanten Nacht Abschied, da die Uhr auf dem Kirchturm in der Alten Jakobsstraße drei Uhr schlug, und rief einen zweiten Wagen heran, um nach Hause zu fahren und noch einige Stunden auszuschlafen. «Nach der Stadtvogtei!» hörte ich den Beamten dem Kutscher zurufen, nachdem er zu dem Mädchen in den Wagen gestiegen war.

Nach vier Wochen tanzte die «blonde Dora» wieder im Sommertanzsaal des Orpheums, nachdem sie mit einer Freundin und zwei jungen Leuten aus der Provinz, welche nach Berlin gekommen waren, um sich einmal vortrefflich zu amüsieren, in dem rot erleuchteten Kuppelsaal trefflich soupiert und Champagner getrunken hatte. Die gegen sie eingeleitete Untersuchung hatte wieder abgebrochen werden müssen; es war sogar nicht einmal zur Erhebung der Anklage gekommen. Sie hatte hartnäckig jede Schuld an dem Diebstahl geleugnet. Von den verschwundenen Bankscheinen und Friedrichsdor[7] war nichts gefunden worden. Der Kopf des jungen Gutsbesitzers war so von dem genossenen Champagner umnebelt gewesen, daß er mit Gewißheit nicht einmal beschwören konnte, ob er die Brieftasche mit dem Geld noch in seiner Wohnung gehabt habe.

Berliner Kaffeeklappen

Auf dem Turm der Kirche in der Klosterstraße in Berlin zeigte die Uhr in langsamen Schlägen die zweite Stunde nach Mitternacht an, als ich im Hintergebäude des Polizeipräsidiums am Molkenmarkt die engen Treppen hinaufstieg, um in die der Berliner Verbrecherwelt wohlbekannten kleinen und niedrigen Zimmer der Kriminalpolizei zu gelangen. Der Kriminalkommissar R. hatte mir versprochen, um halb drei Uhr in meiner Gesellschaft eine der berüchtigsten «Kaffeeklappen» in der Spandauer Straße zu visitieren. «Kaffeeklappen» nennen die Berliner Verbrecher die Kellerwirtschaften, wo sie gewohnt sind, gegen Morgen nach vollbrachten Streifzügen in Kneipen und Tanzlokalen vor dem Schlafengehen noch eine Tasse heißen Kaffees zu sich zu nehmen, sich ihre gegenseitigen Mitteilungen zu machen und Verabredungen für den folgenden Abend zu treffen. Diese Kaffeeklappen sind gegen Anbruch des Tages der Aufenthalt des nichtsnutzigsten Gesindels. Dort treffen sich Taschendiebe mit ihren Hehlern, welche die gestohlenen Wertsachen in Empfang nehmen und zu Geld machen; dort verkehren die «Bauernfänger», diese seit fünfzehn Jahren auch in Berlin aufgetauchte, wohlorganisierte neue Klasse der Verbrecherwelt, welche den Platz der Einbrecher und gewaltsamen Diebe eingenommen hat; dort sind vorzugsweise die jugendlichen Verbrecher, die kleinen Taschendiebe und Spitzbuben im ersten Stadium ihrer verbrecherischen Laufbahn zu finden. Ich hatte in letzter Zeit diese Kaffeeklappen mehrmals besucht, da die Berliner Kriminalpolizei ihnen seit einem halben Jahr ihre ganz besondere Aufmerksamkeit schenkte. Die Inhaberin einer solchen Kellerwirtschaft ist gewöhnlich eine ältere Frau, nachdem sie alle Stadien des Lasters und des Verbrechers durchgemacht hat. In ihrem Dienst befindet sich fast immer ein junges Mädchen, welches hier seine liederliche Laufbahn beginnt, nachdem es sich als Kind in den Kneipen und auf den Straßen der großen Stadt umhertrieb, um

Blumen und Schwefelhölzer zu verkaufen, und ein starker robuster Kerl in den zwanziger Jahren. Der starke und robuste Kerl ist der «Louis» der Kaffeeklappe. Derjenige, der die Ordnung unter dem dort verkehrenden Lumpengesindel aufrechterhält, die Betrunkenen hinauswirft, die Widerspenstigen zur Zahlung zwingt und nebenbei den Kellner und den Hausknecht abgibt. Wie fast alle liederlichen Dirnen sich ihren «Louis» halten, so ist auch der «Louis» eine notwendige Zugabe jeder Kaffeeklappe. Der Stand der «Louis» ist in Berlin nach den verschiedensten Richtungen hin ausgebildet. Ich kenne Comptoirs und Geschäftsstuben, welche sich lediglich mit dem Mieten, Vermieten und mit der Ausstattung von «Louis» beschäftigen. Die Einrichtung einer Kaffeeklappe ist die Einrichtung einer ganz gewöhnlichen Kneipe niedrigsten Ranges. Einige lange Holztische, hölzerne Schemel und Stühle, an der Wand auf einer hölzernen Etagere Bierseidel, Branntweingläser und Schnapsflaschen – das ist alles. Der gewöhnlich ziemlich niedrige, gelb oder grau gestrichene kellerartige Raum wird mittels einer oder zwei Gasflammen beleuchtet. Eine schmale Treppe führt von der Straße in den unter dem Niveau derselben gelegenen Keller hinab.

Der Kriminalkommissar R., der in dieser Nacht die «Wache» auf dem Büro der Kriminalpolizei hatte, stand bereits völlig angekleidet zur Abstattung der «Visite» bereit. Er war ein großer, kräftig gebauter Mann, dessen Körperkraft schon manchen robusten Kerl allein gebändigt hatte. «Es ist mir lieb, daß Sie so pünktlich sind», rief er mir entgegen. «Soeben erhalte ich von den Nachtwächtern dieses Viertels die Meldung, daß unsere Kaffeeklappe stark besucht ist. Guten Abend – oder eigentlich guten Morgen! Gehen wir also gleich.» Ohne mich weiter aufzuhalten, stieg ich in seiner Begleitung die beiden schmalen Treppen, welche aus den Büros der Kriminalpolizei in den Hof führen, wieder hinab. Bevor wir das Polizeigebäude am Molkenmarkt verließen, rief der Kommissar aus der in dem größeren Hofe befindlichen Schutzmannswache zwei Konstabler und befahl ihnen, uns zu begleiten. «Es ist nur der Vorsicht wegen», sagte er zu mir, als wir aus dem großen, am Mühlendamm befindlichen Tor auf die Straße hinaustraten, «ich glaube nicht, daß uns etwas passiert, das Berliner Lumpengesindel hat selten Courage, aber: besser ist besser!»

Es war eine regnerische, windige Nacht. Auf dem Molkenmarkt war kein lebendiges Wesen zu erblicken. Die Reflexe der Gaslaternen glitzerten und leuchteten in den Regenpfützen. Ein kalter Nordostwind blies über den Platz. Wir knöpften unsere Paletots fester zu. Die beiden Konstabler mit Helm und Seitengewehr gingen einige Schritte hinter uns. Unser Weg war nicht weit. Die Spandauer Straße mündet auf den Molkenmarkt. Um nach dem Keller zu gelangen, hatten wir nur die Königstraße zu überschreiten und die Spandauer Straße bis zur neuen Friedrichstraße hinabzugehen. In der Ecke einer von den Querstraßen, welche aus der Spandauer Straße in die Bischofsstraße führen, erwartete uns der Nachtwächter. «Nun, wie ist's?» fragte der Kriminalkommissar. «Soeben sind noch vier Bummler in den Keller gegangen», sagte der Mann, «einer schien mir angetrunken; jetzt ist die Tür geschlossen. Sie werden genug finden. Auch die blonde Luise aus der Königsmauer ist unten; Sie kennen sie ja, Herr Kommissar?»

«Werde doch die blonde Luise kennen.» Der Kriminalpolizeibeamte lachte. «Es sind kaum vier Wochen, daß sie aus der Stadtvogtei entlassen ist. Also gehen wir!»

Schnell gingen wir die Spandauer Straße weiter hinab. Nach wenigen Minuten standen wir vor der Tür der Kaffeeklappe. Sie war verschlossen. Der Nachtwächter klopfte viermal, zweimal schnell, zweimal langsam, nacheinander. «Ich kenne das Zeichen», sagte er, «ich höre es oft genug jede Nacht.»

«Treten Sie zurück, und bleiben Sie hier», sagte der Kriminalkommissar zu den beiden Schutzleuten. «Niemand darf hinaus. Wenn ich rufe, kommen Sie sofort in den Keller.»

Nun hörten wir, daß die Tür von innen aufgeriegelt wurde. Ein breiter Lichtreflex fiel aus dem Keller auf die Straße. Mit einem Sprung befanden wir uns im Innern der Kaffeeklappe. Der Nachtwächter blieb auf der Treppe stehen. Was sahen wir?

Beide Tische waren dicht mit Gästen besetzt. Die dicke Wirtin war gerade im Begriff, einem strolchartig aussehenden Kerl mit dichtem fuchsrotem Bart, der den Hut ins Gesicht gedrückt hatte, eine Tasse Kaffee einzuschenken. An demselben Tische saß die «blonde Luise» im blauseidenen Kleid und weißen Burnus mit frisiertem Haar, neben ihr ein Mann in eleganter, aber derangierter Toilette, eine Zigarre im Munde, dem man den «Louis» auf den ersten Blick ansah. Im äußersten Winkel des Kellers saß auf einem Schemel ein junges Mädchen mit sanften Gesichtszügen und braunem Haar, wohl kaum sechzehn Jahre alt. Es war das Schenkmädchen der Kaffeeklappe. Im Hintergrund des Kellers saßen ein halbes Dutzend wüst aussehender Kerle um den Holztisch; ein besser gekleideter großer Mann stand hinter ihnen, wie es schien, ihnen aufmerksam zuhörend. Niemand schien durch unsere plötzliche Anwesenheit überrascht. Der «Louis» der Kaffeeklappe hielt dem noch auf der Treppe stehenden Nachtwächter sogar ein Glas Branntwein entgegen, ihn einladend, doch auch einzutreten. Nur das Schenkmädchen blickte scheu von ihrem Schemel auf. Nicht, daß nicht alle im Keller anwesenden Personen meinen Begleiter sofort erkannt hätten – o nein, sie erkannten ihn alle; aber dies ist die Art und Weise unter den Berliner Verbrechern, bei Überraschungen durch Kriminalpolizeibeamte ganz ungeniert zu tun, als wenn der Besuch sie nichts anginge. Die Sache nahm indes plötzlich eine andere Wendung. Der Kriminalkommissar erklärte sämtlichen im Keller anwesenden Personen, daß sie ihm sogleich auf das Büro der Kriminalpolizei zu folgen hätten. Nun Widerspruch, Protestationen, Unschuldsbeteuerungen von allen Seiten. «Jeder Widerstand ist unnütz», rief der Beamte, «auf solche Fälle habe ich mich doch vorgesehen.» Dann trat er einen Schritt zurück und rief aus der Kellertür hinaus auf die Straße. Beide Konstabler erschienen auf der Kellertreppe. Plötzlich trat Ruhe ein. «Also marsch, einer nach dem anderen hinaus!» Einer nach dem anderen verließ die Kaffeeklappe, von den beiden Konstablern in Empfang genommen. Als der Keller leer war, erklärte der Kriminalkommissar der dicken Wirtin und ihrem Schenkmädchen, daß der Keller von heute an geschlossen sei und die Konzession zur Wirtschaft der ersteren entzogen werde.

Draußen auf der Straße stand die ganze Gesellschaft, von den beiden Konstablern bewacht, beieinander. «Nur vorwärts, nach dem Molkenmarkt!» rief der Beamte. Der Zug setzte sich in Bewegung, auf jeder Seite durch einen Konstabler flankiert. Wir beide gingen hinterher.

«Aber sagen Sie mir, wie können Sie ohne weiteres die ganze Gesellschaft verhaften?» fragte ich den Kriminalkommissar, als wir die Spandauer Straße hinabschritten. «Wir haben doch niemanden bei einem Verbrechen betroffen, und es steht doch jedermann frei, morgens in einer Kaffeeklappe Kaffee oder Bier zu trinken?»

Der Kriminalkommissar lachte. «Sämtliche Leute stehen längst unter Polizeiaufsicht», erwiderte er. «Ich kenne jeden einzelnen. Die Strolche am hinteren Tisch waren gefährliche Bauernfänger. Die blonde Luise und der ‹Louis›, der neben ihr saß, sind mehrfach bestraft. Die drei anderen Kerle an demselben Tisch kannte ich freilich nicht, jedoch sahen sie mir äußerst verdächtig aus. Wenn sie sich als unverdächtig legitimieren, entlasse ich sie natürlich auf der Stelle. Begleiten Sie mich doch aufs Büro, dann wissen Sie das Schicksal aller Personen, die wir soeben in der Kaffeeklappe verhaftet haben.»

Nach einer halben Stunde befand ich mich wieder in dem Büro des Kriminalkommissars, welches ich mit ihm um zwei Uhr verlassen hatte. Die Bauernfänger, die blonde Luise und der «Louis» wurden sofort zum Kriminalarrest gebracht. Sie ergaben sich so ziemlich mit stoischer Gleichgültigkeit in ihr Schicksal, welches sie ja kannten. Sechs Wochen bis zu einem Jahr Gefängnis kann gegen den Verbrecher erkannt werden, der unter Polizeiaufsicht steht und sich gegen die Bestimmungen derselben vergeht. Als sie sämtlich das Büro verlassen hatten, rief der Beamte lachend: «Drei Monate hat die Stadt vor diesem Gesindel Ruhe. Nun ihr da, wer seid ihr?»

Die drei Strolche waren nicht imstande, sich ordentlich zu legitimieren. Ihre Angaben lauteten widersprechend. Niemand von ihnen hatte irgendein Legitimationspapier bei sich. «Also auf morgen», sagte der Kriminalkommissar, «für diese Nacht gehts ins Polizeigewahrsam! Morgen werden wir schon entdecken, wer ihr seid und woher ihr kommt. Vorwärts!»

Ein Konstabler führte alle drei ab. «So, nun werde ich auch noch einige Stunden schlafen», sagte der Kriminalkommissar, mir die Hand zum Abschied reichend, «jedenfalls haben wir heute zusammen die gefährlichste ‹Kaffeeklappe› ausgehoben, die Berlin aufzuweisen hat. Gute Nacht oder vielmehr guten Morgen, Herr Doktor.»

Als ich auf dem Molkenmarkt in eine Nachtdroschke stieg, um nach Hause zu fahren, zeigte die Spieluhr auf dem Turm der Klosterkirche die vierte Morgenstunde an und begann dann die Melodie eines Chorals. Die frommen Klänge kontrastierten sonderbar genug mit dem, was ich in den verflossenen zwei Stunden gesehen hatte. Der Tag begann zu dämmern.

Im Polizeigewahrsam auf dem Molkenmarkt

Die Mitternachtsstunde war vorüber. Seit einer Stunde befand ich mich in einem der niedrigsten Zimmer des Polizeigebäudes am Molkenmarkt, wo die Berliner Kriminalpolizei ihre täglichen und nächtlichen Geschäfte erledigt. Die räumlichen Verhältnisse der Geschäftszimmer der Kriminalpolizei für Berlin sind bei der großen Ausdehnung, welche die Stadt seit zwanzig Jahren gewonnen hat, vollkommen unzureichend geworden. Ein halbes Dutzend kleinere Zimmer, so niedrig, daß ein hochgewachsener Mann, wenn er die Hand ausstreckt, mit den Fingern die Decke berührt, darin besteht die Räumlichkeit für die Geschäfte der Kriminalpolizei einer Stadt von mehr als siebenmal hunderttausend Einwohnern. Der Zuzug zu diesen engen Räumlichkeiten findet auf einer schmalen Hintertreppe aus dem kleinen Hofe statt, der die Stadtvogteigefängnisse von den Gebäuden des Polizeipräsidiums trennt. Die in den kleinen Zimmern herrschende Atmosphäre war drückend, obschon nur in zwei Zimmern zwei kleine Gasflammen brannten, während die übrigen Räume dunkel gelassen waren und sich niemand im Zimmer befand als ich selbst und der Kriminalkommissar, der während der Nacht die Wache hatte. Ein der Kriminalpolizei angehöriger Schutzmann saß im Vorzimmer.

Der Kriminalkommissar hatte mir versprochen, mich nach Mitternacht in den Polizeigewahrsam zu führen. Seit einer Stunde hatten wir nicht dazu gelangen können, aus dem Geschäftszimmer eine Treppe heraufzusteigen. Es war eine warme Sommernacht. Die Atmosphäre in den beiden Zimmern wurde immer drückender. Ein Vagabund wurde vorgeführt, der einige Talglichte gestohlen zu haben beschuldigt wurde. Kaum war das Aufnahmeprotokoll beendigt, so wurden einige halbbetrunkene Kerle gebracht, welche in einer in der Bischofsstraße gelegenen Kaffeeklappe eine Schlägerei angefangen und sich den dazukommenden Nachtwächtern widersetzt hatten. Wieder ein Protokoll! Die Personen wurden konstatiert, die Aussage des Nachtwächters aufgeschrieben; ein Betrunkener, der sich gar nicht zur Ruhe geben wollte, mußte zum Isoliergewahrsam nach der Stadtvogtei gebracht werden; die übrigen wurden wieder entlassen, da die Sache höchst unbedeutender Natur war. Es wurde wieder ruhig in dem finsteren und dumpfigen Raum. Wir nahmen unser früheres Gespräch wieder auf. Es betraf eine kürzlich von dem Kassendiener eines Bankiers in der Behrenstraße vorgenommene Unterschlagung von zwanzigtausend Talern. Das Geld war durch die Tätigkeit der Kriminalpolizeibeamten wieder aufgefunden; der Kassendiener hatte sich selbst der Kriminalpolizei gestellt und sich durch die gewöhnliche, einfältige Ausrede, betrunken gemacht und beraubt worden zu sein, vor Strafe zu schützen gesucht. «Sie müssen diese Ausrede aus Ihrer früheren gerichtlichen Tätigkeit als Untersuchungsrichter ja kennen», sagte der Kommissar, «vor Jahr und Tag hatte ich einen ganz ähnlichen Fall zu konstatieren. Die unterschlagene Summe betrug auch zehntausend Taler. Der mutmaßliche Täter war ein Commis eines hiesigen Bankiers. Seine Ausrede war ähnlicher Natur. Um dieselbe glaublicher zu machen, hatte er sich sogar einen Messerstich in die linke Wange beigebracht. Ich sah sofort an der Beschaffenheit der Wunde, daß der Stich von oben herab statt von unten auf vollführt war; nach einer Stunde gestand der Commis sein Verbrechen. Er war erst sechzehn Jahre alt. Mit dem Geld hatte sich ein achtzehnjähriges Mädchen, mit dem er eine Bekanntschaft unterhielt, nebst ihrer Schwester nach Hamburg begeben, wo er sie treffen wollte, um mit ihr nach Amerika zu entfliehen. Am anderen Morgen verhaftete ich beide Mädchen in Hamburg. Das Geld wurde bis auf eine unbedeutende Summe bei ihnen vorgefunden. Es ist immer nur die Wiederholung derselben Geschichte. Aber benutzen wir jetzt die paar Minuten Ruhe, welche wir jetzt hoffentlich haben werden; steigen wir die Treppe zum Polizeigewahrsam hinab.»

Wir standen auf. In demselben Moment gab der Telegraph das Zeichen, daß Feuer ausgebrochen sei. Der Kommissar zog seinen Rock an. «Feuer», rief er, «ich muß fort, aber nur Klein-

Feuer, ganz in der Nähe, wie der Telegraph anzeigt; wahrscheinlich bin ich bald zurück; der Schutzmann vorn im Zimmer soll Sie hinaufführen.» Der Kommissar stürzte hinaus. Draußen begann sich die druckende Hitze des Tages gerade in einem starken Schlagregen zu entladen. «Wie kommen Sie denn in dem Regen fort?» rief ich ihm nach. «Nun, zu Fuß», hörte ich ihn aus dem Vorzimmer zurückrufen, «wenn ich keine Droschke finde, wie anders?»

Armer Kriminalkommissar! Gleich darauf trat ein Konstabler in das Zimmer. «Der Herr Kommissar hat mir befohlen, Sie in den Polizeigewahrsam zu führen, Herr Doktor», sagte er, «ists Ihnen gefällig?»

Wir gingen durch ein drittes, dunkles Zimmer, welches sich auf einen kleinen Flur öffnete, und stiegen eine schmale Treppe hinan. Die Treppe führte zu einem mit Holzstäben vergitterten Gang. Hinter dem hölzernen Gitter erschien ein uniformierter Beamter mit weißem Haar. Als er die Tür öffnete, stiegen drei junge Männer von zerlumptem Aussehen die schmale Treppe hinan, um zugleich mit uns einzutreten. Ohne Gruß und ohne daß der die Tür öffnende Beamte ein Wort verlor, gingen sie vorüber und traten mit uns in den durch eine schmale Gasflamme erleuchteten Gang. «Oh, wer sind denn die Leute?» fragte ich meinen Begleiter, ganz verwundert, daß sich Menschen nachts freiwillig nach dem Polizeigewahrsam begeben.

«Nun», erwiderte er, «sie sind obdachlos und finden für die Nacht im Polizeigewahrsam einen Aufenthalt.» Das war für mich etwas Neues. Ich hatte geglaubt, die Besucher des Polizeigewahrsams erschienen dort nur unfreiwillig. Der Gang führte auf eine Tür. Als mein Begleiter dieselbe öffnete, stand ich in dem Raum, der als Polizeigewahrsam für Männer während der Nacht dient und durch eine Gasflamme erleuchtet wurde. Welche Atmosphäre und welcher Anblick! Ich bedurfte einiger Minuten, um mich an beides zu gewöhnen. Der ganze Raum mochte höchstens die Länge von einigen fünfzig Fuß haben, während die Breite kaum dreißig Fuß betrug, und er war so niedrig, daß ein hochgewachsener Mann mit der Hand die Decke erreichen konnte. Zwei Fenster öffneten sich nach dem Hof. Ein uniformierter Beamter stand hinter einem Schreibpult, um ein Protokoll über die neuen Ankömmlinge aufzunehmen. Er hatte auch mich zu denselben gezählt, wie er mir später lachend sagte. Und weshalb auch nicht? Er sah mich in Begleitung eines Konstablers und mehrerer Strolche eintreten. Es kann jedem passieren, daß er einmal nachts auf der Straße aufgegriffen und nach dem Polizeigewahrsam gebracht wird. Deshalb hätte längst im Berliner Polizeigewahrsam, wie im Depot der Pariser Polizeipräfektur, die Einrichtung getroffen werden sollen, daß man gegen Bezahlung für eine Nacht ein eigenes Zimmer und Verpflegung erhalten kann. Ein solches Zimmer nennt man in Paris sonderbarerweise eine «Pistole». In Berlin ist dies unmöglich. Jeder, der in den Polizeigewahrsam gerät, muß die Nacht in dem Raume zubringen, wo ich mich nun befand. Und dieser Aufenthalt ist wirklich widerlich. Ich bedaure den Beamten, der abends um sechs Uhr hier Dienst hat und bis morgens fünf Uhr in diesem mephitischen Dunst mitten unter einem Haufen von Gesindel zubringen muß, welches zuweilen die Stube so anfüllt, daß es niemand möglich ist, sich niederzulegen. «Ich kann jene Fenster nur auf kurze Zeit öffnen», sagte der Aufseher, als ich ihm bemerkte, daß die Hitze und der Dunst unerträglich seien, nach den auf den Hof gehenden Fenstern zeigend, «wenn ich nicht eine unerträgliche Zugluft veranlassen will.» Das ganze Möblement des Zimmers bestand aus einer Reihe von schmalen Bänken, welche den größten Teil des Raumes einnahmen. Auf diesen Bänken saßen oder lagen Menschen von allen Altersklassen, Knaben, junge Männer, Männer in den vierziger, fünfziger Jahren und gebrechliche Gestalten, Greise mit weißem Haar und mit mageren Gliedern. Das Gepräge der Armut, der Not, der Verkommenheit und des Elends war auf diesen Gesichtern, in diesen Kleidern und Lumpen unverkennbar. Jede Gestalt war charakteristisch, insofern sich in ihr ein Stück des sozialen Elends und der Verkommenheit der großen Stadt abspiegelte. «Und welche Veranlassungen sind es, welche alle diese Menschen in den Polizeigewahrsam geführt haben?» fragte ich den Aufseher. «Nun», erwiderte er, «ein Teil besteht aus solchen Obdachlosen, welche mit Ihnen die Treppe hinaufkamen; ein anderer Teil ist zufolge von Kon flikten mit der Polizei auf der Straße oder im trunkenen Zustande hierhergekommen. Morgen früh werden sie sämtlich entlassen, natürlich mit Ausnahme von denen, welche ein Verbrechen in die Stadtvogtei führt oder welche bereits bestrafte Subjekte sind. Jetzt ist's noch ruhig hier. Vor einer halben Stunde wurden zwei Betrunkene gebracht, welche gar nicht zu bändigen waren. Sie tobten so, daß sie nach dem Isoliergewahrsam gebracht werden mußten, wo ihnen die Zwangsjacke angelegt ist.»

Der Aufenthalt in der dunstigen und heißen Stube wurde mir nach einigen Minuten unerträglich. Ich war froh, als sich die Tür hinter mir schloß, und forderte meinen Begleiter auf, mich in den Polizeigewahrsam für Frauen und Mädchen zu führen. Wir kamen zuerst in ein dunkles Bürozimmer; von dort ging es in eine Stube, welche kaum halb so groß war wie der für die Männer bestimmte Raum. Hier sah es bunt genug aus. Einige alte zerlumpte Weiber kauerten mit schlafenden, halbnackten Kindern auf einigen am Boden ausgebreiteten Matratzenstücken; Mädchen und Frauen von allen Altersklassen saßen auf schmalen Bänken, dicht aneinandergedrängt; einige schliefen, sich mit dem Rücken gegenseitig anlehnend; viele waren nur mit Unterrock und Hemd bekleidet. Sie hatten die Kleider abgelegt, welche an der Wand aufgehängt waren. Die unerträgliche Hitze, welche in der Stube herrschte, mochte sie dazu bewogen haben. Mädchen von sechzehn bis achtzehn Jahren mit wirklich hübschen Gesichtern und aufgelöstem Haar saßen neben alten Weihern mit verkommenen Zügen, auf denen das Laster, die Verworfenheit und die Not ihre Furchen gezogen hatten. Eine Frau von korpulenter Gestalt, im schwarzen Wollkleid, mit einem weißen Tuch Hals und Schultern verhüllt, saß an einem Schreibpult und schrieb ein Aufnahmeprotokoll über ein großes, elegant gekleidetes Mädchen, welches mitten in der Stube stand und soeben in den Polizeigewahrsam gebracht war. Die Frau am Schreibpult war die Aufseherin, welche von abends sechs Uhr bis morgens sechs Uhr den Dienst in dieser Stube hat. Für fünfzehn Taler monatlich auch ein wenig beneidenswertes Amt, noch weniger beneidenswert, als das Amt des Aufsehers, den ich in der ersten Stube gefunden hatte; denn Hitze und Dunst waren hier noch weit unerträglicher. Die Toilette des Mädchens, welches mitten im Zimmer stand, bildete einen sonderbaren Kontrast mit den Lumpen der Weiber und Kinder, welche auf der Erde kauerten, und mit den Mädchen, welche nur mit einem Hemd und mit einem Unterrock bekleidet waren. Sie hob das seidene Kleid vorn in die Höhe, als wenn sie befürchtete, es hier durch die Berührung mit den Lumpen zu beschmutzen. Ihre Jacke war von dunkelbraunem Sammet, der Hut nach der neuesten Mode garniert. Sie kam aus dem Tanzsaal des Orpheum und war auf der Straße aufgegriffen worden, wo sie die Vorübergehenden belästigt und sich schließlich einem Konstabler widersetzt hatte, der sie aufforderte, nach Hause zu gehen. Ihr Benehmen war frech und gemein; unbedingt war sie moralisch tiefer gesunken als jene Mädchen, welche dort in elenden Kattunkleidern weinend auf den Bänken saßen. Morgen früh befand sie sich vielleicht im Charitékrankenhaus oder in der Stadtvogtei, oder sie tanzte abends wieder im Spiegelsaal des Orpheum, Champagner und Burgunder trinkend.

Nach einer halben Stunde befand ich mich wieder in dem Geschäftszimmer des Kriminalkommissars, der soeben von der Brandstätte zurückgekommen war. Einige angebrannte Fenstergardinen und durch dieselben in Brand gesetzten Möbelstücke waren von der Feuerwehr in einer Viertelstunde gelöscht worden. Der Kriminalkommissar war durch den starken Schlagregen vollständig durchnäßt worden und stand eben im Begriff, die Kleider zu wechseln. Eine neue Episode aus dem Leben eines Berliner Kriminalkommissars während der Nacht! Ich sprach mit ihm von dem, was ich soeben in den beiden Stuben des Polizeigewahrsams gesehen hatte. Darin, daß die Räumlichkeiten desselben für Berlin vollkommen unzulänglich seien, daß der Aufenthalt daselbst auch nur für eine Nacht für einen anständigen und gebildeten Mann, der doch auch dort einmal hingeraten könne, unerträglich werden könne, stimmte er mit mir vollkommen überein; aber als ich das Gespräch auf die Besserung und Unterstützung entlassener Strolche und Verbrecher wandte und von den Versuchen sprach, die der Prediger Bosse im Arbeitshaus neuerdings in diesem Sinne und nach dieser Richtung hin mache, wollte er nicht viel davon wissen. «In der Theorie klingt alles sehr schön», sagte er, «wie werde ich denn diese Humanitätstheorien verwerfen? Leider ists in der Praxis aber anders; das Material, auf welches Sie diese Theorien anwenden wollen, ist leider zu schlecht. Ich meine die Strolche und Verbrecher. Seit vierunddreißig Jahren bin ich Kriminalkommissar; von allen solchen Versuchen, die ich angestellt habe, sind vielleicht nur zwei gelungen, und selbst für diese zwei kann ich heute noch nicht stehen.» Ich wollte gerade widersprechen, als ein junger Mann von verkommenem Äußeren durch einen Konstabler in das Büro geführt wurde, der ihn auf einem Diebstahl ertappt hatte. «Bolte», rief der Kommissar, als er seiner ansichtig wurde, «schon wieder da? Habe ich dir nicht kürzlich gesagt, als du entlassen wurdest und ich dich unterbrachte: ‹Höre auf und fange ein ordentliches Leben an!›»

«Ja, Herr Kommissar, die Not; ich treibe mich seit mehreren Tagen ohne Arbeit und ohne alle Mittel umher.»

«Aber, habe ich dir nicht gesagt, daß du in einem solchen Falle zu mir kommen solltest; ich hätte dir ja einen Taler gegeben, bis du ein anderes Unterkommen gefunden hättest.»

Der junge Verbrecher schwieg und geriet offenbar einen Moment in Verlegenheit. «Ja», sagte er, «ich wußte doch nicht, daß Sie gerade hier sein würden, Herr Kommissar.»

«Sie sehen», sagte der Kriminalpolizeibeamte zu mir, als er das Protokoll aufnahm und den Arrestzettel für die Stadtvogtei schrieb, «wie recht ich leider mit der Ansicht hatte, die ich soeben aussprach. Die Theorien sind sehr schön; aber in der Praxis ist's leider anders. Sie sehen hier wieder ein Beispiel.»

Der Regen hatte aufgehört. Ich ging nach Hause. Als ich durch die dunklen Straßen ging, dachte ich an eine ähnliche Unterredung, welche ich kürzlich mit dem Direktor des Arbeitshauses hatte, welches die Berliner den «Ochsenkopf» nennen. Er hatte mir von einer Frau erzählt, welche zum *hundertsten* Male im Arbeitshaus gewesen war.

Das Haus Zum Guten Hirten

In Charlottenburg[1], jenem freundlichen Städtchen in der Nähe der großen Stadt Berlin, steht seit einigen Jahren, abwärts von dem Lärm und dem Staub der Hauptstraße, welche zum Schloß, dem gewöhnlichen Herbstaufenthalt des verstorbenen Königs, führt, zwischen Gebüsch, Wiesen und Fluß ein eigentümlich gebautes Haus. Es ist ein Mittelding zwischen Landhaus und Kloster. Wohlgepflegte Rasenplätze mit Blumenbeeten und Zierpflanzen und große, schattige Bäume umrahmen ein zweistöckiges Gebäude, auf dessen in der Mitte in einer Spitze auslaufendem Dach drei vergoldete Kreuze schimmern, während es sich an der linken Seite an eine im modernen Geschmack gebaute Kirche lehnt, deren Dach ebenfalls das Symbol des großen Märtyrers und Stifters der Christusreligion überragt. Der Zugang zu der Kirche ist von der Straße durch ein offenes Gitter, welches in einen Blumengarten führt, das Haus ist von einem hohen, hölzernen Zaun umgeben, dessen enggefügte Planken keinen Blick in den inneren Hof gestatten. Die unteren Scheiben im ersten und zweiten Stock sind geblendet, während die oberen fast immer durch weiße Vorhänge verhüllt sind. Drei hohe, im gotischen Geschmack gebaute Türen mit Spitzbogen führen zu der Kirche; über ihnen schaut aus einer Nische das Bild der Muttergottes mit dem Christuskind, die goldene Krone auf dem Haupt, herab. Eine kleine, zwischen Gebüsch und Blätterwerk fast verborgene Tür in dem hölzernen Zaun führt in den inneren, dem Auge des vorübergehenden Spaziergängers verborgenen Hof des Hauses, in dem sich die grünen Blätterkronen der stattlichen Lindenbäume auf dem hellen Maueranstrich abheben wie ein Blumenstrauß auf einem weißen Kleid. Um das helle Haus, im Schatten der großen Bäume und in dem grünen Vorhof der Kirche weht die Atmosphäre der Ruhe, der Stille und des Friedens, in welche zuweilen die Klänge eines geistlichen Liedes, gesungen von Mädchen- und Kinderstimmen, und die mächtigen Klänge einer

Kirchenorgel hineintönen.

Wie ist es an einem sonnigen und heiteren Junitag hier so schön, so frisch und so duftig! In azurner Bläue blickt der Himmel herab; er trägt heute das Gewand des Himmels der Gardabucht über den Ufern des ewigen Frühlings, sonnenfunkelnd, sonnig durchleuchtet, in ultramarinfarbige Tinten übergehend; funkelnde Sonnenstreiflichter irren über den grünen Schatten der Gebüsche und blitzen, wie Irrlichter, auf den dunklen Blättern der Bäume, auf den Kanten der goldenen Kreuze, auf, den Schieferdächern, und «der Odem Gottes» rauscht und weht und flüstert in den farbigen Baumkronen, in den Rosengebüschen und in den Kelchen der Frühlingsblumen. An einem solchen sonnigen und warmen Junitage stand ich vor jenem Tor mit den hohen gotischen Spitzbogen, welches in die Kirche und in das Kloster führt. Durch die beiden Türen zur linken Hand tritt man in die Kirche, durch die Tür rechts geht's ins Kloster. Die Aufschrift «Klosterglocke» unter einem metallenen Klingelgriff konnte mir keinen Zweifel lassen. Auf einen Klingelzug öffnete sich die hohe Tür von innen schweigend und leise. Ich trat in ein kleines, zierliches Vorhaus mit zwei Türen von braunem Nußbaumholz. Das Vorhaus erhielt sein Licht durch das Spitzbogenfenster über dem gotischen Tor. Es war halbdunkel, obschon es kaum drei Uhr war. In dem Vorsaal war niemand. Dann hörte ich eine Mädchenstimme die Worte sprechen: «Gelobt sei Jesus Christus.»

«In Ewigkeit, Amen!» erwiderte ich, und blickte auf, woher die Stimme kam.

Da sah ich vor mir ein schwarzvergittertes Fenster, mit einem dunklen Vorhang verhüllt. Und über dem Fenster las ich in weißen Buchstaben auf schwarzem Grunde die Worte: «Ich bin ein guter Hirte und gebe mein Leben für meine Schafe.»

Ich war im Hause Zum Guten Hirten.

Und wieder hörte ich die Stimme: «Was wünschen Sie?» Die Stimme ertönte hinter dem schwarzbehangenen vergitterten Fenster.

«Ich wünsche die Frau Oberin des Hauses Zum Guten Hirten zu sprechen.»

«Darf ich erst um Ihren Namen bitten?»

Ich nannte ihr meinen Namen und fügte hinzu, daß ich einen

Brief des fürstbischöflichen Delegaten an die hochwürdige Frau Oberin abzugeben habe.

«Treten Sie rechts in die Tür. Sie führt in das Sprechzimmer. Die Frau Oberin wird sogleich erscheinen.»

Ich öffnete eine von den Türen von braunem Nußbaumholz und stand in dem Sprechzimmer des Klosters. Ein kleiner Tisch mit Schreibmaterial, ein Sofa, einige Armsessel von Korbgeflecht bildeten das Möblement; an der Wand hingen zwei Christusbilder, die gegenüberliegende Wand bildete ein schwarzes Gitterfenster, schwarz verhangen, wie das Fenster im Vorhaus. Ich setzte mich auf das mit Möbelkattun überzogene Sofa und wartete. Das kleine Zimmer war äußerst reinlich und wohnlich gehalten; in den Mobilien und in dem ganzen Ensemble war eine gewisse Zierlichkeit gar nicht zu verkennen.

Dann rauschte der schwarze Vorhang auf, der das vergitterte Fenster verhüllte, und an der inneren Seite desselben erschien eine weibliche Gestalt im Ordenskleid. Sie trug ein Gewand von weißer Wolle, welches um den Leib von einer blauen Schnur zusammengehalten wurde, die in blauen Quasten zur Seite herabfiel. Ein weißes Tuch umhüllte Hals, Brust und Schultern, auf der Brust unter der Spitze des weißen leinenen Tuches schimmerte ein silbernes Herz. Den Kopf verhüllte ein schwarzer Schleier, der die Stirn bedeckte, während das Gesicht ein weißleinenes Tuch einrahmte. Ich konnte die Gesichtszüge der Klosterfrau nicht unterscheiden. Das Sprechzimmer hatte dasselbe schwache Licht wie der Vorsaal. Wieder tönte mir derselbe Gruß von jenseits des Gitters entgegen: «Gelobt sei Jesus Christus!» Es war die hochwürdige Frau Oberin des Hauses Zum Guten Hirten, welche an der anderen Seite des schwarzvergitterten Fensters stand.

«In Ewigkeit, Amen!» erwiderte ich und überreichte ihr durch das Fenster den Brief des fürstbischöflichen Delegaten in Berlin, welcher sie ersuchte, mir das Kloster und die damit verbundenen beiden Anstalten zu zeigen und mir jeden erwünschten Aufschluß zu geben.

Die Klosterfrau las den Brief. «Das Kloster», sagte sie, «ist für niemand zugänglich. Nur im Sprechzimmer – und durch das Gitter getrennt – empfangen die Ordensfrauen verschleiert Personen aus der Welt; denn das Sprechzimmer liegt außerhalb der Klausur[2]. Nur der Bischof kann die Erlaubnis geben, die Klausur zu überschreiten. Der Brief, den Sie mir überreichen, ist für uns ein Befehl. Wünschen Sie sofort das Kloster zu sehen, oder soll ich Ihnen zuvor von seiner Einrichtung und von dem Zwecke unseres Ordens sprechen?»

«Ich möchte zuerst mit Ihnen sprechen, Frau Oberin, und später das Kloster sehen.»

Dann setzte sich die Klosterfrau an der anderen Seite des Gitters nieder, winkte mir mit der Hand, einen Stuhl zu nehmen und mich zu setzen, und schlug den schwarzen Schleier, der bis dahin ihr Gesicht halb verhüllt hatte, zurück. Eine noch junge Frau blickte mich unter dem Schleier aus großen blauen Augen an. Die Linien ihrer Gesichtszüge waren mild und sanft, ihre Augen intelligent und heiter.

«Was wünschen Sie nun von mir zu hören, Herr Doktor?» begann die Klosterfrau das Gespräch.

«Sprechen Sie mir von Ihrem Hause, seiner Einrichtung und von Ihrem Orden, Frau Oberin.»

«Unser Generalat ist zu Angers im westlichen Frankreich. Dort war schon im Jahre sechzehnhundertzweiundneunzig ein Haus Zum Guten Hirten, welches reuigen Sündern eine Zufluchtsstätte unter der Obhut frommer Frauen bot, die durch kein Gelübde gebunden waren. In den Stürmen der Revolution ging das Haus zugrunde. Im Jahre achtzehnhundertachtundzwanzig gründete die gute Gräfin de la Potherie de Reuville ein ähnliches Asyl; es wurde einem Kloster des Pater Eudes, welches sich in der nahen Stadt Tours befand, zur Verwaltung anvertraut. Ein päpstliches Breve vom dritten April achtzehnhundertfünfunddreißig machte es zum Generalhaus ‹der Tochter der seligen Jungfrau Maria von der Liebe des guten Hirten›. Die Regeln des Paters Eudes wurden beibehalten, ebenso die Ordenstracht, nur mit der Veränderung, daß das Bild des guten Hirten dem silbernen Herzen der Klosterfrauen eingeprägt und die weiße Gürtelschnur in eine blaue verwandelt wurde. Der Orden erhielt die Befugnis, außer der Zufluchtsanstalt für Büßerinnen auch Asyle für verwahrloste und verwaiste Kinder zu eröffnen.»

«Und wieviel Häuser Zum Guten Hirten sind seit der Stiftung

des Generalates in Angers gegründet worden?»

«Einundvierzig: in Frankreich, in Italien, in Deutschland, in Louisville in Kentucky in den Vereinigten Staaten, in Montreal in Kanada, in Tripolis und in El-Biar bei Algier.»

«Haben denn die Häuser Zum Guten Hirten bestimmte Fonds, aus denen sie gegründet und erhalten werden?»

Die Klosterfrau lächelte. «Nein», sagte sie heiter, «wir leben recht leichtsinnig so in den Tag hinein, oft vom Kredit, Herr Doktor, ohne zu wissen, wie wir unsere Schulden bezahlen. Aber der liebe Gott hilft uns immer. Almosen, milde Beiträge, Ertrag der Handarbeiten der Büßerinnen, geringes Kostgeld, welches zuweilen für diese bezahlt wird, wenn ihre Angehörigen es vermögen, das sind die Mittel, durch welche die Häuser Zum Guten Hirten existieren. Wir arbeiten hier, wir nähen und waschen für Leute in Berlin. Auch erhalten wir viele Geschenke, meist von armen Menschen. Fast alles Hausgerät, was wir haben, ist geschenkt. Gottes Gnade hilft schon weiter.»

«Weshalb tragen Sie den schwarzen Schleier, Frau Oberin?»

«Er ist das Symbol unserer Trennung von der Welt; er bezeichnet, was das Kreuz auf dem Grabe bedeutet, den Tod für das irdische Leben. Es herrscht deshalb sowohl hier im Hause als auch nach außen hin eine strenge Klausur. Unser Kloster ist ganz getrennt von den Asylen für die Kinder und für die Büßerinnen. Das Kloster gehört den Ordensfrauen. Das Asyl gehört denen, welche zu retten und zu bessern sind. Aus dem Kloster gehen wir in das Asyl auf Mission; wir sind dort nicht zu Hause. Unser Verhältnis zu den Büßerinnen ist das Verhältnis gütiger Mütter zu ihren Kindern, welche mit Ernst und Milde, mit Ruhe und Würde zu unterrichten und zu erziehen sind. Schlaf-, Eß- und Arbeitssaal der Büßerinnen, ihr Krankenzimmer, ihr Garten, alles das ist getrennt von den Räumen, welche die Ordensfrauen bewohnen. Auch wenn, wie hier in diesem Hause, Kinder aufgenommen werden, so bleibt die Einrichtung dieselbe. Auch die Kinder haben ihre besonderen, abgeteilten Räume, auch zu ihnen begeben sich die Ordensfrauen aus der Heimat des Klosters auf Mission. Das Kloster ist für niemanden zugänglich. Unter bestimmten Förmlichkeiten, welche die Ordensregel vorschreibt, werden Arzt und Beichtvater zu einer kranken Ordensfrau oder

Handwerker, die etwa im Inneren des Hauses gebraucht werden müssen, ins Kloster eingeführt. Sie werden nachher die Einrichtung sehen.»

«Aber können die Ordensfrauen aus einem Kloster nach dem anderen auf Mission geschickt werden? Gehen Sie, beispielsweise, über das Meer, nach anderen Weltteilen, nach Kairo oder nach Tripolis?»

«Gewiß, das Gelübde des Gehorsams, welches wir neben den Gelübden der Keuschheit, der Armut und der Trennung von der irdischen Welt abgelegt haben, befiehlt es mir. Wir sind die seelensuchenden Kinder des guten Hirten. Die Häuser von Kairo und Tripolis, weil Sie von jenen sprechen, sind hauptsächlich zu dem Zwecke gegründet, den Kindern der Nacht, welche in der zweifachen Unfreiheit der Sklaverei und des Unglaubens schmachten, die himmlische Freiheit der Kinder Gottes durch das Evangelium zuzutragen. Gerade Tripolis ist eine Hauptstation des Sklavenhandels. Alljährlich im Monat März trifft dort eine große Karawane mit vielen hundert, ja zuweilen mit vielen tausend Negersklavinnen ein aus dem inneren Afrika, um dort verkauft zu werden oder die Märkte von Konstantinopel oder Alexandrien mit ihnen zu versehen. Möglichst viele von diesen unglücklichen Geschöpfen loszukaufen, ihnen neben der himmlischen Freiheit auch die irdische zu schenken und sie so zu erziehen, daß sie für ihre Existenz selbst sorgen oder als Glaubensbotinnen zu den Ihren heimkehren können, ist der Zweck unserer Mission in Afrika.»

«Und wie heißen Sie, Frau Oberin?»

«Ich heiße Maria.»

«Aber Sie führen doch einen anderen Namen?»

«Ich heiße Maria zum heiligen Petrus.»

«Nein, ich meine Ihren Familiennamen, den Namen, den Sie in der Welt führen! Sind Sie nicht aus Norddeutschland? Ihre Sprache ist ganz ohne Dialekt.»

Die Oberin des Hauses Zum Guten Hirten lächelte über meine etwas unbescheidene Neugierde. «Wir heißen alle Maria», sagte sie mild, «unsere Namen in der Welt sind tot, unsere Heimat ist das Kloster, ich bin aus unserem Provinzialhaus in München.»

«Warum ist Ihre Ordenstracht weiß, und weshalb tragen Sie

das weiße, silberglänzende Herz?»

«Das weiße Gewand und das weiße, glänzende Herz sollen uns ein Symbol sein, daß unser Ruf ebenso rein bleiben soll wie unsere Seele und daß nur ein reines Herz unseren Beruf erfüllen kann.»

«Wieviel Klosterfrauen sind denn in diesem Haus?»

«Vier Klosterfrauen und zwei Laienschwestern.»

«Und wieviel Kinder und Büßerinnen?»

«Wir haben jetzt vierunddreißig Kinder und neunzehn Büßerinnen.»

«Und Sie tun alle diese Arbeit? Vier Klosterfrauen sind die Mütter von vierunddreißig Kindern und neunzehn jungen Mädchen? Wieviel Mühe und wieviel Arbeit haben Sie? Da müssen Sie sich ja sehr anstrengen!»

Das milde und ruhige Lächeln flog wieder über die sanften Züge der Klosterfrau. «Ja, ja», sagte sie mit dem heiteren Ton, den ihre Stimme immer hatte, «wir stehen früh auf.»

«Um sechs Uhr?»

« Früher.»

«Um fünf Uhr?»

«Oh, oft noch früher. Aber wollen Sie nun das Asyl und das Kloster sehen? Gehen Sie wieder hinaus, und kommen Sie an die kleine Tür, welche Sie wohl neben der Pforte bemerkt haben. Ich werde Ihnen die Tür gleich öffnen. Die Pförtnerin ist gerade abwesend.»

Die Klosterfrau erhob sich. Der schwarze Vorhang rauschte an der anderen Seite des Gitters nieder. Ich ging hinaus.

Die kleine Tür im Bretterzaun, der das Haus von dem offenen Gartenraum trennt, öffnete sich von innen. Ich trat ein. Ein kleiner freier Platz mit einigen Rasenstreifen umgab das Haus von dieser Seite. Vor mir stand die Oberin des Hauses Zum Guten Hirten. Ein großer schwarzer Hund von Neufundländerrasse sprang mir bellend entgegen. «Er zieht die Wäsche nach der Stadt und ist soeben zurückgekommen», sagte die Klosterfrau, «er ist ein Geschenk von der Gräfin Nostiz.»

Das schöne Tier sprang an mir in die Höhe, legte mir die Vorderfüße auf die Schultern und schaute mir mit seinen klugen Augen ins Gesicht. Er war nicht eher zu beruhigen, als bis eine

Laienschwester aus der Klosterpforte kam und ihm in einem irdenen Napf sein Abendessen vorsetzte.

«Ich werde Ihnen nun zuerst unsere Kinder zeigen», sagte die Klosterfrau, «später die Büßerinnen. Sehen Sie, das Haus ist durch einen Zwischenraum in zwei Teile geteilt; links wohnen die Kinder, rechts die Büßerinnen. Beide kommen nie zusammen; sie sind immer voneinander getrennt.»

Über den großen Platz gingen wir nach dem Hause mit den geblendeten Scheiben und den weißverhangenen Fenstern. Eine bequeme Treppe führte in den ersten Stock. Auf dem Vorplatz des selben stand ein großer Schrank. Alles war höchst reinlich. Der Schrank enthielt die Wäsche der im Hause befindlichen Kinder. Die Klosterfrau öffnete denselben und zog ein Schubfach nach dem anderen hervor. Jedes Kind hatte ein besonderes Fach, und in diesem Fach lag sämtliche zu mehreren Anzügen nötige Wäsche in Reinlichkeit und Ordnung nebeneinander. Schwerlich war die Kleidung der verkommenen und verwahrlosten Proletarierkinder, welche hier eine Aufnahme gefunden hatten, jemals in diesem Zustand gewesen. Der Schrank wurde wieder verschlossen, und wir traten in die gegenüberliegende Tür, die einzige, welche sich auf den Vorplatz öffnete.

Lange werde ich den Anblick nicht vergessen, der sich mir hier plötzlich bot. Wir standen in einem hohen, großen Gemach. Die meisten Fenstervorhänge waren zurückgeschoben, die Fenster geöffnet, und in dem ganzen, höchst sauber gehaltenen Raum atmeten frische Herbstluft und goldenes Sonnenlicht. Ein Dutzend kleiner Bänke nahm die eine Hälfte des Zimmers ein. Ihnen gegenüber stand ein erhöhter Sitz von braunem Holz, der Platz der Lehrerin. Ein Muttergottesbild war mit frischen, duftenden Herbstblumen geschmückt. Auf den Bänken saßen einige dreißig Mädchen, Kinder von vier bis zu dreizehn Jahren, alle in demselben blauen Kattunanzug, weißen und bunten Brusttüchern. Die kleinen Hände waren mit Nähen von Wäsche und Bettzeug beschäftigt.

Die Anzüge der Kinder waren äußerst sauber, die Halstücher von blendender Weiße, das Haar sorgsam gekämmt, gescheitelt und geflochten. In keiner reichen und vornehmen Erziehungsanstalt habe ich jemals so sauber und reinlich aussehende Kinder bemerkt. Und wie blickten alle diese Kinderaugen uns so heiter und fröhlich an! Der Nachmittagssonnenschein und die frische Luft, welche durch die offenen Fenster in das hohe, weite Gemach strömten, schienen sich in diesen frischen und heiteren Gesichtern zu spiegeln, welche die goldene Sonne und den blauen Himmel anlächelten.

Vor der ersten Bank stand eine Schwester des Hauses Zum Guten Hirten, die Lehrerin der Kinder, ein Buch in der Hand, aus dem sie ihnen vorgelesen hatte. Sie war in derselben Tracht wie die Oberin, eine hohe und schlanke Gestalt. Ein Gewand von weißer Wolle wurde von einer blau und weiß gestreiften Schnur zusammengehalten, der Kopf war mit dem schwarzen Schleier verhüllt, welcher auf das schneeweiße Leinentuch herabfiel, das Brust und Hals umschloß. Die Oberin stellte mich der Schwester des Hauses vor, und sie fragte mich lächelnd und heiter: «Nun, und wie gefallen Ihnen unsere Kinder? Sehen sie nicht gesund und fröhlich aus?»

Ich ließ von neuem meinen Blick über die Zöglinge schweifen; ich mußte gestehen, ich sah nur fröhliche und heitere Gesichter. Die Kinder waren sämtlich aufgestanden und blickten den Besuch aus neugierigen Augen an. Die Lehrerin forderte einige von ihnen auf, vorzutreten und ihre Arbeit zu zeigen. Die einzelnen Stücke waren mit großer Sauberkeit genäht. Kinder von noch sehr zartem Alter legten Sachen vor, welche der Geschicklichkeit erwachsener junger Mädchen Ehre gemacht haben würden. Lächelnd sagte die Oberin, als mich die Lehrerin auf einige schwieriger anzufertigende Säume aufmerksam machte: «Ach, das versteht der Herr ja doch nicht, komm doch mal her, kleine Elise.»

Ein Kind von ungefähr sechs Jahren trat von der ersten Bank zu der Oberin heran und schleppte den Zipfel eines großen Bettuches hinter sich her, welches es zu säumen im Begriff stand.

«Ja, ja», sagte die Klosterfrau, «gestern war die kleine Elise sehr unzufrieden.»

Das Kind, eine hübsche Blondine mit großen blauen Augen, schaute fröhlich zu der Oberin, immer den Zipfel ihres Bettuches ihr zur Besichtigung hinhaltend, auf.

«Es ist recht gut so, mein Kind, ich bin ganz mit dir zufrieden, du bist ein artiges kleines Mädchen geworden und bist so fleißig», sagte lächelnd die Klosterfrau und streichelte dem Kinde das kleine, fröhlich ausschauende Gesichtchen, «aber du warst gestern mit mir nicht zufrieden.»

Das Kind errötete verlegen und schleppte das schwere Bettuch wieder an seinen Platz.

«Es mußte gestern abend noch schleunig einige bestellte Arbeit vollendet werden, und ich fragte die Kinder, weil die Stunden zur Arbeit vorüber waren, wer von ihnen die Näherei übernehmen wollte. Sie meldeten sich sämtlich. Ich suchte unter ihnen die größten aus, und die kleine Elise, weil sie die Jüngste ist, erhielt keine Arbeit. Da fing sie an zu weinen und konnte erst dann beruhigt werden, als ich ihr versprach, daß sie heute das große blaugestreifte Bettuch säumen sollte, womit Sie sie jetzt beschäftigt sehen. Sehen Sie das Kind einmal an», fuhr sie dann in französischer Sprache fort, «es ist erst acht Tage hier; es war ein ganz verkommenes Proletarierkind, von der Straße aufgelesen, schmutzig und in Lumpen; nicht wahr, es sieht doch jetzt anders aus?»

Erstaunt betrachtete ich das hübsche Kind mit seinem so sorgsam gescheitelten Haar, in seinem reinlichen blauen Kleidchen, wie es so eifrig mit dem Säumen des großen blaugestreiften Bettuches beschäftigt war. Es war ein Bild kindlicher Anmut und Heiterkeit.

«Aber, Kinder, jetzt hört einmal zu und antwortet mir, ich werde euch um etwas fragen: Was tut ihr noch lieber als arbeiten? Singt ihr gern?»

«Ja, sehr gern», riefen sämtliche Kinder.

«So, ja das wußte ich. Aber betet ihr auch gern?»

«Ja», war wieder dieselbe einstimmige Antwort.

«Aber, ich weiß doch noch etwas anderes, was euch viel Vergnügen macht», fuhr die Klosterfrau dann mit fröhlichem Ton fort, «nicht wahr, ihr spielt auch gern?»

«Ja, ja, spielen. Wir spielen gern», riefen die Kinder, und jedes legte in Gedanken an das Spiel für einen Moment die Arbeit aus den Händen.

«Und essen?»

«Ja, essen, essen ist schön», tönte von allen Seiten die Antwort.

«Aber schlafen, das Schlafen liebt ihr wohl gar nicht?»

Da lachten sämtliche Kinder und kicherten miteinander, und eins rief um das andere: «Ja, wir schlafen auch sehr gern. Schlafen ist schön, sehr schön.»

«So, nun sollt ihr auch singen, weil ihr alle so artig und fleißig seid. Lassen Sie die Kleinen einmal singen, meine Schwester», wandte sich die Oberin zu der anderen Klosterfrau, «ich zeige dem Herrn währenddem die Schlafzimmer unserer Kinder.»

Wir gingen in das anstoßende Gemach. Es war noch geräumiger als das Arbeitszimmer, luftig, hoch und mit einer Reihe von Fenstern zu beiden Seiten, welche sämtlich geöffnet waren und die frische Herbstluft einströmen ließen. Einige dreißig eiserne kleine Betten waren in der Mitte des Saales nebeneinander aufgestellt, jedes weiß und mit frischen Leinentüchern überzogen. Auch hier herrschte die größte Sauberkeit und Ordnung. Kein Stäubchen war auf dem Fußboden zu erblicken. Die Betten sahen aus, als wenn sie soeben frisch überzogen wären. In der einen Ecke des Saales befand sich ein mit einem hölzernen Gitter abgeschlossener Raum. «Dort schläft die Schwester», sagte die Oberin, als sie sah, daß ich meine Blicke in jene Ecke wandte, «welche während der Nacht bei den Kindern bleibt. Wir lassen die Kinder nie allein. Die Schwester geht erst dann zu Bett, wenn sämtliche Kinder zu Bett sind. Jedes Kind hält sich sein Bett selbst in Ordnung, wie Sie es hier sehen. Um halb zehn Uhr, nach dem Abendgebet, wird schlafen gegangen. Zu Abend gegessen wird um halb neun, von sieben Uhr bis halb neun spielen die Kinder dort auf dem Hofe, in den Sie hier durch das Fenster hinabsehen. Von halb zehn, nach dem Abendgebet, beginnt das große Stillschweigen; es darf dann nicht mehr gesprochen werden.»

Die Tür zu dem Arbeitszimmer stand offen. Nun begannen die Kinder ihren Gesang. Ein Ave Maria, von einigen dreißig frischen Kinderstimmen gesungen, während die volle, schöne Sopranstimme der Schwester hineintönte, klang zu mir herüber. Noch nie hat das Ave Maria auf mich einen solchen Eindruck gemacht, als wie ich es hier von den reinen, schönen Stimmen der Kinder singen hörte. Die Töne schienen auf den Sonnenstrahlen zu schweben, welche durch das Fenster in das Gemach fielen und die weißen Betten mit goldenen Reflexen überstrahlten. Unwillkürlich ergriff mich ein Gefühl von Andacht und Wehmut. Wer waren denn die Kinder, welche hier das Ave Maria sangen? Sie waren im Elend und in tiefster Armut geboren, das Laster und die Schande hatten an ihrer Wiege gestanden, der Hunger war mit ihnen zu Bett gegangen, und die Not hatte sie mit der Morgensonne angeschaut. Ihre Eltern hatten sie in den Schmutz der Straße geworfen, um zu betteln, um abends Schwefelhölzer und einige halbvertrocknete Blumen zu verkaufen, und hungernd und frierend hatten sie auf den Treppen und Huren der Bierhäuser und Tanzkneipen oder auf den kalten Pflastersteinen an den Straßenecken gelegen, die Vorübergehenden um einen Dreier anbettelnd. Und wenn sie nach Hause kamen, müde, hungrig, erfroren, beschmutzt durch die Räder der neben ihnen hinrollenden Wagen, in denen die reichen und glücklichen Leute in die Theater, auf die Bälle und in ihre Gesellschaftssalons fuhren, um Champagner zu trinken, Musik zu hören, Austern zu essen und ihre Brillanten und neuesten Toiletten zu zeigen, dann empfing sie zu Hause wieder die Not und die Kälte – und der Stock, falls ihre Schwefelhölzer und Blumen keine Abnehmer gefunden oder mitleidige Herzen ihnen nicht einige Groschen geschenkt hatten. So wurden sie groß, ohne Erziehung, ohne Religion, ohne Kenntnisse, nur die Natur war mitleidig gegen sie; trotz des Hungers und der Not wurden sie schön, ihre Gestalten wuchsen jugendlich üppig heran, in ihren Augen glühte das Feuer von siebzehn Mädchenjahren und brannte und loderte in Lebenslust und Begierden nach den Genüssen, welche täglich an ihnen vorüberrauschten in seidenen Kleidern und glänzenden Wagen. Die Schönheit ist das verderblichste Geschenk, welches die Natur einem Proletariermädchen geben kann; an der Hand der Schönheit steht die Schande mit allen ihren schrecklichen Schwestern – und die Schande war ihre Zukunft. Da erschien mir die Klosterfrau, welche neben mir stand, in ihrem ärmlichen, weißwollenen Gewand, das silberne Herz auf ihrer edlen Brust, in der ein warmes Herz für das Elend und die Armut schlug, ein wirkliches Menschenherz voll Liebe, Glaube und Demut, voll Aufopferung und Güte, groß und erhaben, wie eine Heilige; sie hatte alle diese verlassenen Kinder auf der Straße aufgelesen und war ihnen eine Mutter geworden, ihr Schicksal und ihre Zukunft.

In leisen Tönen verhallte der Gesang. Ich schwieg, in meine Gedanken versunken. Da unterbrach mich die Stimme der Klosterfrau. «Gewiß gefällt Ihnen der Gesang unserer Kinder nicht», sagte sie heiter, «aber ich kann nicht dafür, die Schwester, welche sie unterrichtet, versteht selbst nicht viel vom Gesang, und wir anderen singen alle gar nicht. Aber kommen Sie, wir wollen jetzt zu den Büßerinnen gehen.»

«Nein, gnädige Frau, das ist es nicht, woran ich denke. Der Gesang der Kinder war sehr schön. Ich dachte an die Zukunft der armen Kinder, wenn sie nicht in Ihrem Hause und Sie nicht ihre Mutter wären!»

«Wissen Sie», erwiderte lächelnd die Klosterfrau, «ich wünschte, die preußische Regierung, welche unseren Bemühungen alle erdenklichen Hindernisse in den Weg legt, hätte dieselbe Anschauung; aber gehen wir.»

Durch das Arbeitszimmer der Kinder gelangten wir wieder auf den Flur und stiegen die Treppen hinab, um von draußen in die andere Hälfte des Hauses zu kommen, welche, wie ich schon erwähnte, durch eine Zwischenmauer in zwei ganz voneinander getrennte Räume geschieden war. Das Arbeitszimmer der Büßerinnen befand sich auch hier im ersten Stock. Es war nicht so groß wie der Saal, wo sich die verwahrlosten Kinder aufhielten. Die Einrichtung war dieselbe. Eine Klosterfrau war auch hier zur Beaufsichtigung anwesend. Sechzehn junge Mädchen, alle im Alter von einigen zwanzig Jahren, waren mit weiblichen Handarbeiten beschäftigt. Sie saßen neben- und hintereinander. Die Stühle hatten eine sehr sinnreiche Vorrichtung, indem der Sitz derselben zu öffnen war und sich in dem Kasten des Sitzes alle Utensilien befanden, welche jede von ihnen zu der Handarbeit, mit der sie sich beschäftigte, brauchte, während die Näherei an der Lehne des vorderen Stuhles befestigt werden konnte. Auch hier herrschte in der Kleidung der Mädchen sowie in der ganzen Einrichtung des Zimmers die größte Ordnung und Sauberkeit. Wenige von ihnen waren hübsch; auf manchen Gesichtern waren die Spuren des früheren Lebens nicht zu verkennen, aber alle trugen den Stempel der Gesundheit, Frische und Heiterkeit. Wer nicht wußte, wo er sich befand, konnte nicht ahnen, welche Stürme noch vor kurzem im Herzen dieser armen Geschöpfe getobt und ihr Lebensglück für immer geknickt hatten. Nichts erinnerte hier an die Vergangenheit. Liebe, Freundlichkeit, Wohlwollen waren an die Stelle der Roheit und Gemeinheit getreten, worin diese Armen ihre Mädchenjahre, welche bei den Kindern reicher und vornehmer Leute so heiter und fröhlich verlaufen, zugebracht hatten. Soll ich die Lebens- und Leidensgeschichte der einzelnen erzählen? Sie ist fast immer dieselbe. Sie beginnt mit der Armut und mit dem natürlichen Wunsch des Menschenherzens, zu leben und zu genießen; sie geht einen rauhen Pfad, welcher durch die Schande, durch den Schmutz des Lebens, durch das Krankenhaus und durch das Gefängnis führt. Es ist ein Pfad voll Tränen und Kummer, bis die Gewohnheit die Scham erstickt und die Tränen verwischt und getrocknet hat. Dann treten die Roheit und die Gemeinheit an die Stelle der Reue und der Tränen, und das Herz sinkt immer tiefer in den Sumpf dieses jammervollen Lebens, um darin zu ersticken und zu sterben. Und soll man deshalb dieses Herz verachten und zertreten? Wer wagt zu behaupten, daß nicht jeder Mensch, sei er in der schmutzigen und ärmlichen Stube des Proletariers oder in dem mit allem Luxus geschmückten Saal eines Palastes geboren, dieselben Rechte auf das Leben hat? Soll das Kind des Armen deshalb immer an der Schwelle des Glückes stehen und nur hineinschauen dürfen in den Lichterglanz, in die Freude, in die Heiterkeit und in den Reichtum und die Hand pressen auf das hochaufatmende Herz, um seinen heißen Schlag zu ersticken und zu sagen: Sei ruhig, du armes Herz, du mußt, solange du schlägst, entsagen, weil du in der Brust eines Proletarierkindes schlägst? Das Verbrechen ist nicht im Herzen des Menschen, es ist in der Organisation unserer modernen Gesellschaft zu suchen. Unsere Strafgesetzbücher sollten die Tatsachen, welche sie zu Verbrechen stempeln, nach ihren Motiven, nicht nach den Resultaten beurteilen. Und diese Frauen hier im Hause Zum Guten Hirten haben es sich zu ihrem Lebenszweck gemacht, die Verbrechen unserer modernen Gesellschaft an diesen armen Proletariermädchen wiedergutzumachen. Es ist wahrscheinlich eine schwere Aufgabe, von einem Menschenherzen den Schmutz eines zwanzigjährigen Lebens, in Schande, Roheit und Elend zugebracht, abzuwaschen und es mit Liebe zu den Menschen zu erfüllen, welche es hart und grausam in den Staub getreten haben!

«Waren Sie heute zufrieden mit unseren Kindern, meine Schwester?» fragte die Oberin die im Zimmer anwesende Klosterfrau.

«Ich habe keinen Tadel, meine Mutter, ich war mit allen zufrieden», erwiderte die Klosterfrau.

Ich sah die Mädchen an. Auf ihren Zügen las ich, wie wohl ihnen das Lob tat. Ich konnte mich nicht enthalten, die Oberin zu fragen: «Aber welche Strafen wenden Sie gegen Ihre Zöglinge an, wenn sie nicht gehorchen und Ihnen Recht zur Unzufriedenheit geben. Schlagen Sie? Oder haben Sie ein Gefängnis?»

Die Oberin blickte mich voll und groß an. «Ich wundere mich immer», sagte sie, «wenn man mich nach den Strafen fragt. Warum fragen Sie mich nicht, wie ich sie belohne, wenn ich mit ihnen zufrieden bin?»

Ich schwieg. Die große Wahrheit, welche in dieser Antwort lag, hatte mich stumm gemacht. Noch nie hatte mir dies jemand geantwortet. Und doch war in diesen wenigen und einfachen Worten das eigentliche und wahre Prinzip der ganzen Erziehung enthalten.

«Für eine Klosterfrau», fuhr die Oberin wieder fort, «schickt sich der Gebrauch des Stockes nicht. Und glauben Sie mir, ich bin mit der Liebe und mit der Religion immer ausgekommen. Wenn ein Mädchen gar nicht zu bessern ist, wenn sie durchaus sich nicht fügen will, nun, dann muß sie gehen. Ihr Wille öffnet ihr sofort die kleine Tür im Bretterzaun, durch welche sie eingetreten ist. Aber der Fall ist noch nicht vorgekommen.»

Wir stiegen nun einen Stock höher hinauf, wo der Schlafsaal der Mädchen befindlich war. Seine Einrichtung war ganz dieselbe wie im Schlafzimmer der Kinder. Dieselbe Ordnung, Reinlichkeit und Sauberkeit. In den Ecken des luftigen und großen Raumes stand das Bett der Schwester, welche hier die Nacht schlief, von einem ähnlichen hölzernen Gitter umgeben. Auch die Mädchen wurden, wie die Kinder, nie allein gelassen. Die Tagesordnung war in beiden Abteilungen ganz dieselbe. Um sechs Uhr wurde aufgestanden. Mit einer Morgenandacht begann der Tag. Dann wurde gefrühstückt, Kaffee und weißes Brot. Die Kinder bekamen Butter zum Brot. Ein zweites Frühstück wurde um zehn Uhr gegeben. Vor dem Essen hatten auch die Mädchen eine freie Stunde, aus der gewöhnlich anderthalb wurden, um sich im Garten zu ergehen, sich miteinander umherzutummeln und sich körperliche Bewegung zu machen. Das Mittagessen bestand aus Suppe, Gemüse und Brot, dem dreimal die Woche eine reichliche Portion Fleisch beigegeben wurde. Auch wurde nachmittags Kaffee getrunken, und eine Freistunde ging dem Abendessen vorher, welches aus einer Suppe bestand. Während der Arbeitsstunden durften sowohl die Kinder wie die Mädchen nicht miteinander sprechen. Mit der immer im Zimmer anwesenden Klosterschwester war ihnen natürlich jede Unterhaltung gestattet. Auch machte der Unterricht, den dieselbe abwechselnd während der Handarbeit erteilte, diese Unterhaltung schon zu einer notwendigen Folge. In den Freistunden hörte das Schweigegebot auf, und die Oberin sagte mir, daß die Unterhaltung dann sowohl bei den Mädchen wie bei den Kindern außerordentlich lebendig werde und zuweilen gedämpft werden müsse, um nicht in zu laute Fröhlichkeit auszuarten. Abends um zehn Uhr, nach der Abendandacht, begann auch bei den Mädchen die Zeit des großen Stillschweigens, welche bis zum Beginn der Morgenandacht fortdauerte. In dieser Zeit durften sie weder unter sich noch mit der anwesenden Klosterschwester sprechen. Dringende Fälle wurden natürlich ausgenommen. Die Oberin hielt das Stillschweigen während der gemeinschaftlichen Arbeit und das Stillschweigen während der Nacht für ein durchaus notwendiges Mittel sowohl in der Erziehung der erwachsenen Kinder als in der moralischen Besserung der Mädchen. Es verhindere die geistige Ansteckung untereinander, genüge aber auch vollständig, um diesen Zweck zu erfüllen. Eine weitere Isolierung sei ganz nutzlos und sei nur dazu geeignet, den Geist abzustumpfen und das noch vorhandene moralische Bewußtsein abzuschwächen. Die Isolierung sei gar kein Moment in der moralischen Besserung, wenn wie hier eine Überwachung neben dem Schweigegebot stattfinde. Was sagen die Verteidiger des Isoliersystems in unseren Zellengefängnissen dazu? Sie glauben nun einmal ohne Isolierung nicht fertig werden zu können – oder sie wollen es nicht glauben; denn ein vernünftiger Mensch wird doch wohl nicht behaupten können, daß einige bei der gemeinschaftlichen

Arbeit oder bei einem sonstigen gemeinsamen Zusammensein zugeflüsterte Worte die moralische Besserung stören oder zu einer weiteren geistigen Ansteckung beitragen können. Und bei einer fortwährenden Überwachung sind doch nur höchstens Mitteilungen, welche sich auf wenige Worte beschränken, möglich. Die Isolierung des Gefangenen soll doch nur als Mittel zur Besserung und nicht als Verschärfung der Strafe dienen. Wenn das Stillschweigen aber genügend ist, um diesen Zweck zu erfüllen, wozu denn die geistesmörderische Isolierung in einer Zelle, welche kaum Raum für fünf Schritte hat? Sie ist eine durch nichts zu rechtfertigende Menschenquälerei, eine Sünde gegen die Humanität, eine moderne Barbarei. Das Zeugnis der Oberin des Hauses Zum Guten Hirten möge mir zum Beweis meiner Behauptung dienen. Die Resultate, welche hier ohne Isolierung nur mit religiösem und moralischem Zuspruch und mit dem Schweigegebot während der Arbeitsstunden und während der Nacht hervorgebracht wurden, sind schlagend. Oder will vielleicht jemand behaupten, daß das moralische Bewußtsein bei den in einem Zuchthaus detenierten Sträflingen tiefer gesunken sei als bei den Büßerinnen im Hause Zum Guten Hirten? Schwerlich würde eine solche Behauptung in irgendeiner Weise motiviert werden können. Aber wie hoch steht das System dieser würdigen Klosterfrau, welches sich auf wirkliche Humanität, auf religiöse und moralische Besserung des Gefallenen, die wahre Liebe der Christusreligion stützt, über euren spitzfindigen Menschenquälereien, ihr Strafanstaltsdirektoren, ihr Zuchthausverwalter, ihr Brüder vom Rauhen Hause[3], welche ihr eure Gefangenen in einem trichterförmien Gefängnishofe zur Erholung umhertraben laßt, welche ihr den Stock und die Peitsche für unumgänglich notwendig zur Besserung des menschlichen Herzens haltet! – So hoch, wie die wahre Christusreligion über euren pietistischen Theorien und über der Heuchelei steht. Als ich mit der Oberin wieder in dem kleinen Gartenraum stand, der den Büßerinnen zum Spaziergang dient, trat die Klosterfrau hinzu, welche ich oben im Arbeitszimmer der Kinder getroffen hatte. Sie war in ihrer mühsamen Tätigkeit durch eine andere Schwester für den Abend ersetzt worden. «Sind Sie zufrieden mit dem, was Sie bei uns gesehen haben», sprach sie lächelnd mit ihrer schönen, vollen Stimme, «oder glauben Sie auch, daß Klosterfrauen nur dazu da sind, um Böses zu tun?»

«Ich kann Ihnen nur meine Bewunderung über das aussprechen, was ich sah, Sie und die Schwester sind wahre Priesterinnen der Religion, der Liebe und der Barmherzigkeit; noch mehr jedoch bewundere ich die Heiterkeit ihres Gemüts bei dieser anstrengenden Tätigkeit. Aber darf ich Sie bitten, mir nun noch das Kloster und Ihre eigene Wohnung zu zeigen?»

«Sie werden da nicht viel Merkwürdiges sehen», erwiderte die Oberin, «aber wenn Sie wollen, kommen Sie; der Abend ist nahe, die Sonne wird gleich untergehen.»

Wir gingen nach dem Klostergebäude, welches sich mit der Kirche unter demselben Dach befindet. Einige steinerne Stufen führten vom Garten zu dem kleinen Vorplatz, auf den die Treppe zum oberen Stock mündet. Ein großes Kruzifix schmückte die der Pforte gegenüberliegende Wand, an der Seitenwand stand ein großer Schrein von braunem Holz, in dem die Kirchengewänder und der Altarschmuck verwahrt wurden. Auf dem Schrein standen weiße Kerzen auf zierlichen Kandelabern zwischen Blumenvasen mit duftenden Herbstblumen, und hohe Topfgewächse und Oleandersträuche lehnten in den Ecken des trotz seiner Einfachheit in seinem Ensemble zierlichen Vorplatzes. Die Oberin öffnete den Schrein, um mir die Kirchengeräte, die Ordensgewänder und den Altarschmuck zu zeigen. Unter anderem nahm sie daraus eine prächtige, reich mit Gold und Silber gestickte Altardecke hervor, welche mit prachtvollen Spitzen garniert war. «Sehen Sie einmal diese herrlichen Spitzen», sagte die Oberin und hielt in ihrer schönen weißen Hand die Spitzen gegen den glühenden Abendhimmel, welcher durch die offene Klosterpforte hereinleuchtete; «es ist ein Geschenk der Gräfin Ida Hahn.»[4]

Ich mußte unwillkürlich lächeln über den Ernst, mit dem mich beide Damen auf die Schönheit der Spitzen aufmerksam machten.

«Schöne Spitzen», sagte ich, fröhlich lachend, «verfehlen doch nie ihren Eindruck auf ein Mädchenherz, selbst wenn es unter dem weißen Ordenskleide der Frauen des Hauses vom Guten Hirten schlägt. Nun ja, es ist natürlich, der Anblick eines schönen Pferdes oder einer gut gearbeiteten Waffe würden mich noch im Tode erfreuen.»

«Alles, was Sie sehen, ist geschenkt. Der Schrein, die Blumenvasen, die Kirchengewänder, die Altardecken. Jene Kandelaber besitzen wir erst seit wenigen Tagen. Ein armer Tischler brachte sie eines Abends. Auch fast alles Hausgerät ist Geschenk, meist von Arbeitern und armen Leuten. Ich sagte Ihnen ja schon oben im Sprechzimmer, wir leben recht leichtsinnig in den Tag hinein, vom Kredit und von Geschenken.»

Mehrere Stufen führten neben dem Treppenhaus in die Klosterkirche. Die Oberin ging voran und öffnete die schwere Tür, ich folgte mit der anderen Klosterfrau. Es war nicht die eigentliche Klosterkirche, welche wir jetzt betraten, sondern die Kapelle, in der die Klosterfrauen ihre Andacht zu halten pflegten. Bunte und mit Heiligenbildern oder mit Szenen aus der Passionsgeschichte geschmückte Fenster brachen die Sonnenstrahlen wie Prismen; die Wände und der mit Granitquadern belegte Boden waren ganz mit farbigen Reflexen überdeckt; eine Seite nahmen niedrige Betstühle ein, während der freie Raum an den Wänden mit Kruzifixen, Bildern und Kränzen geschmückt war; ein bis in die Höhe der Kapelle hinaufreichendes Gitter von braunen, quer übereinanderliegenden Holzstäben trennte die Kapelle von der Klosterkirche; das Gitter war von oben bis unten mit einem schwarzen Vorhang verhüllt. Die Kapelle war fast dunkel, die buntgefärbten Seitenfenster ließen das Licht nur in sehr gedämpfter Stärke einströmen. Ich konnte die Gestalten der Klosterfrauen, welche vor mir an dem Gitter knieten, nur an ihren weißen Gewändern unterscheiden. Dann erhob sich die Oberin von der Steinplatte, auf der sie betend gekniet hatte, und zog an einer Schnur den Vorhang von dem Gitter zurück. Der Vorhang rauschte auf, und wir blickten durch das Gitter und durch die gegenüberliegenden hohen Kirchenfenster in den glühenden Abendhimmel, welcher jetzt plötzlich die Kirche und den engen Raum der Kapelle mit einem Meer von rotem Sonnenlicht überströmte. Staunend und schweigend blickten wir einige Sekunden der untergehenden Sonne in ihr glühendes Antlitz. «Ist es nicht schön hier?» sagte die Klosterfrau, welche sich jetzt auch erhoben hatte und deren liebliches Gesicht der Reflex des roten Lichtes mit einem rosafarbenen Duft überhauchte. Dann deutete die Oberin auf einen weißen Grabstein in der Kirche, gleich neben dem Altar. «Sehen Sie das Grab?» sagte sie mit einem Ton in der Stimme, in dem eine Gemütsbewegung nicht zu verkennen war.

«Ich sehe das Grab, gnädige Frau, wer schläft dort?»

«Meine Vorgängerin in diesem Haus. Sie war noch jung, als sie starb.»

«Starb sie an einer Krankheit?»

«Sie war brustleidend, wohl infolge der großen körperlichen und geistigen Anstrengungen, welche ihr Beruf von ihr forderte. Auch ich werde dort ruhen, wie und wann Gott es will.»

Schweigend trat eine dritte Klosterfrau in die Kapelle. Sie verneigte sich dreimal gegen den Altar der Kirche. Dann kniete sie in einem der Betstühle nieder, um schweigend ihre Abendandacht zu verrichten. Der schwarze Vorhang vor dem hohen Gitter rauschte nieder, der weiße Grabstein und der rotglühende Abendhimmel waren verschwunden, und dunkle Schatten legten sich über den engen Raum der Kapelle. Wir traten hinaus und standen wieder in dem blumengeschmückten Vorhaus, wo der gekreuzigte Christus von der Höhe der Wand mit einem unbeschreiblichen Ausdruck von Milde und Hoheit herabblickte.

Die oberen Räume des Klosters, welche den Schwestern, die nicht in den Zimmern der Büßerinnen und der Kinder schliefen, als Wohnräume und Schlafräume dienten, waren äußerst einfach. In den Schlafzimmern befanden sich nur ein Tisch, ein hölzerner Stuhl und ein Bett, im Refektorium[5] nahm ein längerer Tisch die drei Seiten des Raumes ein. Früher, bevor das Haus, in dem ich die Kinder und die Büßerinnen gesehen hatte, gebaut war, mußte der Raum hier außerordentlich beschränkt gewesen sein. Eine durch die ganze Länge des Hauses führende Mauer schied auch damals die Kinder von den jungen Mädchen. «Kommen Sie her, Herr Doktor», rief plötzlich die Oberin, «das Schönste in unserem Haus haben Sie noch nicht gesehen.» Ich folgte ihr, neugierig, wohin sie mich führen würde. Sie führte mich – in eine äußerst freundliche und mit größter Sauberkeit eingerichtete Küche. Eine ältere Laienschwester in weißer Kleidung und ohne den schwarzen Schleier war mit der Anfertigung des Abendessens beschäftigt. «Nicht wahr, meine Schwester», sagte die Oberin, «die schöne Küche haben wir erst seit kurzem, die alte war recht schlecht und immer so voll Rauch. Es war auch oft sehr wenig darin zum Essen und zum Kochen.»

«Oft sehr wenig, Frau Oberin, aber Gott hat uns doch immer geholfen.»

Eine halbe Stunde später saß ich in der kleinen Hinterstube des Pfarrers, welcher dem Kloster gerade gegenüber wohnt. Der Pfarrer litt an einer Augenentzündung. Das Zimmer wurde deshalb dunkel erhalten; nur der Mond, welcher wie eine glänzende Silberscheibe an dem ganz wolkenlosen blauen Himmel schimmerte, blickte durch die Fenster. Der Pfarrer erzählte mir eine Menge höchst verdrießlicher Geschichten, welche den Klosterfrauen fortwährend mit der Polizeibehörde passierten. Dieselbe störe sie nach allen Richtungen hin in ihrem frommen und gewiß verdienstvollen Werk durch höchst peinliche Recherchen, Anfragen bei den Verwandten und Eltern der im Kloster aufgenommenen Kinder und Mädchen und durch Schreibereien, welche das Gefühl der letzteren oft aufs tiefste verletzen müßten. Ich wunderte mich natürlich nicht im mindesten darüber. «Wissen Sie, Herr Pfarrer», sagte ich, als ich von dem erbitterten Manne Abschied nahm, «es mag viel daran liegen, daß das Kloster unter strenger Klausur steht und daß niemand weiß, was da drinnen eigentlich vorgeht. Auch mir wurden noch kürzlich die wunderbarsten Dinge von dem Leben und Treiben im Kloster erzählt. Mich kann niemand kirchlicher Tendenzen verdächtigen; wohlan, ich werde nächstens Ihr Haus Zum Guten Hirten schildern, wie ich es gefunden habe. Vielleicht kann ich so dazu beitragen, Ihnen und den Klosterfrauen Ruhe zu verschaffen und diesen allerdings höchst peinlichen und unangenehmen Recherchen ein Ende zu machen.»

Der würdige Pfarrer drückte mir herzlich die Hand zum Abschied. «Tun Sie's mit Gott», erwiderte er, «in der öffentlichen Meinung wird es uns gewiß sehr nützen; ob bei der Polizei – das ist eine ganz andere Frage.»

Die nächtliche Konditorei

«Um Mitternacht wird eine Razzia auf Bauernfänger vorgenommen werden. Wollen Sie an derselben teilnehmen, so finden Sie sich gefälligst um elf Uhr im Garten des Münchner Brauhauses in der Johannisstraße ein. Der Oberbeamte, der die Razzia leitet, ist benachrichtigt.»

So lautete der Inhalt eines Schreibens eines Chefs der Berliner Kriminalpolizei, welches ich vormittags, an einem heiteren und warmen Frühlingstag, in meiner Wohnung auf dem Schreibtisch vorfand.

Gegen Abend bedeckte sich der Himmel mit schweren, dunklen Wolken; ein Gewitter zog am Horizont auf; stoßweise fegte ein heißer Wind, der aus dem Süden kam, durch die breiten, langen Straßen und wirbelte dichte Staubwolken auf. Um zehn Uhr fielen dicke, schwere Regentropfen, von heftigem Wetterleuchten begleitet; dann folgten einige starke Regengüsse, welche die Kraft des im Süden aufsteigenden Gewitters zu brechen schienen. Kein Stern war an dem dunklen Himmel zu erblicken. Die ganze Szenerie der Nacht kleidete sich in ein Gewand, wie es für unser Vorhaben angemessen war. Klarer, heller Sternenhimmel und silberglänzendes Mondlicht sind kein passender Hintergrund für die Szenen einer polizeilichen Razzia auf Diebesgesindel. Um halb zwölf begab ich mich zum Rendezvous. Auf alle Fälle steckte ich meinen kurzen Dolch, der mich schon bei mancher gefährlichen Tour in den Diebesquartieren von London, Paris und Neapel begleitet hatte, in die Tasche meines Paletots; denn eine kurze Waffe ist im Handgemenge besser zu verwenden als ein Stock. Die Beamten der Kriminalpolizei waren bereits alle in einem Gartenzimmer des Münchner Brauhauses versammelt. Mir war nur einer von ihnen persönlich bekannt. Früher als Referendar bei einer Regierungsbehörde in Westfalen beschäftigt, war er erst seit kurzem zum Kriminalkommissar beim Berliner Polizeipräsidium ernannt worden. Er stellte mich den übrigen

Beamten vor; es waren lauter alte Bekannte, welche aus der Zeit des Hinckeldeyschen Polizeiregiments[1] mit mir in manche amtlichen Konflikte geraten waren. «Sie erinnern sich wohl nicht mehr, ich hatte einmal eine Haussuchung in Ihrer Wohnung in der Stallschreiberstraße abzuhalten», erwiderte einer von ihnen lächelnd, als ich ihm vorgestellt wurde. «Und ich», sagte ein anderer, «hatte einmal die Ehre, Sie bei der Staatsanwaltschaft zu sistieren.»[2] «Und ich», hub ein dritter an, «war leider einmal in die Notwendigkeit versetzt, Sie auf dem Bahnhof zu verhaften.» – «Und ich», sagte ein vierter, «suchte bei Ihnen nach einem Manuskript, als Sie die kriegsrechtliche Erkenntnis gegen einen Militärsträfling auf der Festung Silberberg vor der Publikation in Berliner Zeitungen veröffentlicht hatten.» Alle alten Erinnerungen aus vergangener Zeit wurden in mir wieder lebendig. Es war alles so. Die Gefängnisse am Molkenmarkt, die Kasematten von Magdeburg und Silberberg, Aufstandsszenen aus dem Jahre 1848 – die ganze Vergangenheit dämmerte wieder vor mir auf.

Ich wünschte jetzt zunächst von den Beamten zu erfahren, was eigentlich ein Bauernfänger sei, und hörte folgendes: Die Bauernfänger sind eine ganz neue Spezies von Verbrechern, welche sich in Berlin in den letzten Jahren gebildet hat. Fast alle unsere Diebe, Räuber, Einbrecher sind Bauernfänger geworden. Der gewaltsame Diebstahl, der Diebstahl durch Einbruch mittels Nachschlüssel, mittels Einsteigen – alles das sind gefährliche Dinge, Verbrechen, welche das Strafgesetzbuch mit zehn bis zwanzig Jahren Zuchthaus bedroht. Und schließlich ist der Betrag, selbst wenn das Verbrechen gelingt, gerade kein großer, oft sogar ein sehr unbedeutender. Wirklich, Gefahr und Gewinn stehen meistenteils in keinem Verhältnis zueinander. Sehen Sie den Grégyschen Mord! Ist es wohl der Mühe wert, um der Uhr und der paar Taler, welche in den Taschen des ermordeten Professors vorgefunden wurden, einen Menschen totzuschlagen? Das haben alle unsere Verbrecher seit Jahren eingesehen. Und so sind die schweren Verbrechen gegen das Eigentum fast ganz aus den Annalen unserer Berliner Kriminalpolizei verschwunden. Sie treten nur in einzelnen, immer seltener werdenden Fällen auf. Der an Grégy verübte Mord ist eine Ausnahme. Es ist lange nichts ähnliches vorgekommen. Statt aller dieser gewaltsamen Verbrechen gegen das Eigentum haben sich unsere Diebe nun auf die Bauernfängerei gelegt... «Sie haben doch», fuhr der Erzähler fort, «in London von Spitzbuben gehört, welche auf der Straße, in den Public-houses, in den Tavernen, in den Gasthöfen, auf den Tanzplätzen die Bekanntschaft unerfahrener Fremder, von Gutsbesitzern und Landleuten machen, sie zum Spiel verleiten, ihnen die Merkwürdigkeiten der Stadt zeigen wollen, sie zu Landpartien und Gastmählern einladen, sie in die Kreise ihrer Bekannten einführen und ihnen schließlich im Spiel oder in Wetten in der vertraulichsten und freundschaftlichsten Weise das Geld aus der Tasche holen?»

«Gewiß habe ich in London von dieser Spitzbubenindustrie gehört. Sie hat sich während der letzten zehn Jahre nach allen Seiten hin ausgebildet. Wenn es nicht anders geht, und das Opfer im letzten Moment zu begreifen anfängt, was mit ihm vorgehen soll, oder sich gar zur Wehr setzt, nun, dann kommt es den neuen Industrierittern auch auf einen Taschendiebstahl, schlimmstenfalls auch auf einen Mord nicht an. Aber das nur im äußersten Notfall und nur, wenn die Summe, welche der Unglückliche in der Tasche trägt, der Anwendung der Gewalt wert ist. Sonst geht alles in Ruhe mittels einiger falscher Würfel oder eines Spiels falscher Karten ab. Der Gin, der Whisky und Sherry spielen bei diesen freundschaftlichen Bemühungen natürlich ihre Rolle. Mit benebeltem Kopf gehen der vertrauensvolle Landmann und der unerfahrene Fremde am leichtesten in die Falle.»

«So wissen Sie auch, was man in Berlin ‹Bauernfänger› nennt. Die ‹Bauernfänger› sind dieselbe Sorte von Industrierittern, welche Sie soeben aus dem Leben der Londoner Diebe geschildert haben.»

«Die Bauernfänger haben sich auch in Berlin seit den letzten Jahren ganz ordnungsmäßig organisiert», nahm einer von den anderen Beamten das Wort. «Sie teilen sich in verschiedene Klassen. Jeder Klasse ist eine besondere Tätigkeit zugewiesen, in welche sich die andere Klasse nicht mischen darf. Die erste Klasse besteht aus den ‹Schleppern›. Ihre Beschäftigung besteht darin, die Opfer aufzuspüren und sie ihren Kollegen zuzuführen. Die letzte Klasse führt den sonderbaren Namen ‹Habsburger›. Sie bestehen aus den gewandtesten und verwegensten Spitzbuben, denn ihre Aufgabe ist, die eigentliche Plünderung der Betrogenen vorzunehmen und ihnen das Geld mittels des falschen Spiels, falscher Würfel und, wenn es gar nicht anders geht, auch durch einen kühnen Griff aus der Tasche zu nehmen. Taschendiebstähle laufen natürlich auch unschuldigerweise mit unter. Gewalt wird fast nie angewandt. Den Schauplatz ihrer Tätigkeit bildet die Menge Spelunken in den Vorstädten, auch in der Stadt selbst; Bierkneipen, Gasthöfe, Restaurants, Tanzlokale und ausnahmsweise Privathäuser. Oft stecken die Inhaber und Wirte dieser mit ihnen unter einer Decke; oft sind sie nur Mitwisser, ohne an der Plünderung unmittelbaren Anteil zu nehmen. Zu den letzteren gehören die Besitzer einiger Gasthöfe zweiten Ranges. Meistenteils ist den Bauernfängern sehr schwer beizukommen. Falsches Spiel ist nicht leicht zu beweisen. Noch schwieriger ist die Sache, wenn die Bauernfänger nicht bereits bestrafte Subjekte oder unter polizeilicher Aufsicht stehende Personen sind. Wir müssen dann, um nicht mit dem Gesetz in Konflikt zu geraten, sehr vorsichtig sein, und die Verhaftung kann und darf nur stattfinden, wenn wir sie auf der Tat ergreifen. Aber wir kennen sie doch meistens sämtlich und sind ihnen gewöhnlich auf den Fersen. Wenn Sie wollen, werde ich Sie einmal vormittags durch einen Konstabler zu einer bestimmten Stunde Unter den Linden umherführen lassen. Der Konstabler wird Ihnen dann eine Menge Personen als Bauernfänger bezeichnen, deren Aussehen Sie ganz gewiß täuschen würde. Augenblicklich werden wir nun eine Razzia in einer nächtlichen Konditorei vornehmen. In diesen nächtlichen Konditoreien, welche bis zum Anbruch des Tages offenstehen, pflegen sich die Bauernfänger zu versammeln, nachdem sie Tanzlokale untersten Ranges besucht und Bekanntschaften gemacht haben, welche am folgenden Tage verwertet werden sollen. Dort wird dann das Weitere verhandelt, die Pläne werden besprochen, die Orte ausgesucht und die Rollen verteilt. Nach einer solchen nächtlichen Konditorei geht heute unser Weg. Wir hoffen dort einen reichen Fang zu machen, da wir absichtlich anscheinend den Ort in der letzten Zeit weniger beaufsichtigt haben.»

«Wo ist denn diese nächtliche Konditorei?»

«An der Ecke der Friedrichstraße und der Kommunikation[3],

an der früheren Stadtmauer, hart am Oranienburger Tor.»

«Ich kenne die Konditorei. Sie hat ein ganz anständiges Aussehen, Glastür, Spiegelscheiben, ein geschmackvoll dekoriertes Verkaufslokal, mehrere kleine Zimmer nach der Seite der Stadtmauer zu»

«Von außen, ja. Aber drinnen ists anders. In jenen kleinen Zimmern pflegen sich die Bauernfänger zu treffen, welche das Tanzlokal in der Tonhalle[4] besucht haben. Gefährliches Gesindel! Meistens bestrafte und unter polizeilicher Aufsicht stehende Subjekte. Heute abend wird die Tonhalle stark besucht sein. Werden ihnen einen starken Strich durch die Rechnung des morgenden Tages machen.»

«Ich hoffe einige gefährliche Kerle dort zu treffen, welche jetzt in der Tonhalle verkehren», warf einer der älteren Beamten ein; «seit den letzten zwanzig Jahren sind sie aus einer Untersuchungshaft und aus einem Zuchthaus in das andere gegangen. Die Humanitätsideen mit der Besserung der Sträflinge nehmen sich in der Theorie recht gut aus. Sie, Herr Doktor, huldigen auch diesen humanen Prinzipien, wollen durchaus die Prügel in den Zuchthäusern abschaffen. Billige auch Ihre Ansichten vollkommen, aber nur in der Theorie; in der Praxis geht's nicht.»

«Und warum geht's nicht? Die würdige Vorsteherin des Magdalenenstifts hat mich noch neulich versichert, daß fünf bis zehn aus hundert der ihrer Obhut und Besserung anvertrauten Mädchen durchschnittlich gebessert werden. Aber wenn es auch nur fünf von hundert sind, so muß man es mit den fünf versuchen.»

«Nun, es sind eben verkommene und liederliche Mädchen, an denen die Vorsteherin des Magdalenenstifts ihre menschenfreundlichen Versuche macht, keine Diebe und Einbrecher. Auf der Stufe der Moralität ist das noch ein bedeutender Unterschied. Ich muß Ihnen leider die Versicherung geben, daß ich in meiner langjährigen Praxis als Kriminalpolizeibeamter nur einen einzigen Verbrecher gefunden habe, der ein braver und tüchtiger Mensch geworden ist, nur *einen*. Bei allen anderen sind meine Besserungsversuche immer vollkommen fehlgeschlagen... Aber es ist Zeit, meine Herren, gerade Mitternacht. Um halb eins müssen wir dort sein.»

Wir traten in den Garten. Das Wetterleuchten hatte aufgehört, der Himmel war ganz dunkel. Es regnete leise.

«Gehen wir in einzelnen Trupps», sagte der die Razzia führende Beamte, «wir sind zwölf und fallen sonst auf.»

Zu dreien und dreien verließen wir nun das Lokal und den Garten. Ich war unter den letzten. Unser Weg ging nicht die Friedrichstraße entlang, obschon wir von derselben nur wenige Schritte entfernt waren, sondern durch eine Menge enger Seitenstraßen nach dem Hamburger Tor zu. Als ich mit meinen beiden Begleitern dort ankam, waren wir allein. Ich war der Meinung, daß das Regenwetter, die Dunkelheit und die Menge der Querstraßen, welche wir passiert hatten, die Ursache einer unfreiwilligen Trennung der Gesellschaft gewesen seien. Dem war aber nicht so. «Hier ist der Ort», sagte einer von meinen Begleitern, «warten wir hier.»

Wir traten hinter einen Pfeiler, um uns vor dem wieder stärker niederfallenden Regen zu schützen. Verwundert fragte ich, weshalb denn hier gewartet werde und wo die übrigen Polizeibeamten seien.

«Sie holen die bewaffnete Mannschaft herbei», sagte einer von meinen Begleitern.

«Bewaffnete Mannschaft?» fragte ich, noch erstaunter als vorher. «Ist die Sache denn so gefährlich?»

«Das kann man noch nicht sagen», erwiderte mein anderer Begleiter, «aber wenn wir die Richtigen finden, so werden sie wahrscheinlich verzweifelten Widerstand leisten… Sind Sie bewaffnet?»

«Ich habe nur einen kleinen Dolch bei mir. Auf einen Kampf war ich nicht gefaßt. Da ist der Dolch.»

«Das ist nichts! Den Dolch dürfen Sie nicht gebrauchen. Auch eine Schußwaffe ist nicht anwendbar. Sie können ja jemanden auf diese Weise töten. Ein Stock, wie wir haben, ist weit praktischer. Sollte es zum Handgemenge kommen, so schlagen Sie denjenigen mit der Faust nieder, der Ihnen zu nahe kommt. Die Kerle sind schließlich sämtlich feige.»

Ich kann sagen, die Aussicht auf eine derartige Prügelei hatte für mich nichts Angenehmes. Währenddem sahen wir durch die Dunkelheit die übrigen Polizeibeamten herankommen. In einiger

Entfernung folgten einige zwanzig Konstabler. Die Strahlen der Gaslaternen, welche sie an der Straßenecke passierten, flimmerten auf den Spitzen der Helme.

«Nun schnell vorwärts, nicht auf einmal», sagte einer der Beamten im Vorübergehen, «das Haus muß auf einmal umstellt sein.»

Der ganze Zug warf sich nun in die einsame Straße hinein, welche an der Stadtmauer fortlaufend das Hamburger Tor mit dem Oranienburger Tor verbindet. Nur die eine Seite der Straße wird durch eine Reihe unbedeutender Häuser gebildet, auf der anderen Seite ist die Stadtmauer. Die Konstabler bildeten in drei Trupps den Schluß des Zuges.

Wir waren an der Ecke des Hauses, wo dasselbe an die Friedrichstraße stößt, angekommen. Niemand hatte uns bemerkt. Die Verbindungsstraße an der Stadtmauer war zu dieser späten Nachtstunde und bei dem Regenwetter ganz einsam. Alle nach der Stadtmauer gehenden Fenster der nächtlichen Konditorei waren hell erleuchtet. Das Haus hatte zwei Ausgänge nach der Friedrichstraße, ein großes Haustor und die Tür, welche in das Verkaufslokal führte; an der Seite der Stadtmauer kein Ausgang. Schnell und still besetzten die Konstabler beide Türen. Nun drangen sämtliche Polizeibeamte durch die in das Verkaufslokal führende Tür ein; ich war unter den ersten, um dem Verlauf der Sache von Anfang an beizuwohnen.

Im Verkaufslokal waren ein halbes Dutzend Personen anwesend. Sie saßen teils an den kleinen Tischen, teils in den Fensternischen.

Wie durch einen elektrischen Schlag getroffen, sprangen sie sämtlich in die Höhe, als wir in das Lokal drangen, teils erschreckt, teils erstaunt uns anstarrend. «Niemand darf die Konditorei verlassen», rief einer von den Beamten ihnen zu, «halten Sie sich ruhig, jeder Widerstand würde vergeblich sein. Die Türen sind besetzt.»

Währenddessen traten sechs Konstabler durch die Tür in das Lokal, sich an derselben aufstellend.

Niemand von den Anwesenden rührte sich vom Platze. «Ich kenne niemanden», flüsterte mir ein Kriminalbeamter zu, während wir in die anderen, an das Verkaufslokal stoßenden Zimmer drangen, «sollte man von unserem Besuch benachrichtigt sein? Aber nein, da sind sie, da, dort, sehen Sie sich die Kerle an, lauter verkommene und gefährliche Gesichter!»

Wir drangen in das zweite, in das dritte Zimmer. Überall Gaunerphysiognomien, auf deren Zügen das Gewerbe, womit sie sich beschäftigten, schwer zu verkennen war. Äußerlich waren sie gut, mehrere sogar elegant gekleidet. Im dritten Zimmer befanden sich drei Mädchen, über deren Gewerbe ich auch auf den ersten Blick nicht zweifelhaft sein konnte.

«Niemand verlasse seinen Platz», rief der Kriminalkommissar, «kein Widerstand, er wäre vergebens!»

Durch die geöffneten Türen fiel der Blick auf die Helme und Säbel der Konstabler, welche das erste Zimmer füllten. Der Kontrast in dem Benehmen der im Verkaufslokal und in den letzten drei Zimmern anwesenden Personen war zu auffallend, um ihn nicht sofort zu bemerken. Während die ersteren verwundert und erschreckt aufgesprungen waren und heftig gegen ihre Gefangennahme protestierten, ergaben sich die letzteren in ihr Schicksal. Meistenteils blieben sie ruhig auf den Plätzen sitzen, welche sie eingenommen hatten, als wir in das Lokal eindrangen; mancher schien sogar über das Ereignis, das ihn so plötzlich in später Nachtstunde hier betraf, gar nicht verwundert zu sein. Der Widerstand, den die Polizeibeamten erwarteten, blieb gänzlich aus. Der Kulminationspunkt der Razzia, der Kampf, fiel weg.

Wahrscheinlich überzeugte sie ein Blick auf die im Verkaufslokal anwesenden bewaffneten Konstabler von der Nutzlosigkeit eines Kampfes.

Zu zweien und dreien wurden sie hinausgeführt und den Konstablern, welche auf der Straße die Tür besetzt hielten, überliefert. «Jeder einzelne von diesen Strolchen ist mir persönlich bekannt», sagte der Kriminalkommissar, als sie vorübergingen, «jeder ist schon im Gefängnis gewesen, und jeder steht unter polizeilicher Aufsicht. Niemand darf nach acht Uhr seine Wohnung verlassen. Es sind ganz gefährliche Kerle unter ihnen.»

«Aber was wird nun aus der Sache?» fragte ich den Beamten. «Bei einer verbrecherischen Handlung ist doch niemand ertappt.»

«Jedenfalls trifft jeden eine vierwöchige Gefängnisstrafe,

weil sie den Bann, nach acht Uhr ihre Wohnung nicht zu verlassen, gebrochen haben. Vier Wochen sind sie von dem Schauplatz der Bauernfängerei verschwunden.»

Währenddessen ereignete sich im Verkaufslokal eine heftige Szene. Ein junges Mädchen wurde von der Straße hereingeführt. Sie hatte ein großes Glas in der Hand, welches sie sich in der Konditorei hatte mit Grog füllen lassen wollen. Sie war vor der Tür von den dort Wache haltenden Konstablern aufgegriffen worden. Anfänglich protestierte sie heftig gegen ihre Gefangennahme, doch wurde sie von zwei der anwesenden Kriminalbeamten als eine schon bestrafte Diebin, welche ebenfalls unter polizeilicher Aufsicht stand, erkannt. Nun war ihr Schicksal bestimmt, der Widerspruch hörte auf, und sie wurde samt ihrem Glas zu den übrigen Gefangenen hinausgeführt. Mit den anderen im Verkaufslokal anwesenden Personen war die polizeiliche Verhandlung halb beendigt. Einer von ihnen legitimierte sich als ein bei dem Generalpostamt angestellter Beamter. Im Vorübergehen nach seiner Wohnung hatte er noch ein Glas Grog trinken wollen, ohne zu ahnen, an welchem gefährlichen Ort er seinen Nachttrunk zu sich nahm. Er rekognoszierte[5] noch zwei Studenten, welche in derselben Gegend wohnten. Drei andere Personen waren ohne jede Legitimation. Sie waren in der Tonhalle gewesen und zufällig in die Konditorei geraten. Jedoch trugen ihre Angaben so sehr den Stempel der Wahrheit, auch hatte ihr Äußeres so wenig Verdächtiges, daß ihre Entlassung gegen das Versprechen, am anderen Vormittag freiwillig sich auf dem Molkenmarkt stellen zu wollen, erfolgte.

In der nächtlichen Konditorei war es still und leer geworden. Hinter uns erloschen die Gasflammen, und die Tür wurde geschlossen. Langsam bewegte sich der lange Zug durch die stillen Straßen nach dem Molkenmarkt zu. Noch immer rieselte ein feiner Regen aus dem dunklen Nachthimmel hernieder. Ein Trupp Konstabler eröffnete den Zug, die Gefangenen gingen in der Mitte, die Kriminalbeamten beschlossen denselben. Einer von ihnen war bei der Verhaftung der Mörder des unglücklichen Grégy in der Mordhöhle am Oranienplatz zugegen gewesen. Über die Teilnahme aller in derselben ergriffenen Personen an dem Mord war er ohne allen Zweifel. Der heftige Kampf in dem Keller, welcher sich bei der Verhaftung entwickelt hatte, war nicht ohne Lebensgefahr für den Kriminalkommissar Pick gewesen. Nur durch seine große Körperkraft war er imstande gewesen, den wütenden Louis Grothe zu bändigen, während die Witwe Quinche ihn von hinten angegriffen hatte. «Seien Sie versichert», so schloß er seinen interessanten Bericht, «unser Beruf ist immer ein sehr beschwerlicher, oft lebensgefährlicher. Tag und Nacht auf den Beinen, sind die Entfernungen in dieser großen Stadt schwer zu bewältigen. Ein einziges Polizeirevier – auf dem Köpenicker Felde – hat jetzt nicht weniger als zwanzigtausend Bewohner, fast für sich allein eine Stadt.»

Wir waren unter dem düsteren Torbogen am Molkenmarkt angekommen, durch den der Weg in die Stadtvogteigefängnisse und zu dem Geschäftslokal der Kriminalpolizei führt. Alte Erinnerungen stiegen in diesem engen Hof in mir auf. Hier stand die Droschke, in der ich nach einer langen Haft in den Stadtvogteigefängnissen von drei bewaffneten Konstablern nach dem anhaltischen Bahnhof geführt wurde, um «wegen Aufruhr mit Anwendung von Waffen und Gewalt» jahrelang in den Kasematten von Magdeburg und Silberberg detiniert[6] zu werden. Dort war die Militärwache, gerade wie damals. Die geladenen Gewehre standen auch heute an ihre Ständer gelehnt. Der Posten ging, das Gewehr im Arm, auf und ab. Die ganze Szenerie war wiederum wie damals. Einen Moment konnte ich mir einbilden, ich hätte das alles erst gestern erlebt.

Die in der nächtlichen Konditorei festgenommenen Bauernfänger wurden über die engen Treppen im hinteren Hof des Polizeigebäudes nach dem Polizeigewahrsam hinaufgeführt. In dieser Nacht waren die beiden kleinen Stuben des Polizeigewahrsams noch ziemlich leer. Ungefähr zwanzig Personen saßen reihenweis in denselben aufgestellten Bänken. Ihrer Kleidung und ihrem Gesichtsausdruck nach gehörten sie den untersten Klassen des Proletariats an. Mehrere saßen in stumpfer Gleichgültigkeit auf ihrer Stelle, andere schliefen im Sitzen, noch andere standen miteinander plaudernd an den Wänden umher. Die Bauernfänger, welche unsere nächtliche Razzia ihnen als neues Kontingent zuführte, kontrastierten wenigstens in ihrer Kleidung mit ihnen in auffallender Weise. Bunter und wechselnder sah es in der anderen Stube aus, wo sich die in der Nacht aufgegriffenen Weiber befanden. Die farbigen Kleider, die Strohhüte und die bunten Tücher brachten schon mehr Kolorit in das Bild. Das Gewerbe, welches die Verhafteten hierhergeführt hatte, war auch bei keiner einzigen zu verkennen. Eine ältere Frau lag auf der Erde in der Ecke; sie schien vollkommen betrunken zu sein. Die übrigen saßen, wie die Männer, auf den in der Stube aufgestellten Bänken. Es waren zwei junge Mädchen unter ihnen, welche kaum achtzehn bis zwanzig Jahre alt sein mochten; bei den übrigen waren alle Altersstufen vertreten.

Es war fast drei Uhr, als ich mit den Kriminalbeamten, welche bei der Razzia zugegen gewesen waren, den Polizeigewahrsam verließ, um in meine Wohnung zurückzukehren. Der Morgen dämmerte bereits hervor und färbte mit den ersten Tinten des Frührots den Horizont im Osten. Der Regen hatte aufgehört; ein klarer blauer Himmel lag über der großen Stadt ausgebreitet; alle Kontraste des Reichtums und der Armut, des Glücks und des Elends hüllte der Morgenschlaf in den Mantel der Träume und des Vergessens. Nur zu den Kindern des Verbrechens und des Elends, welche ich in dieser Nacht gesehen, kam er nicht; aufrecht sitzend auf den hölzernen schmalen Bänken, mit offenen Augen mußten sie das goldene Licht des jungen Frühlingstages erwarten, um die kommenden Monate hinter den eisenvergitterten Fenstern des Gefängnisses zu verleben.

Das Haus der Armen und der Elenden

Am Alexanderplatz in Berlin steht, die Ecke der Alexanderstraße und des Platzes bildend, ein großes, graugestrichenes Haus, welches im vorigen Jahrhundert in den Jahren 1756 bis 1758 erbaut wurde. Das Grundstück, auf dem es sich erhebt, die beiden langgestreckten Fronten dem Platze und der Straße zukehrend, ist von bedeutendem räumlichem Umfang und reicht bis zum Ufer des Spreearms, der hier die Königsstadt durchschneidet.[1] Es umschließt große Höfe und Gebäude, welche vom Platz und von der Straße aus nicht ersichtlich sind. Der Berliner pflegt das große graue Haus vulgärerweise «den Ochsenkopf» zu nennen, und unter diesem Namen ist es wohl am weitesten in Deutschland bekannt geworden. Das Haus hat seinen Namen von einem anderen Haus geerbt, welches heute nicht mehr existiert, einst am Belle-Alliance-Platz[2] stand und denselben Zweck erfüllen sollte wie heute das Haus am Alexanderplatz. Das Haus am Belle-Alliance-Plafz trug als Zeichen über der Tür einen Ochsenkopf, weil es zugleich dem Berliner Schlachtgewerbe als Gewerkshaus diente. In diesem sinnbildlichen Zeichen hat sich die alte Benennung auf das neuere Gebäude am Alexanderplatz im Munde des Volkes übertragen.

Ursprünglich wurde das graue Haus am Alexanderplatz errichtet, um der Hausbettelei und der Straßenbettelei zu steuern. Allmählich wurde seine Bestimmung aber mit der Vergrößerung der Stadt und mit der Zunahme der Bevölkerung außerordentlich erweitert. Es wurde das Depot der unter Polizeiaufsicht stehenden liederlichen und sich auf den Straßen der großen Stadt umhertreibenden Dirnen und der wegen Bettelns, obdachlos Umhertreibens und arbeitsscheu aufgegriffenen und zu einer Korrektionsstrafe verurteilten Personen und erhielt deshalb in den Akten und in der Geschäftssprache den offiziellen Titel «Arbeitshaus». Zu gleicher Zeit wurde es als Depot der den Kommunen zur Last fallenden siechen und kranken Personen, der

Wahnsinnigen und der Blödsinnigen, sobald sie für unheilbar erklärt waren, benutzt; außerdem fanden dort die obdachlosen Personen, die «Armen und die Elenden», ein momentanes Unterkommen. Das große graue Haus am Alexanderplatz war Jahrzehnte hindurch Zufluchtshaus, Armenhaus, Siechenhaus, Korrektionshaus, Irrenanstalt, Depot für liederliche Dirnen – es war ein wirkliches *Haus des Elends* in seiner weitesten Ausdehnung, wo alle Armut, Krankheit, Elend und Verbrechen, womit man nirgends andershin wußte, wild durcheinander aufgehäuft wurde, um einige Zeit dort zu bleiben, um dann wieder von neuem auf die Straße geworfen zu werden.

In dieser Gestalt habe ich das «Haus des Elends» am Alexanderplatz häufig besucht, gesehen und in der Berliner Presse geschildert. Ich muß dem Berliner Magistrat das Zeugnis ausstellen, daß ich ein ähnliches «Haus des Elends» in keiner europäischen Stadt gefunden habe. Weder London noch Paris, weder Rom noch Neapel, weder Wien noch Petersburg, nicht einmal die «wilde Wallachei»[3] haben eine ähnliche Stätte des Schmutzes, der Verworfenheit, der wirklichen Armut und des menschlichen Jammers aufzuweisen. Das «Depot des Berliner Magistrats» stand einzig da in der modernen Kulturgeschichte Europas. Wer den «Ochsenkopf» bis zum Jahre 1861 und 1862 besucht hat, wird mir recht geben.[4] In den einzelnen Höfen und Gebäuden des «Ochsenkopfes» war die ganze Summe der Berliner Armen und Elenden und des Berliner Gesindels der verkommensten und verworfensten Klassen zusammengepfercht oder auch, wenn es räumlich nicht anders ging, wild durcheinandergeworfen. Dort sah man Höfe und Räume, ganz mit liederlichen Dirnen gefüllt; da betrat man Gebäude, wo der Wahnsinn und der Blödsinn sich in allen Formen und Gestalten eingenistet hatten, um diese Stätte erst im platten Armensarg, den das Berliner Volk schrecklicherweise den «Nasenquetscher» getauft hat, zu verlassen, um auf dem Friedhof des Charitékrankenhauses eingescharrt zu werden; da durchwanderte man alle Stadien des Siechtums im Anblick alter Männer und Frauen, welche hier ihre letzten Tage dahinschleppten, bis der grausame Tod, der gegen diese Unglücklichen immer noch mitleidiger war als das Leben, sie von allem Elend erlöste; da fand man zwischen den «Obdachlosen», welche sich hier eine Zufluchtsstätte suchten, um nicht mit ihren Weibern und Kindern im Sturm, in Regen und in der schneidenden Kälte des nordischen Winters die Nacht auf der Straße bleiben zu müssen, Bettler und Vagabunden aller Art und aller Altersstufen vom zarten Alter des Kindes bis zu den Siebzigern des Greises und der Greisin. Die Humanität sowohl wie die Heilwissenschaft hatten alle ihre Versuche bei *diesen* «Armen und Elenden» längst aufgegeben. Die Siechen und die Blödsinnigen hatte der Arzt lange für unheilbar erklärt; mit den «Verkommenen» und «Gesunkenen» gab die Gesellschaft sich nicht mehr ab. Während sie sich im «Ochsenkopf» befanden, hielt sie die Arbeit an einer «Tretmühle» und der «Fuchs», ein Prügelinstrument, auf dem sie, Frauen und Männer durcheinander, mit Riemen festgeschnallt wurden, um mit einem ledernen Kantschu tüchtig bearbeitet zu werden, in Ordnung; was aus ihnen wurde, wenn sie zeitweise wieder auf die Straße geworfen wurden, darum bekümmerten sich die «Väter der Stadt» ganz und gar nicht. Wenn ich die hinteren, längs des Flusses gelegenen Höfe betrat, wo die Blödsinnigen und die Siechen ihre ewige Ruhestätte fanden, schwebte mir immer die Inschrift vor Augen, welche *Dante* über den Pforten der Hölle las: «Lasiate ogni speranza, voi, ch'entrate.» – «Lasset die Hoffnung draußen, Ihr, welche hier eintretet.»

Vier Jahre hindurch habe ich mit «Bürgermeister und Rat der Haupt- und Residenzstadt Berlin» wegen des «Ochsenkopfes» einen heftigen Kampf gekämpft. Jedes Jahr besuchte ich denselben von neuem und schilderte diese entsetzliche Wirtschaft im «Depot des Magistrates» am Alexanderplatz in der Berliner Presse mit den ungeschminkten und grellen Farben der schauderhaften Wirklichkeit, eine vollständige Reorganisation des Arbeitshauses fordernd. Auch die «Spenersche Zeitung» – ich muß der Redaktion derselben noch heute dafür meinen Dank aussprechen – öffnete mir mehrmals bereitwillig für diese Gemälde ihre Spalten, und in den Beamten- und konservativen Kreisen der Leser der «Spenerschen Zeitung» schlug man häufig die Hände über dem Kopf zusammen, wenn man vom «Fuchs» und der «Tretmühle», von den Blödsinnigen und Siechen in den Höfen am Wasser las. Aber die Fortschrittsbeine des Berliner Magistrats machen kurze und langsame Schritte. Jahraus, jahrein blieb es im «Ochsenkopf» beim alten. Was soll man sich auch um das Geschrei der Presse bekümmern, besonders wenn der Schriftsteller zu den «Wühlern», zu den «Demokraten», zu den «Roten» gehört, welche «alles umstürzen und reinen Tisch machen wollen», selbst wenn die «Spenersche Zeitung» sich zu derartigen Wühlereien hergibt. – «Sie haben meinem Kollegen Schreiner die ganze Brunnenkur verdorben», redete mich einmal im Garten des Friedrich-Wilhelmstädtischen Theaters der Stadtrat Harnecker an, «er hat in Karlsbad Ihre Schilderung des Berliner Arbeitshauses in der ‹Spenerschen Zeitung› gelesen.» Aber es wurde trotz der verdorbenen Brunnenkur des regierenden Stadtrats im «Ochsenkopf» nicht anders. Die Siechen und die Wahnsinnigen erwarteten ihr Ende wie früher in den Höfen am Wasser, und der Fuchs und die Tretmühle hielten die Hausordnung unter dem übrigen Lumpengesindel aufrecht. Ich begann jedes Jahr mit verstärkten Truppen einen neuen Feldzug gegen die Wirtschaft im «Ochsenkopf». Und wieder interpellierte mich der Stadtrat *Harnecker*: «Es war wieder im Magistratskollegium von Ihrer neuesten Schilderung des Arbeitshauses die Rede. Auf dem Fuchs wird nicht mehr geprügelt. Der Magistrat will Ihre Schilderung öffentlich desavouieren.»[5]

«Ich werde das Desaveu des Magistrats erwarten und als Antwort die letzte Abprügelung von drei Mädchen erzählen, welche vor vierzehn Tagen auf dem Fuchs stattgefunden hat.»

Und ein anderes Mal, als ich wieder einen Feldzug gegen den «Ochsenkopf» eröffnet hatte – der Zutritt war mir längst untersagt -, interpellierte mich ein anderes Mitglied des Magistrats, wie es mir schien, recht verdrießlich: «Der Magistrat hat die Absicht, Ihnen die Verwaltung des Arbeitshauses anzutragen. Wir würden wirklich neugierig sein, was Sie dort machen!»

Lachend erwiderte ich dem verdrießlichen Magistratsmitglied: «Ich bin nur da, um Eure schlechte Verwaltung zu kritisieren; die Besserung dieser schlechten Verwaltung ist lediglich *Eure* Sache.»

Im Jahre 1861 ging die Verwaltung des «Depots des Magistrats» endlich in andere Hände über. Der Stadtrat *Gesenius* übernahm die Regierung und der Direktor *Herfordt* wurde, wenn ich nicht irre, aus Aachen als Verwaltungsdirektor des Arbeitshauses nach Berlin berufen. Schon vor zwei Jahren führten mich beide im Haus des Elends umher, und vor einigen Tagen sah ich es von neuem wieder. Was war aus dem Ochsenkopf geworden? Der Ochsenkopf hatte eine ganz andere Gestalt angenommen und war, wenn ich mir die Einzelheiten des Schauergemäldes vor fünf Jahren ins Gedächtnis zurückrief, gar nicht wiederzuerkennen. Die Höfe am Wasser, wo ehemals die Siechen und die Blödsinnigen den Rest ihres elenden Lebens hingeschleppt hatten, bis der Tod sie zur Ruhe rief, waren still und verlassen. «Und wo sind sie geblieben, die Armen und Elenden, welche ich hier so oft bemitleidet habe?» fragte ich den Direktor.

«Oh, der Magistrat hat eine besondere Irrenanstalt an der Waisenbrücke einrichten lassen, welche Doktor *Ideler* dirigiert», erwiderte der Direktor, «dort sind sie besser aufgehoben.»

«Und die siechen und altersschwachen Männer und Frauen, welche hier umherschlichen, um ihr Ende zu erwarten?»

«Ich habe ein eigenes Siechenhaus in der Neuen Friedrichstraße eingerichtet», sagte der Direktor. «Es hat helle und luftige Krankensäle, Gärten, eine treffliche Ventilation, und das Inventar ist ganz neu. Der Magistrat hat für die Verwirklichung dieser Reorganisation in den letzten fünf Jahren zwischen siebzig- und achtzigtausend Taler hergegeben. Wenn Sie wünschen, will ich Sie nachher dort hinführen.»

Die Höfe und Räume, wo sich ehemals die Straßendirnen aufhielten, waren still und verlassen oder von ruhigeren Insassen bevölkert, welche aufgrund der §§ 117–120 des Strafgesetzbuches zu einer kürzeren oder längeren Korrektionsstrafe verurteilt waren.

«Und wo sind sie geblieben, die ‹Damen›, wie man hier früher zu sagen pflegte?» fragte ich den Direktor.

«Die Damen», erwiderte er lachend, «werden jetzt in der Stadtvogtei detiniert; sie allein sind bei der Reorganisation des Depots schlecht gefahren und befanden sich hier gewiß noch besser als in der Stadtvogtei.»

«Nun, dann bin ich mit allen Bewohnern des Hauses des Elends ja fast zu Ende; welche Klasse dieser Armen haben Sie denn noch hier?»

«Nur diejenigen, welche wegen Bettelns, Arbeitsscheu und

obdachlosen Umhertreibens aufgrund der §§ 117–120 des Strafgesetzbuches zu einer kürzeren oder längeren Korrektionsstrafe verurteilt sind, und die Obdachlosen, welche für sich und ihre Familien hier so lange ein Unterkommen finden, bis sie sich selbst ein anderes Unterkommen verschafft haben. Trotz alledem ist die Zahl derselben nicht gering. Heute haben wir hundertundvier Obdachlose und vierhundertundvierzehn Sträflinge. Freilich, zu der früheren Bevölkerung des Hauses stehen diese Zahlen in gar keinem Verhältnis.»

Aber auch die Lage der Sträflinge war eine weit bessere geworden, als wie ich sie vor fünf Jahren hier gefunden hatte. Ich fand sie in den luftigen und gesunden Arbeitsräumen mit Strohflechten, mit Anfertigung von Luxuspapier, mit dem Schlagen von Haken und Ösen beschäftigt. Ein Teil des Arbeitslohnes gehörte ihnen, welchen sie teils zur Verbesserung ihrer Beköstigung im Hause verwenden konnten, teils bei ihrer Entlassung bar ausgezahlt erhielten. Ihre Arbeitszeit war vermindert. Direktor Herfordt hatte ihnen sogar drei bis viereinhalb Freistunden des Tages über bewilligt, welche sie zur Bewegung auf den Höfen – oder wie es ihnen beliebte – verwenden konnten. Sie hatten also mehr Freistunden als die wegen sogenannten politischen und Preßvergehen in der Stadtvogtei verhafteten politischen Gefangenen.

Und für die «Obdachlosen» war das Haus des Elends wirklich ein Zufluchtshaus geworden. Sie fanden dort mit ihrer Familie, mit ihren Frauen und Kindern, solange die dasselbe bedurften, eine wirkliche Zufluchtsstelle und leidliche Nahrung. Sie konnten das Haus tagsüber so oft und so lange verlassen, wie sie wollten, um ihren Geschäften nachzugehen und sich ein Unterkommen zu suchen. Niemand hinderte sie im Kommen und Gehen, und ihre Kinder fanden während ihres Dortseins in der Anstaltsschule Unterricht in der Elementarwissenschaft.

Auch die Tretmühle war verschwunden. Der Direktor hatte sie abbrechen lassen und die Balken und Planken dieses mittelalterlichen Torturmittels den Flammen übergeben. Mit der Tretmühle hatte das Arbeitshaus am Alexanderplatz seinen ganzen ehemaligen odiösen[6] und widerlichen Charakter verloren. Aber der Fuchs, wo war der Fuchs geblieben? Der Fuchs war freilich noch da. In preußischen Zuchthäusern und Gefängnisanstalten kann man sich bekanntlich gar nicht an den Gedanken gewöhnen, daß die Prügel selbst für Sträflinge eine ganz entwürdigende und abscheuliche Strafe sind. Man meint nun wohl, daß es ohne Prügel nicht geht. Auf dem Zuchthaus der Lichtenburg[7] gab es in den dreißiger Jahren noch einen Direktor, der sich zum Prügeln der unglücklichen Sträflinge drei verschiedene Kantschus von verschiedener Form und Stärke hielt. Aber auch heute werden in den preußischen Zuchthäusern und Gefängnissen noch Stockprügel ausgeteilt. In Frankreich wird außer im Bagno in Toulon in keinem Gefängnis und keinem Zuchthaus geprügelt, selbst nicht im Gefängnis la Roquette in Paris. Wenn ich bei meiner Besichtigung der Pariser Gefängnisse, die vor einigen Jahren stattgefunden hat, den Direktoren und Brigadiers[8], welche mich umherführten, von den Stockprügeln und Rutenhieben in deutschen Gefängnissen und Zuchthäusern erzählte, fragten sie mich zuweilen mit dem Ausdruck der Entrüstung: «Sie kommen wohl aus der Türkei oder aus Rußland?»

«Nein», erwiderte ich ihnen dann, «ich komme aus Berlin, aus Preußen, dem Staate Friedrichs des Großen, der die Tortur abschaffte.»

Nun, wenn auch der Fuchs im Haus des Elends am Alexanderplatz in Berlin noch existiert und die Hausordnung noch die Prügel diktiert, faktisch hat der brave Direktor sie abgeschafft. «Männer, Frauen und Mädchen habe ich niemals prügeln lassen», erwiderte er mir auf meine Frage. «Nur ausnahmsweise werden Burschen unter zwanzig Jahren geschlagen, aber auch nur dann, wenn sie sich zum zweiten Male hier befinden und wenn sie höchst renitent sind.»

Ich schmeichle mir nun nicht im mindesten, durch meinen jahrelangen Kampf mit dem Berliner Magistrat das Geringste zur Reorganisation des Berliner «Hauses der Armen und Elenden» beigetragen zu haben, und weiß recht gut, daß diese Reorganisation nur der kräftigen Initiative, welche der Stadtrat *Gesenius* und der Direktor *Herfordt* auf allen Gebieten der Verwaltung des Arbeitshauses seit sechs Jahren ergriffen haben, zu verdanken ist. Die Armen und Elenden der Berliner Kommune sind ihnen daher zu ewigem Dank verpflichtet. Aber was meint der Berliner

Magistrat? Wird er nicht endlich dafür sorgen, daß man sich in Paris nicht mehr zu schämen braucht, wenn man erzählen muß, daß in «der Stadt der Intelligenz» in einem städtischen «Besserungsund Zuchthaus» – denn das ist der gegenwärtige Charakter des «Depots des Magistrats» – noch Stockprügel zur Anwendung kommen? Werden nicht endlich die Stockprügel und Rutenhiebe verschreibenden Paragraphen der Hausordnung gestrichen werden? Der brave Direktor Herfordt wird recht gern bereit sein, auch betreffs *dieser* Reorganisation die Initiative zu ergreifen und den Fuchs ebenso den Flammen preiszugeben, wie er es mit der Tretmühle gemacht hat. In diesem Falle verpflichte ich mich, aus der Reihe «der dunklen Häuser Berlins» das «Depot des Magistrats» ein für allemal zu streichen. Ja, ich will noch mehr tun, sogar etwas, was ich noch nie getan habe, zum ersten Mal in meinem Leben will ich rufen: «Es lebe der Berliner Magistrat.»

Das Totenhaus

Auch Berlin hat seine Morgue. Während jedermann in Paris die finstere Morgue kennt, möchte die Berliner Morgue wenigen bekannt sein, um so mehr, da sie eine ganz andere Gestalt hat und Tod und Verwesung hier im eigentlichen Sinne des Wortes mit Blumen und grünem Laub überdeckt sind. In dem Hof des Charitékrankenhauses, der sich zwischen der sogenannten alten und neuen Charité ausdehnt, steht links mit dem Rücken nach der Straße zu ein im eleganten Stil aufgeführtes Gebäude. Es besteht aus einem Quergebäude und zwei viereckigen Seitentürmen und erhebt sich auf einem mit Rasen bekleideten Hügel. Dichte Taxushecken führen zu dem Hügel hinan; der Hügel ist ganz mit Rosensträuchern, Flieder und Akazienbäumen und großen, breitästigen Kastanien umgeben, und ringsum breitet sich der große Garten des Krankenhauses mit seinen schattigen Baumgruppen und duftigen Rasenplätzen aus. Wer hier vorübergeht, ohne zu wissen, in welchem dunklen Haus des Elends und der Schmerzen er sich eigentlich befindet, würde Haus und Garten für das Landhaus irgendeines reich gewordenen Gewerbetreibenden halten, der dasselbe, ohne sich an irgendeinen bestimmten Baustil zu binden, nach seinem eigenen Geschmack aufgebaut hat.

Das hübsche Landhaus zwischen Taxushecken, Rosensträuchern und Akazienbäumen ist die Berliner Morgue. Der Franzose, der an den Anblick der Pariser Morgue gewöhnt ist, würde staunen, daß hinter diesen großen, glänzenden Spiegelscheiben derselbe Tod mit den schrecklichen Zügen lauert, den er mitten in die Stadt auf die Straße gestellt hat.

Einst stand an dieser Stelle ein kleines einstöckiges Gebäude, in welchem die Obduktionen gemacht wurden. Der erste medizinische Lehrer, der derartige Obduktionen machte, war Dr. Froring[1]. Nach seinem Abgang bekleidete Dr. *Virchow*[2] eine Zeitlang unter Johannes Müllers[3] Oberleitung die Stelle eines Prosektors in der Charité. Die Reaktion, welche sich im Jahre 1849 in Preußen aller Regierungszweige bemächtigte, hatte bekanntlich auch nicht einmal vor der Wissenschaft Achtung. «Die Wissenschaft muß umkehren», war eines ihrer Prinzipien, und deshalb maßregelte sie die Wissenschaft. Der geniale Virchow war ein Anhänger und Streiter der Prinzipien der Demokratie; deshalb mußte er fortgemaßregelt werden. Ob die Wissenschaft mit ihm aus dem pathologischen Institut herausgemaßregelt wurde, was ging das das Ministerium Manteuffel[4] und die preußische Bürokratie an? Wenn es möglich gewesen wäre, die «Wühlereien» Virchows aus dem Jahre 1848 unter die Kategorie eines Paragraphen des Strafgesetzbuches zu bringen, der von Hochverrat handelt, so hätte man Virchow mit der größten Gleichgültigkeit seinen genialen Kopf abschlagen lassen, wie man den Dichter Gottfried Kinkel[5] im Zuchthaus zu Spandau spinnen ließ. Ob man der medizinischen Wissenschaft damit einen ihrer Köpfe abschlagen ließ, war ja ganz gleichgültig! Für jetzt wurde Virchow indessen nur gemaßregelt. Er mußte fort. Dr. Reinhardt trat an seine Stelle. Aber das preußische Ministerium des Kultus hatte Unglück mit Virchows Stellvertretern. Reinhardt starb; *Meckel von Hemsbach* wurde sein Nachfolger, ohne indes seinen Vorgänger lange zu überleben. Schon während seiner Verwaltung waren viele Unterbrechungen eingetreten, da der tüchtige Forscher zur Stärkung seiner Gesundheit ein Jahr lang in Ägypten zubrachte. Nach seinem Tode wurde Dr. *Josef Meyer* Prosektor, wie er es als Stellvertreter schon bei Meckels Lebzeiten war.

Die Maßregelung, welche Virchow nach Würzburg getrieben hatte, rächte sich alle Tage. Immer mehr stellte sich das Bedürfnis heraus, ordentliche Obduktionen zu machen, um für klinische Forschungen den Leichenbefund verwerten zu können. Endlich gelang es den energischen Anstrengungen von Johannes Müller, eine selbständige ordentliche Professur für das Gebiet der pathologischen Anatomie zu begründen. Müller schlug den gemaßregelten Virchow als den allein befähigten medizinischen Lehrer für eine solche Stelle vor und erklärte, daß die Regierung sich bemühen müsse, Virchow wiederzugewinnen, da ihm allein die Verwaltung von vier Professuren, die er in sich vereinigt habe, Anatomie, Physiologie, komparative Anatomie und pathologische Anatomie, mit der Zeit unmöglich werde. So ganz leicht sollte es dem preußischen Ministerium der Kultus- und Medizinal-Angelegenheiten aber nicht werden. Es mußte sich bei dem Mann der Wissenschaft, den es vor wenigen Jahren seiner politischen Gesinnung wegen gemaßregelt hatte, aufs Bitten legen. Der Professor in Würzburg machte für seinen Wiedereintritt in den preußischen Staatsdienst Bedingungen. Zu diesen Bedingungen gehörte auch unter anderem der Aufbau eines neuen pathologischen Instituts nach seinen Vorschlägen und Plänen an die Stelle des kleinen Hauses, wo er früher seine Obduktionen gemacht hatte. Das Ministerium weigerte sich lange, auf Virchows Bedingungen einzugehen. Indes zwang die Wissenschaft «die ganz kleine, aber mächtige Partei», welche vor kurzem die Umkehr der Wissenschaft als zu ihrer weiteren Existenz im preußischen Staate für durchaus notwendig erklärt hatte, nun selbst umzukehren und alle Bedingungen Virchows zu erfüllen. Der Geheimrat Esse, Verwaltungsdirektor des Charitékrankenhauses, baute das jetzige pathologische Institut, in dem sich heute die Berliner Morgue befindet. Auf das kleine einstöckige Haus wurde ein weiterer Stock aufgesetzt; die beiden viereckigen Seitentürme wurden gebaut, um die Treppen, die Wohnung des Leichenhauswärters und andere Lokalitäten hineinzuverlegen und Platz zu gewinnen, und das Gebäude wurde ringsum mit blühenden Gartenanlagen umgeben, welche seinen unteren Teil, die Räume der Berliner Morgue, verdecken. An der Seite, welche der alten Charité zugekehrt ist, befindet sich zwischen Fliederbüschen und grünem Strauchwerk der Eingang in den Eiskeller, in den die Leichen, um nicht der sofortigen Verwesung anheimzufallen, von außen hineingeschoben werden können; an der entgegengesetzten Seite werden durch eine Tür, welche ebenfalls durch Blumen und Blätter verdeckt ist, die gelben und schwarzen Särge hineingebracht, welche die toten Gäste nach kurzem Aufenthalt zur ewigen Ruhe nach dem Friedhofe befördern. Sämtliche in den Kliniken der Charité Verstorbene werden in diese Räume geschafft. Bei ihren Obduktionen sind die jedesmaligen Zuhörer der Klinik, wo der Kranke gestorben ist, zugegen. Die genaueren chemischen und mikroskopischen Untersuchungen werden dann von dem Assistenzarzt später im Laboratorium gemacht.

Im oberen Teil des Gebäudes befinden sich ein pathologisches Museum, im ersten Stock ein chemisches, höchst zweckmäßig eingerichtetes Laboratorium, ein Obduktionssaal und das Auditorium Virchows, wo derselbe während der Sommermonate über spezielle pathologische Anatomie und während des Winters über allgemeine Pathologie liest. Obduktionen und mikroskopische Untersuchungen werden unter seiner Leitung in den beiden dazu bestimmten Sälen vorgenommen. Im Herst 1857 feierte der von der Reaktion gemaßregelte Professor den Triumph, in diesem nach seiner Angabe gebauten Auditorium wiederum seine erste Vorlesung zu halten.

Treten wir nun in die unteren Räume dieses von außen so hübsch aussehenden Hauses, und schauen wir uns die Berliner Morgue an. Der kürzlich verstorbene Direktor der medizinischen Verwaltung des Charitékrankenhauses, *Dr. von Horn*, führte mich umher. Wir waren vorher in den oberen Räumen des Hauses gewesen. Im Auditorium hielt Virchow gerade mit seiner klaren und klangvollen Stimme eine Vorlesung. Um keine Störung zu veranlassen, gingen wir mit leisen Schritten durch den durch große, fast bis zum Boden reichende Fenster hell erleuchteten Gang, welcher hinter der Wand des Auditoriums nach dem chemischen Laboratorium führt. Wir standen einige Minuten still, um Virchow sprechen zu hören und einen Blick durch die Fenster auf «die Berliner Gegend» zu werfen, welche sich hier zwischen Sandsteppen hinter Moabit hin ausdehnt. «Hören Sie ihn?» flüsterte Dr. von Horn lächelnd und hob den Finger in die Höhe.

«Wir wollen ihn nicht stören», flüsterte ich ebenso leise, «aber sagen Sie mir eins, Herr Geheimrat.»

«Und was?»

«Wo bekommt der Mann die Zeit her, um seine wissenschaftliche und politische Wirksamkeit in so umfangreicher und ausgezeichneter Weise zu erfüllen, wie es geschieht? Professor an der Universität, Schriftsteller, Abgeordneter in der Kammer, Stadtverordneter, wenn seine Tätigkeit damit überhaupt ein Ende hat.»

«Ja», sagte der Geheimrat von Horn, «das Rätsel habe ich bis jetzt nicht lösen können.»

Dann stiegen wir die Treppe hinab und traten in die Räume der Morgue. Ein Leichengeruch wehte uns entgegen.

Ein größerer mittlerer Raum, auf den sich rechts und links Türen aus anderen Räumlichkeiten öffneten, nahm uns auf. Das Licht fiel durch die offenen Türen und durch die Fenster zweier anderer Räume, welche mit weißen Gardinen dicht verhängt waren. Die äußerste Sauberkeit und Reinlichkeit herrschten überall. Von dem Schmutz der Pariser Morgue war nichts zu bemerken. Überall die Vorrichtungen zu Gasflammen und zu fließendem Wasser, welches alle Räumlichkeiten durchströmte. Rundum standen viele Särge, große gelbangestrichene und kleine schwarze, welche dieselbe Form hatten.

«Sie sehen, das Geschäft geht hier immer», sagte der Geheimrat, «denken Sie, wieviel Menschen unter tausend Kranken alle Tage sterben.»

«Sind das die Nasenquetscher?» fragte ich und deutete auf einen kleinen Sarg, der nach oben hin eine ganz spitze Form hatte.

«Nein», erwiderte er, «Nasenquetscher haben wir hier gar nicht, das ist so ein Aberglaube des Volkes, der sich mit der Charité durchaus zu verbinden scheint. Sie existieren nicht. Wir haben nur diese beiden Formen von Särgen, die gewöhnlichen und die spitzen.»

Geradeaus ging es in zwei zusammenhängende Zimmer, in denen die gerichtlichen Obduktionen gemacht werden. Das eine, längere, war für die Obduktionen bestimmt, das andere, kleinere, für den Aufenthalt der Gerichtspersonen. Hier wird der Mörder seinem mit Blut befleckten Opfer gegenübergestellt, dessen plötzlicher Anblick ihm manchmal das Geständnis seiner Schuld entreißt. Bis zu der Obduktion bleibt die Leiche im Leichenkeller, wohin wir uns nun begaben, den mittleren Raum wieder durchschreitend.

Schrecklicher Anblick trotz aller Reinlichkeit, Sauberkeit und trotz des fließenden Wassers, worauf mich Dr. von Horn nochmals aufmerksam machte. Auf dem Boden klebte freilich kein Blut er war auch vollkommen rein von Schmutz; aber vor uns lagen zehn Leichen auf schwarzen Brettern, vom Haupt bis zu den Füßen mit weißen Laken verhüllt, aber unter den Laken streckten die Leichen die Fußzehen hindurch, und oben schauten die bleichen Stirnen hinaus mit den wirren dunklen Haarlocken, an denen der Todesschweiß vielleicht erst vor wenigen Stunden getrocknet war. Rechts standen einige von den kleinen schwarzen, spitzen Särgen, welche ich schon beim Eintritt in die Morgue gesehen hatte. Zwischen den Leichen durch blickte ich in den dunklen Keller, wo die Leichen auf Eis stehen, um sie noch kurze Zeit vor Verwesung zu schützen.

Zwischen den Leichen schritt ich auf den schmalen schwarzen Brettern hindurch und blickte in den dunklen Keller. Es war ganz finster. Eine eisige Luft wehte mir entgegen. Ich sah nichts.

Jetzt schien es mir, als wenn sich zwei Leichen in ihren Särgen da drinnen in die Höhe richteten. Ich sah ganz deutlich die bleichen Totengesichter und die weißen Leiber. Es war wohl ein Bild meiner aufgeregten Phantasie.

«Sind denn heute Leichen da drinnen?» fragte ich den hinter mir stehenden Wärter.

«Nein, Herr Doktor», hörte ich ihn sagen.

Ich sah wieder hin. Alles war jetzt dunkel; es war nur ein Bild meiner aufgeregten Phantasie gewesen. Ich dachte an die blaue Grotte auf der Insel Capri, in welche man liegend im Nachen hineinfährt, und an ihren azurfarbenen Zaubermorgen, der bei hellem Sonnenschein auf dem Meer vor dem Auge des sich Aufrichtenden plötzlich aufdämmert, um den Blick in diesen dunklen Leichenkeller aus der Erinnerung loszuwerden, und wandte mich wieder um. Die azurfarbene Zaubergrotte auf der Wunderinsel des Tiberius und dieser Leichenkeller, welche Kontraste! Aber da lagen noch die zehn Leichen auf den schwarzen, schmalen Brettern; und die Köpfe und die Füße guckten aus den Laken hervor. Der Verwesungsgeruch wurde mir immer peinlicher. «Ich habe genug, Herr Geheimrat», sagte ich, «gehen wir, wenn es Ihnen recht ist.»

Links neben dem Leichenkeller, nach dem Garten hinaus, ist ein kleines Gemach. Weiße Musselinvorhänge verhüllen die Fenster bis zum Boden. In der Mitte steht ein mit braunem Leder überzogenes Lager. Sonst ist kein Mobiliar in dem kleinen Zimmer. Die Wände sind weiß gestrichen, höchst sauber und reinlich. Wir traten aus dem Leichenkeller hinein. Ein anderer Eingang ist von vorn durch den Garten. Der durch den Garten Eintretende braucht den Leichenkeller nicht zu betreten. In dem Zimmer war niemand. Das Bett war leer. Freundlich und warm blickte die Sonne durch die weißen Musselinvorhänge zu uns hinein.

Das Zimmer hat eine traurige und doch freundliche Bestimmung. Wenn jemand seine Lieben, welche in diesem Haus des Jammers und der Schmerzen gestorben waren, nochmals vor dem Begräbnis sehen will, so geschieht es hier in diesem stillen, kleinen Zimmer. Der Tote wird aus dem Leichenkeller hineingebracht und auf das Bett gelegt, welches in der Mitte des Gemachs steht. Der Besucher tritt durch die Tür, welche nach dem Garten führt, ein, ohne den Leichenkeller zu betreten. Seine Schrecken bleiben ihm verborgen. Hier erscheint ihm der Tod mit stillem und friedlichem Antlitz, wie ihn die Alten abzubilden pflegten, die umgekehrte Fackel in der Hand.

Nochmals durchschritten wir nun den Leichenkeller und die in der Mitte des Hauses liegenden Verbindungsräume, um zu der eigentlichen Morgue zu kommen, zu dem Teil der Räumlichkeiten, welcher, wie die Pariser Morgue, zur Aufbewahrung und Ausstellung unbekannter Leichen bestimmt ist. Wie in Paris tritt auch hier der Tod mit allen seinen Schrecken dem Besucher entgegen; es ist nicht der stille, friedliche Knabe mit den sanften, engelgleichen Zügen, es ist ebenfalls der Tod der Gewalt, der Verzweiflung, des Selbstmordes, aber er steht doch nicht an der Straße wie in Paris und schaut den Vorübergehenden nicht widerlich ins Gesicht, und dann hat die äußere Umgebung hier ein anderes, ich möchte sagen, freundlicheres Kolorit. Die Schrecken des gewaltsamen Todes werden durch die äußere Dekoration nicht noch widerlicher in Szene gesetzt, als sie bereits an sich auftreten.

Die Tür der Morgue liegt der Tür des Leichenkellers gerade gegenüber. Beide schrecklichen Räume werden nur durch die in der Mitte liegenden Zimmer getrennt, durch welche man in die Zimmer geht, welche zu den gerichtlichen Obduktionen und zur Ausstellung der gerade nötigen Särge dienen. Sie hat die Größe und die Breite des Leichenkellers. Die Wände sind weiß gestrichen. Lange weiße Vorhänge verhüllen die nach dem Garten hinausgehenden Fenster.

Der Tür gegenüber lagen auf hölzernen Ruhebetten fünf Leichen, welche uns die blassen, entstellten Totengesichter zukehrten. In der Mitte lag ein Arbeiter in blauer Bluse, die Zeichen des Todes der Erstickung noch auf dem Gesicht. Er war erst heute morgen hierhergebracht worden. Er war ein kräftiger Mann in den fünfziger Jahren. Er lag dort in dem Anzug, in dem er gefunden war. Die vollkommene Nacktheit der Leichen in der Morgue zu Paris ist so widerlich. Ebenso die gereckte und die gezwungene Stellung, in der die Leichen auf dem schwarzen Marmor liegen. Hier lag die Leiche des erstickten Arbeiters in natürlicher, ungezwungener Stellung, ganz bekleidet, den Kopf halb nach der Seite, halb der Tür zugewandt. Jedenfalls war er so für seine Angehörigen, welche ihn in der Morgue suchten, leichter zu erkennen, als wenn er nackt gewesen wäre.

Links neben ihm lagen auf demselben Bett die Leichen zweier Ertrunkener. Da die Kleider derselben im Wasser der Spree, wo sie ihren Tod gefunden hatten, naß und schmutzig geworden waren, hatte man sie in der Morgue selbstverständlich auskleiden müssen. Sie waren nackt, aber sie waren vom Fuß bis zum Kopf in ein weißes Tuch eingehüllt, aus dem nur die Köpfe hinausblickten. Die Köpfe waren, wie es bei Ertrunkenen immer ist, ganz schwarz. Negerköpfe auf weißen Leibern. Der Anblick war recht häßlich. Schwerlich waren diese aufgedunsenen, schwarzen Gesichter selbst von den Angehörigen zu erkennen.

Rechts von dem den Erstickungstod Gestorbenen lagen wieder zwei Leichen auf demselben Ruhebett. Auch sie waren ganz angekleidet. Friedlich lagen sie nebeneinander, halb sich gegenseitig das Gesicht zukehrend. Beide hatten sich erschossen, der eine in den Mund, der andere in das Herz. Das Blut und der Pulverdampf war noch auf den Kleidern und an dem Gesicht zu erkennen. Wer hätte dem einen und dem anderen einst gesagt, daß er, selbst durch eine Pistolenkugel getötet, einst neben anderen Erschossenen auf demselben Bett liegen würde?

Das Sonnenlicht wurde in dem Raum durch die weißen Musselinvorhänge gemildert. Es tat dem Auge wohler, als wenn es in seiner ganzen Stärke und Intensität in das Zimmer gedrungen wäre. Die schwächere Beleuchtung milderte das Schreckliche, was in dem Anblick der Leichen war, wenigstens um etwas, während in der Pariser Morgue das durch ganz offene Fenster einfallende Sonnenlicht den Kontrast der weißen Leiber auf den schwarzen Marmortafeln nur noch mehr hervorhebt. Aber trotz aller Reinlichkeit und Sauberkeit war der Verwesungsgeruch auch hier für die Geruchsnerven dessen, der nicht an einen Aufenthalt unter Leichen gewöhnt ist, penetrant. Auch hatten wir uns jetzt fast eine halbe Stunde in diesen düsteren Räumen, wo die Verwesung und der Schrecken seinen Wohnplatz aufgeschlagen haben, aufgehalten. Ich hatte vollständig genug gesehen. Der Direktor des Krankenhauses merkte wohl meinen sich steigernden Widerwillen. Er forderte mich auf, jetzt mit ihm hinauszugehen. An den Särgen vorüber, traten wir ins Freie. Draußen empfing uns der warme und sonnige Sommertag im ganzen Glanz seiner Schönheit; balsamisch wehte uns der frische Hauch von Rosen und Flieder entgegen. Ich schauderte unwillkürlich in der Einnerung an die Bilder, die soeben vor mir vorübergezogen waren.

Geheimrat *von Horn* machte jetzt ein ebenso ernstes Gesicht wie ich selbst. «Nicht wahr», sagte er, «der Tod bleibt in der Gestalt, wie wir ihn dort unten gesehen haben, immer ein schrecklicher Anblick. Vergessen Sie die Bilder aus der Morgue!»

«Ich werde sie sofort zu vergessen suchen», erwiderte ich, «sobald ich sie geschildert habe. Dies soll gleich morgen geschehen.»

Dann stiegen wir in den an dem Aufgang zu den Taxushecken wartenden Wagen. Ich gebe meinen Lesern denselben Rat, den der Arzt mir gab: «Vergessen Sie diese Morgue, nachdem Sie meine Schilderung derselben gelesen haben.»

Nächtliche Razzia im Tiergarten

Es war an einem Spätherbsttag des verflossenen Jahres, als ich abends in meiner Wohnung ein Billett eines Kriminalpolizeibeamten vorfand, worin er mich einlud, einer Razzia im Tiergarten beizuwohnen, welche in derselben Nacht seitens der Kriminalpolizei vorgenommen werden sollte. Längst schon hatte ich ihn ersucht, mich an einer derartigen Razzia, wie sie von Zeit zu Zeit in den Umgebungen der großen Stadt im Tiergarten, in der Hasenheide, in Moabit, in der Jungfernheide von der Polizeibehörde vorgenommen wird, zu beteiligen. Immer hatte sich die Sache am schlechten Wetter, an meiner Abwesenheit oder durch zufällige Umstände zerschlagen. «Also heute», rief ich, «endlich einmal!» Und ich beeilte mich, schleunigst meine Wohnung wieder zu verlassen, obschon mir die Nachtfahrt gerade an diesem Tag wegen Übermüdung nicht recht behagen wollte. Ich sah nach der Uhr. Es ging stark auf zehn. Zu spät, um noch nach dem Molkenmarkt zum Polizeigebäude zu gelangen, von wo sich der Zug nach der Einladung des Beamten um zehn Uhr in Bewegung setzen sollte! Zu derartigen Razzias wird gewöhnlich die ganze Schutzmannschaft, zu Fuß und zu Pferde, welche nicht mit dem inneren Sicherheitsdienst in der Stadt beschäftigt ist, in Bewegung gesetzt. Kolonnenweise ziehen oft vier- bis fünfhundert Mann in militärischer Ordnung zu mehreren Toren hinaus, um sich in der Nähe des Terrains, welches abgesucht werden soll, wieder zu vereinigen und dann nach einem gemeinsamen Operationsplan von allen Seiten in dasselbe einzudringen und alles gefangenzunehmen, was sich dort, ohne sich über Person und Aufenthalt legitimieren zu können, vorfindet. Das Terrain wird zuerst umstellt, und sodann dringt die ganze bewaffnete Macht, sich in einzelne Trupps auflösend und verteilend, in dasselbe ein, um sich zu einem bestimmten Zeitpunkt in der Mitte desselben wieder zu vereinigen. Alle verdächtigen Kneipen und Häuser, die Bäume, Gebüsche und Verstecke werden bei dem langsamen Vordringen von den einzelnen Abteilungen und Trupps durchsucht; immer enger werden die konzentrischen Kreise, welche sich um den befohlenen Sammelplatz legen; was Verdächtiges vorgefunden wird, wird mitgenommen, und schließlich findet sich auf dem gemeinsamen Rendezvousort der einzelnen Trupps die ganze Gesellschaft von Landstreichern und Vagabunden, welche sich noch vor kurzem im dolce far niente[1], im Schlaf, beim Bierglas, beim Kümmelblättchen und bei der Schnapsflasche in den Kneipen befand oder bei «Mutter Grün» eine Schlafstelle unter freiem Himmel gesucht hatte, zusammen, um nach der Stadt zum Polizeigewahrsam geführt zu werden und von dort in das Stadtvogteigefängnis, in das Arbeitshaus oder in das Krankenhaus zu spazieren. Eine solche allgemeine Razzia nimmt oft zwei, drei Stunden in Anspruch; sie beginnt um zehn oder elf Uhr, wenn man annehmen kann, daß die Abendspaziergänger Hasenheide und Tiergarten verlassen haben und man dort nur Vagabunden in Aussicht hat, welche mit der Gesellschaft in Krieg leben und zu dem Staat der Vagabunden, Bettler und Verbrecher gehören. Die Zahl der Gefangenen, welche sich nach Beendigung eines solchen meist unblutigen Feldzuges auf dem Sammelplatz der Truppen zusammenfinden, ist oft äußerst beträchtlich und beläuft sich zuweilen auf mehrere hundert Personen. Alles das und die Strategie eines solchen Feldzuges war mir aus Mitteilungen und Erzählungen von Kriminalpolizeibeamten hinreichend bekannt. Da es sich heute um den Berliner Tiergarten handelte, konnte ich also sicher darauf rechnen, da es zu spät geworden war, um noch nach dem Molkenmarkt zu gelangen, am Potsdamer Tor auf eine Kolonne zu stoßen, welche auf das in Frage stehende Terrain losmarschierte. Das Potsdamer Tor befand sich nicht weit von meiner Wohnung. Eine Droschke führte mich in fünf Minuten dorthin.

Der Abend war herrlich; der Himmel wolkenlos und von einem so bestimmten blauen Kolorit, wie der Norden es selten bietet. Regen war nicht zu fürchten. Auch stand der Mondschein wenigstens auf den Blättern des Kalenders verzeichnet, wenn von der leuchtenden Mondscheibe auch am Nachthimmel noch nichts zu sehen war. Ich spazierte auf den breiten Fliesen des Leipziger Platzes am Gitter des schönen Square entlang, um die

Kolonne, welche die Leipziger Straße herunterkommen mußte, zu erwarten. Eine Viertelstunde verging nach der anderen. Schon brannte ich mir die zweite Zigarre an, als ich in der Ferne ein Geräusch hörte, welches wie der taktmäßige Schritt einer heranziehenden Truppenkolonne klang. Das Geräusch kam näher und näher. Richtig, mein scharfes Ohr hatte mich nicht getäuscht! Da, wo die Wilhelmstraße die Leipziger Straße durchschneidet, sah ich die von mir erwartete Kolonne heranmarschieren. Die Gaslichtfunken der Straßenlaternen flimmerten auf den Helmspitzen. Noch fünf Minuten, und die Spitze der Kolonne befand sich ganz in meiner Nähe. Sie mochte wohl hundert Mann betragen. Ihr folgten ein Dutzend Konstabler zu Pferde. Einige mir unbekannte Polizeibeamte führten die Kolonne. Ich trat zu derselben heran, nach dem Kriminalkommissar B. fragend. «Gehen Sie nur mit uns», sagte der Beamte, «Sie werden ihn schon treffen. Er führt die Kolonne, welche über die Unterbaumbrücke aus der Louisenstadt kommt. Kollege B. hat mir schon gesagt, daß Sie an der Razzia teilnehmen wollten. Wir erwarteten Sie auf dem Molkenmarkt.»

«Ich erhielt die Benachrichtigung zu spät, um noch nach dem Molkenmarkt kommen zu können.»

Das Gespräch wurde auf dem Platz vor dem Potsdamer Tor geführt, wo der große Kandelaber steht. Die Kolonne war zum Stehen gekommen. Ein Eisenbahnzug von Transportwagen bewegte sich auf der Verbindungsbahn langsam vorüber. Als die Bahn wieder frei war, marschierten wir die Bellevuestraße aufwärts. Die Uhr auf dem Turm der Matthäikirche schlug drei Viertel elf. «Drei Viertel», sagte der Polizeibeamte, «gerade die bestimmte Zeit. Schlag elf marschieren die beiden anderen Kolonnen vom Brandenburger Tor und von der Unterbaumbrücke in den Tiergarten hinein. Das Rendezvous findet um ein Uhr am Großen Stern statt. Es sind im ganzen dreihundert Mann kommandiert.»

In der Bellevuestraße war es bereits ganz still, die schöne Straße war leer von Spaziergängern. Nur hie und da waren die Fenster in den geschmackvollen Landhäusern, welche mit ihren Vorgärten die Straße einrahmen, noch erleuchtet; die meisten Fenster waren bereits dunkel. Ein Laternenanzünder kam eiligen

Schrittes auf dem Trottoir mit seiner Leiter die Straße entlang, um die Gasflammen in den Laternen auszulöschen. Es stand Mondschein im Kalender. Im Gasverbrauch bei der Straßenbeleuchtung geht der Berliner Magistrat mit recht übertriebener Sparsamkeit zu Werke. Wenig europäische Großstädte werden imstande sein, mit Berlin in schwacher Straßenbeleuchtung zu konkurrieren. Nun war die Kolonne auf dem Platz, wo sich die Tiergartenstraße, die Viktoriastraße und die Bellevuestraße treffen und mehrere Reitwege, Fahr- und Fußwege den Tiergarten durchschneiden, angekommen. «Halt», lautete das Kommandowort des die Kolonne befehligenden Beamten. Die Kolonne stand und war, in einer langen Linie am Rande des Parks aufgestellt, in zehn Minuten in kleine Trupps von je zehn Mann abgeteilt. Die aus zwanzig Mann bestehende reitende Kolonne wurde in fünf Trupps zu je vier Pferden abgeteilt. «Auf dem Platz vor dem Brandenburger Tor und auf dem Exerzierplatz findet jetzt gerade dieselbe Aufstellung und Abteilung der beiden anderen Kolonnen statt», sagte der unsere Kolonne führende Kriminalpolizeibeamte, «wenn die Bäume die Aussicht nicht hinderten, würden Sie die beiden anderen Kolonnen sehen können. So müssen Sie es sich schon denken. Ihren Freund, der Sie zur Teilnahme an der heutigen Razzia eingeladen hat, werden Sie wahrscheinlich erst auf dem Rendezvousplatz am Großen Stern finden, wenn Sie nicht zufällig mit ihm im Dickicht zusammentreffen. Bleiben Sie also nur so lange ganz in meiner Nähe, damit Ihnen nichts passiert. Einen tüchtigen Stock hätten Sie wohl mitnehmen können, da Sie nicht bewaffnet sind.»

«Glauben Sie, daß wir auf Widerstand stoßen und es irgendwo zu einer Rauferei kommen wird?»

«Das gerade nicht. Die Berliner Vagabunden zeigen keine große Courage, wenn sie mit bewaffneten Polizeibeamten zusammengeraten. Aber einzelne Widersetzlichkeiten können schon vorkommen. Sie waren ja neulich bei der Aufhebung der Bauernfänger in der nächtlichen Konditorei zugegen, wie man mir mitgeteilt hat, und haben sich selbst überzeugt, daß eine Rauferei stattgefunden hätte, falls nicht ein Trupp bewaffneter Schutzleute als Sukkurs[2] vorhanden gewesen wäre.»

Auf dem Turm der Matthäikirche schlug es elf Uhr. Als der

letzte Schlag der Turmuhr verklungen war, marschierten sämtliche Abteilungen und Trupps der Kolonnen nach verschiedenen Richtungen in den Tiergarten hinein. Die Reiter sprengten zu zweien und dreien die verschiedenen Reitwege und Fahrwege entlang, welche von der Tiergartenstraße durch Gebüsch und Baumgruppen nach der Charlottenburger Chaussee führten. Am Horizont stieg langsam der Mond in die Höhe. Von Minute zu Minute wurde es ringsum heller. Die Konturen der Bäume und Gebüschgruppen begannen sich immer deutlicher am Nachthimmel abzuzeichnen.

Der Berliner Tiergarten gehört zu den schönsten und größten Parks in Europa. Prächtige Baumgruppen und dichtes Gebüsch zeichnen den nach der Stadt gelegenen Teil des Parks aus, während große und mit vielem Geschmack angelegte Wasserpartien zwischen in englischer Manier gehaltenen Rasenflächen dem Teil des Parks, der sich zwischen dem Großen Stern und Charlottenburg ausdehnt, ein sonniges und heiteres Gepräge verleihen. Zu Verstecken und zu nächtlichen Lagerplätzen ist deshalb der untere Teil des Parks, ganz abgesehen von der Nähe der Stadt, weit geeigneter als seine obere Hälfte. Der Längendurchschnitt des Parks vom Brandenburger Tor bis nach Charlottenburg beträgt über eine Stunde, während ein guter Fußgänger kaum eine halbe Stunde brauchen wird, um den Park von der Tiergartenstraße bis zum Krollschen Etablissement[3] zu durchschneiden. Ich hielt mich in der Nähe des die Kolonne befehligenden Kriminalkommissars, welcher, in Begleitung von zehn Schutzleuten, von der Bellevuestraße langsam in der Richtung des Großen Sterns nach der Charlottenburger Chaussee vordrang. Die zehn Konstabler lösten sich wieder in einzelne Trupps von zwei und zwei Mann auf, welche in das Unterholz und in die Gebüsche eindrangen, jede verdächtige Stelle durchsuchend. Da raschelte es im Gebüsch.

Zwei Konstabler drangen in dasselbe ein, die Zweige und schwachen Baumstämme auseinanderbiegend. Noch einige Schritte, und wir standen an der Lagerstätte eines halben Dutzend von Vagabunden. Zerlumpte Männer, Weiber und Kinder lagen nebeneinander am Boden; einige bereits durch das Geräusch erweckt und sich verwundernd darüber, wer sie hier störe, langsam aufrichtend, andere noch im festen Schlaf. Eine sonderbare Gruppe, der eine den Leib des anderen als Kopfkissen benutzend, mehrere Knaben und Mädchen von zehn bis fünfzehn Jahren neben Männern und Weibern in den verschiedensten Altersstufen, die Kleider zerlumpt und abgetragen! Nach einigen Minuten waren sie sämtlich auf den Beinen. Einige Männer waren dem Kriminalpolizeibeamten bekannt. Sie gehörten zu den Armen und Elenden, welche häufig ohne Obdach sind und sich unter freiem Himmel einen Platz zum Schlafen suchen. Weiber und Kinder waren fremd. Sie versicherten, aus den nächsten Dörfern und seit einigen Tagen erst zu verschiedenen Zwecken in Berlin zu sein. In zwei Männern erkannte ein Konstabler zwei Tage vorher aus dem Arbeitshaus entlassene Sträflinge. Plötzlich ertönte Pferdegetrappel auf der nahe am Lagerplatz vorbeiführenden chaussierten Straße. Wir erblickten einen Konstabler zu Pferde, der im Begriff war, einen Kerl in Lumpen, einen zerdrückten Filzhut auf dem Kopf, zu ergreifen. Im Moment, als der Konstabler die Hand ausstreckte, um den Strolch am Kragen zu fassen, wandte derselbe sich um, dem Pferd mit einem Knüttel einen Schlag versetzend, daß es sich hoch aufbäumte, und sprang in das Gebüsch, wo wir soeben das Vagabundenlager entdeckt hatten. Zwei Konstabler ergriffen ihn, der eine entwand ihm den Knüttel, mit dem er um sich schlagen wollte, der andere faßte ihn an der Kehle. Der Mond beleuchtete sein bärtiges, verwildertes Gesicht, aus dem zwei dunkle Augen wild um sich blickten. «Sieh mal an, finde ich dich hier?» rief der Kriminalkominissar, als er dem Strolch ins Gesicht schaute, «das ist ja ein schöner Fang; seit acht Tagen suche ich dich in Berlin in allen Spelunken. Nun, gib dich zur Ruhe! Wozu der unnütze Widerstand? Heute abend findest du ein Nachtlager in der Stadtvogtei.» Der Strolch ließ die Arme schlaff am Leib herunterhängen; er war in den Händen der Polizei. «Einer der gefährlichsten Einbrecher der Stadt», sagte der Kriminalkommissar, «seit acht Tagen suche ich ihn vergebens.» Er befahl den beiden Schutzleuten, welche ihn ergriffen hatten, ihm die Hände auf den Rücken zu binden und während des Transports genau auf ihn zu achten.

Nun setzte sich unser Zug in Bewegung, von einem Konstabler und dem reitenden Schutzmann auf dem Fahrwege in die

Mitte genommen. Wir setzten die Suche in Begleitung dreier Konstabler weiter fort. Nach einigen Minuten sprang ein Mensch aus dem Gebüsch auf, eiligst vorwärts stürzend. Ein Konstabler hinter ihm her. Im Moment, wo er ihn ergreifen wollte, erreichte der Flüchtling den Stamm eines Baumes und kletterte mit der Gewandtheit einer Katze an demselben in die Höhe. Die Szene hatte offenbar ein lächerliches Gepräge. Der Konstabler unten am Stamm des Baumes, der Flüchtling zwischen den breiten Ästen, beide miteinander über das Hinabsteigen parlamentierend. Endlich schien letzterer zu begreifen, daß er doch einmal wieder zur Erde hinabsteigen müßte, weil er nicht in den Himmel entfliehen könne, und glitt mit überraschender Schnelligkeit am Stamm wieder abwärts. Im Moment. wo er die Mutter Erde berührte, war er ergriffen. Der Kriminalpolizeibeamte schaute ihm ins Gesicht. «Ah, mein Junge, nun begreife ich deine Eile», sagte er lachend, als er ihn erkannt hatte. «mit dir siehts ziemlich gefährlich aus! Einer unserer gewandtesten Bauernfänger», wandte er sich zu mir, «mehrerer schwerer Diebstähle dringendst verdächtig; wir suchen ihn schon lange. «Der Flüchtling wurde einem unserer Konstabler zur besonderen Bewachung empfohlen. Die Bauernfänger nehmen täglich an Zahl in Berlin zu, wenn sie für das Berliner Publikum auch nicht mehr so gefährlich sind wie früher. Aber die Provinzbewohner, wenn sie nach der Hauptstadt kommen, fallen ihnen noch in Menge in die Spitzbubenhände, und es passieren unglaubliche Geschichten. «Neulich war ein Apellationsrat[4] aus Magdeburg bei mir auf meinem Büro», erzählte mir ein Kriminalpolizeibeamter, «und teilte mir eine Geschichte mit, wie sein Sohn, der in seinem Auftrag mit einer Summe von einigen hundert Talern nach Berlin gereist sei, um einen Möbelankauf zu machen, nach seiner Angabe in einer äußerst verschmitzten Weise von einigen Bauernfängern ausgeplündert worden wäre. Der alte Herr schien der Angabe seines Sohnes, der etwas leichtsinniger Natur sein mochte, so recht keinen Glauben zu schenken; ich sagte ihm, daß ich an der Wahrheit der Geschichte gar nicht zweifle, da sie zu oft in der angegebenen Weise passiere, und gab ihm den Rat, sich in acht zu nehmen, daß er nicht in ähnliche Gesellschaft gerate. Er sah mich ganz verwundert an und meinte, ich spaße wohl. Und nach acht Tagen war der alte Herr wieder in meinem Büro, um meine polizeiliche Hilfe anzurufen. Bauernfänger hatten ihm an die zwanzig Friedrichsdor abgenommen. Nur war die Geschichte ihm nicht in einer Bierkneipe unteren Ranges passiert wie seinem Sohne, sondern sie hatte sich an der Gasttafel eines unserer ersten Hotels ereignet, in einer anscheinend so fashionablen Gesellschaft, daß dem Rat erst dann ein Verdacht aufstieg, als er sein Geld los war und zwei Mitglieder der fashionablen Gesellschaft, ein Baron mit bekanntem Namen und ein Rittergutsbesitzer, aus dem Saal verschwanden.»

Aber setzen wir die Razzia im Tiergarten nach dem Rendezvous am Großen Stern fort! Vor uns dehnen sich kleine Wasserpartien aus, welche sich in der Nähe des «Hofjägers»[5] befinden. Die Hälfte meiner polizeilichen Begleitung hatte sich nach den verschiedensten Richtungen am Rande der Teiche und Wasserbecken zerstreut, um die Gebüsche zu durchsuchen; die andere Hälfte war zur Bewachung der Gefangenen zurückgeblieben. Plötzlich ertönte ein Ruf jenseits des Wassers; in demselben Moment sah ich ein Mädchen mit aufgeschürzten Kleidern und einen Mann, der seine Rockschöße in die Höhe nahm, von dem etwas erhöhten Ufer ins Wasser springen, während ein Konstabler mit der Gebärde des Erstaunens am Uferrande erschien. Die Teiche in diesem Teil des Tiergartens zeichnen sich nicht durch große Tiefe aus. Beide Flüchtlinge erreichten, ohne ihre Schwimmkunst erproben zu müssen, das diesseitige Ufer – um sofort abgefangen zu werden und die Zahl unserer Gefangenen zu vermehren. Noch ein Vagabundenlager wurde im Dickicht entdeckt; mehrere seiner Insassen mußten mit Gewalt aus demselben hervorgezogen werden und sträubten sich lange, die Lagerstätte zu verlassen. Einer entfloh und wurde erst unter den Bohlen einer kleinen zierlichen Brücke wieder entdeckt. An der Stelle, wo der an den Teichen vorüberführende Fahrweg in die breite Hofjägerallee mündet, trafen wir wieder mit den Reitern zusammen, welche die in der ersten Lagerstätte aufgefundenen Vagabunden mitführten. Nach einer Viertelstunde befanden wir uns sämtlich am Rendezvousort am Großen Stern. Dort sah es lebendig genug aus. Der Mond war während der Vagabundensuche hoch am Nachthimmel aufgestiegen. Die Gebüschgruppen, die Bäume, die hohen geschnittenen Hecken, die Bänke, welche den großen Platz umgaben, erschienen vom vollen Mondlicht beleuchtet, hell wie am Tage. Die beiden Kolonnen, welche vom Brandenburger Tor und vom Krollschen Etablissement her den Park durchsucht hatten, waren bereits eingetroffen. Ich begrüßte den Kriminalkommissar B., der mich zur Razzia eingeladen und schon darauf verzichtet hatte, mich zu finden. Die Razzia hatte bedeutende Resultate geliefert. Die Zahl der eingebrachten Vagabunden betrug über zweihundert. Da standen sie sämtlich in der Mitte des Platzes zusammen, Männer, Frauen und Kinder von allen Altersstufen, Arme und Elende, denen Not und Armut ihr Stigma auf die Stirn geprägt hatte, Vagabunden aller Art, Bauernfänger aller Klassen, vom gewöhnlichen «Schlepper» bis zum gewiegten und gewandten «Habsburger», der beim «Kümmelblättchen» seinem Opfer listig die Taschen ausräumt, Knaben und Mädchen im Alter von zehn bis fünfzehn Jahren, kleine Taschendiebe und Blumenverkäuferinnen in Lumpen, «Gänsejungen», deren Beschäftigung darin besteht, den Bauern, welche zum Markt kommen, unter dem Vorwand, ihnen beim Verkauf ihrer lebendigen Ware behilflich zu sein, Wagen und Taschen bestehlen, und ausgebrochene Sträflinge mit Galgenphysiognomien, liederliche Weibsbilder in geliehenen Kleidern und mit frechen Gesichtern. Von Schutzmännern und reitenden Konstablern umgeben, begab sich der lange Zug, als es halb zwei auf dem Turm der Matthäikirche schlug, in drei verschiedenen Kolonnen nach der Stadt zurück, um im Polizeigewahrsam am Molkenmarkt die Beute der nächtlichen Razzia abzuliefern.

Nächtliche Razzia in der Hasenheide

Es war eine dunkle Herbstnacht. Der Himmel war mit Regenwolken bedeckt und kein Sternbild zu erblicken. Auf dem großen Hof des Polizeigebäudes am Molkenmarkt, wo sich die Pferdeställe und die Reitbahn befinden, herrschte in dieser Nacht und um diese Stunde eine besondere Rührigkeit. Trupps von Konstablern zogen auf und ordneten sich in drei lange Linien; einige dreißig Pferde wurden gesattelt aus den Ställen gezogen und von reitenden Schutzleuten bestiegen. Kriminalpolizeibeamte im Zivilanzug und im Mantel gingen ab und zu. Was hatte sich denn in Berlin ereignet, um eine nächtliche Expedition der bewaffneten Schutzmannschaften zu veranlassen? Sah es in der Stadt unruhig aus, und befürchtete man nächtliche Tumulte politischer oder sozialer Natur? O nein, das war nicht der Grund der besonderen Rührigkeit im großen Hof des Polizeigebäudes am Molkenmarkt; es sollte nur wieder einmal eine Razzia auf Vagabunden und Diebesgesindel in der Umgegend von Berlin in Szene gesetzt werden. Im Tiergarten und in Moabit waren Raubanfälle und Belästigungen der Abendspaziergänger vorgekommen; noch weit schlimmer lauteten die Nachrichten aus der Hasenheide. Am verflossenen Abend hatte deshalb eine umfassende polizeiliche Razzia im Tiergarten und in der Umgegend von Charlottenburg stattgefunden. Die ganze Berliner Schutzmannschaft, soweit dieselbe nicht zum unumgänglichen Dienst in der Stadt nötig war, war dazu aufgeboten gewesen, und die Razzia hatte bedeutende Erfolge gehabt. Hunderte von Personen, welche im Tiergarten und in der Umgegend von Moabit und Charlottenburg im Freien genächtigt hatten, waren eingefangen und um zwei Uhr nachts nach der Stadt gebracht worden, um monatelang ihren Aufenthalt im Stadtvogteigefängnis, im Arbeitshaus, in den öffentlichen Krankenhäusern zu nehmen oder aus Berlin nach ihren Heimatorten ausgewiesen zu werden. In der heutigen Nacht sollten die Hasenheide und ihre Umgegend an die Reihe kommen.

Der Kriminalkommissar B. befehligte die Expedition und kam mir, als ich in den Hof trat, bereits reisefertig entgegen. «Sie haben's gerade abgepaßt», rief er, mir die Hand zum Empfang schüttelnd, «die Expedition wird in zehn Minuten abgehen; ich fürchtete schon, Sie kämen nicht, weil es am Himmel sehr nach Regen aussieht. Aber seien Sie unbesorgt, wir haben Ostwind. Bevor der Wind sich nicht ändert, regnet es nicht, und um zwei Uhr spätestens sind wir zurück. Das Rendezvous der verschiedenen Kolonnen, welche die Hasenheide durchsuchen, ist um ein Uhr in der Hasenheide auf dem großen Platz, wo die neue Straße in den breiten Weg einfällt, festgesetzt. Bleiben Sie nur bei mir; ich befehlige die Kolonne, welche durch das Hallesche Tor nach der Hasenheide ihren Weg nimmt. Eine zweite und dritte Kolonne, jede hundert Mann stark, geht durch die Neue Admiralstraße und durch das Wassertor über die ehemalige Schlächterwiese. Im ganzen sind zweihundertfünfzig Mann zu Fuß und fünfzig Reiter zu der Razzia kommandiert.»

Dann hörte ich die Kommandoworte «Richtet euch! Aufgesessen!» durch den Hof schallen; die Reiter bestiegen die Pferde, die Schutzmannschaft zu Fuß hatte sich in vier langen Linien aufgestellt und wurde in drei Trupps, jeder einige siebzig Mann stark, abgeteilt; die Reiterei stellte sich in zwei Kolonnen, jede zu fünfzig Mann, auf. Als die Abteilungen fertig waren, wurde «Rechts um, Marsch!» kommandiert, und die ganze Expedition marschierte aus dem großen Hoftor, welches auf den Mühlendamm führt, aus dem Hof hinaus, jede Reiterkolonne vor dem Trupp, zu dessen Begleitung sie bestimmt war. An der Ecke der Neuen Roßstraße trennten sich die beiden Abteilungen der Kolonne. Die eine marschierte durch die Neue Roßstraße in die Richtung des Wassertors, um durch die Neue Admiralstraße über die ehemalige Schlächterwiese in die Hasenheide einzudringen, während die andere Kolonne, welche der Kriminalkommissar B. befehligte, durch die Gertraudtenstraße über den Dönhoffplatz und durch die Lindenstraße nach dem Halleschen Tor ihren Weg nahm. Ich blieb verabredetermaßen bei der letzten Kolonne.

Das Hallesche Tor lag hinter uns. Unsere Kolonne zog durch die Pionierstraße der Hasenheide zu. Als wir an der großen an der Ecke der Pionierstraße befindlichen Kaserne vorübergekommen waren, bogen wir in den breiten Weg ein, der sich quer durch die Hasenheide hindurchzieht. Die eine Seite dieses Weges ist durch eine Reihe Bierhäuser und Gastwirtschaften mit großen Tanzlokalen besetzt, welche durch die Bevölkerung des Halleschen Torbezirks und des Stadtteils, der seit den letzten achtzehn Jahren auf dem ehemaligen Köpenicker Felde entstanden ist, in den Sommer- und Herbstabenden stark besucht wird. An solchen Nachmittagen und Abenden geht es hier sehr lustig und heiter zu. Es wird getanzt, gesungen, Bier getrunken, im Freien Kaffee gekocht und sich gelagert, und mancher Abend, wenn die Köpfe von dem im Übermaß genossenen Bier erhitzt sind, endigt mit großartigen Prügeleien, zu denen zuweilen aus der Kaserne an der Ecke der Pionierstraße militärische Hilfe requiriert werden muß, wenn die anwesenden Polizeimannschaften nicht imstande sind, die Tumultuanten auseinanderzubringen. An der anderen Seite der Straße dehnt sich ein dichter Tannen- und Kiefernwald aus, der auf dem hügeligen Terrain zu einer Art von Berglehne hinansteigt und sich auf demselben fortsetzt, wenn man einer Reihe teils mit Rasen bedeckten, teils nackten Sandhügeln den Namen einer «Berglehne» geben will. Der Berliner ist mit diesem Ausdruck bekanntlich verschwenderisch. Auch den Sandhügel, auf dem das Denkmal der in den Kriegen von 1813, 1814 und 1815 Gefallenen steht, wird bekanntlich der «Kreuzberg» genannt, obschon seine Höhe kaum einige hundert Fuß beträgt. In dieser Nacht handelte es sich vorzüglich darum, diesen Tannen- und Kiefernwald zu durchsuchen. Er bildet die Schießstätte für das Infanteriegewehr, ist nach der Straße hin mit einem langen hölzernen Geländer umgeben und mit vielen hölzernen Schuppen und Baracken bedeckt, welche sich, da sie meistens offen sind, zu Lagerstätten während der Nacht vorzüglich eignen.

Meine Uhr zeigte auf halb zwölf, als wir auf dem großen Platz, also an der Stelle, wo die neue, über die Schlächterwiese führende Straße in den breiten, eben beschriebenen Sandweg mündet, eintrafen. Die eine durch das Wassertor gekommene kleinere Kolonne war soeben eingetroffen und hatte sich bereits aufgestellt, während die größere Kolonne schon den Höhenzug, der sich hinter dem Kiefernwald hinzieht, besetzt hatte. Die Durchsuchung des Kiefernwaldes begann, indem die ganze vereinigte Kolonne sich in Trupps von drei, fünf bis zehn Mann verteilte, welche in demselben nach allen Richtungen hin vordrang. Mitten durch den Wald, gegen die Berglehne ansteigend, ziehen sich einige breite Fahrwege, auf denen die Reiter, sich ebenfalls in kleine Trupps auflösend, in Trabbewegung verteilten. Der Ostwind hatte die Regenwolken auseinandergetrieben, der Himmel war etwas heller geworden, hie und da kamen einzelne Sternbilder zum Vorschein, und es war licht genug, um wenigstens die nächste Umgebung in der Entfernung von zehn bis fünfzehn Schritt unterscheiden zu können. Ich hielt mich verabredetermaßen in der Nähe meines polizeilichen Freundes, der mich zu der Expedition eingeladen hatte, stieg mit ihm über das Gatter und befand mich mit demselben nach einigen Schritten im Kiefernwald. Fünf Schutzleute zu Fuß folgten uns.

Die Razzia nahm ihren Anfang. Jedes Dickicht, jedes Versteck, jedes Gebüsch, die einzelnen offenen Schuppen wurden durchsucht. Gleich in einem der Straße zunächstgelegenen Schuppen wurden einige zwanzig Vagabunden vorgefunden, Männer, Weiber und Kinder. Sie hatten sich in einer Ecke des Schuppens mittels einiger Strohbündel und Decken, die sie wahrscheinlich mitgebracht hatten, eine förmliche Lagerstätte eingerichtet. Es waren obdachlose Familien aus dem Köpenicker Viertel. Ein Konstabler, der in dem Viertel stationiert war, kannte mehrere von den Männern. Nicht das Verbrechen, sondern die Armut und die Arbeitslosigkeit hatte sie gezwungen, sich eine Lagerstätte in der Hasenheide zu suchen, welche sie schon seit mehreren Wochen innehatten, wie einer von ihnen, ein Maurergeselle, der seit Monaten ohne Arbeit war, dem Kriminalpolizeibeamten sagte. Die anderen waren Arbeiter und Handwerksgesellen mit ihren Familien, welche aus ihren Wohnungen exmittiert waren, während die Hauseigentümer für die Mietreste ihre geringen Habseligkeiten, ihre Mobilien und Betten gepfändet hatten. Seit jener Zeit hatten sie sich nachts in diesem Schuppen zusammengefunden. Die ganze Gesellschaft war ein Bild des Elends und der Verkommenheit; den traurigsten Anblick boten die Kinder, welche abgezehrt und in Lumpen gekleidet waren. Sie hätten allerdings ein Obdach im Arbeitshause oder im Polizeigewahrsam finden können, aber die Berliner Notleidenden und Armen haben gegen beide Zufluchtsstätten einen besonderen Widerwillen und ziehen lieber eine Lagerstätte im Freien vor. Ein Weber aus der Wassertorstraße, der mit seiner Frau und drei Kindern sich im Schuppen einquartiert hatte, erklärte dies auch dem Kriminalkommissar unumwunden.

Die ganze Gesellschaft wurde einem Schutzmann übergeben, um sie nach dem gemeinschaftlichen Sammelplatz zu führen. Wir setzten die Razzia nach der Berglehne aufwärts fort. Plötzlich stürzte uns ein verwildert aussehender Kerl, von zwei Konstablern verfolgt, welche zu einem anderen Trupp der Kolonne gehörten, entgegen. Er hatte einen Knüttel in der Hand und schlug damit um sich, als ihn ein Schutzmann aus unserem Trupp angreifen wollte. In demselben Moment ergriffen ihn die beiden ihn verfolgenden Schutzleute von hinten und warfen ihn nieder. «Sieh da, Rotkopf, endlich haben wir dich!» rief ihm der Kriminalkommissar zu, als er ihm ins Gesicht geschaut hatte. «Seit Monaten suchen wir dich; jetzt geht's aber auf einige Jahre ins Zuchthaus.» – «Der Rotkopf» – so ist sein Zuname – «gehört zu den gefährlichsten ‹Mauerjungen›, die hinter der Königsmauer wohnen», sagte der Beamte, sich zu mir wendend, «er wird wegen eines gefährlichen Diebstahls mit Einbruch verfolgt, ohne daß wir seiner habhaft werden konnten! Es kommt ihm auch auf einen Messerstich oder auf einen Hieb über den Kopf nicht an. Er nährt sich als Schlepper, Louis und Spitzbube, wie's gerade fällt.» Der noch am Boden liegende Vagabund war ein strammer, kräftiger Kerl von einigen dreißig Jahren mit verwildertem Bart und struppigem rotem Haar. Ihm mußten die Hände auf den Rücken gebunden werden, da er, noch am Boden liegend, um sich schlug. Die beiden Konstabler, die ihn verfolgt hatten, ergriffen ihn, um ihn zum Sammelplatz zu führen. Hundert Schritte weiter aufwärts stießen wir auf ein dichtes Gebüsch und Gestrüpp im Dickicht des Kiefernwaldes, welcher sich an der Berglehne aufwärts zog. Gerade stiegen einige Schutzleute aus der Kolonne, welche sich auf dem Saum der Berglehne aufgestellt hatten, den Abhang hinab. Sie drangen von oben her in das Gestrüpp ein, während unsere Begleitung dasselbe nach aufwärts untersuchte. Mitten in demselben stießen wir wieder auf die Lagerstätte einer großen Anzahl Vagabunden verschiedenen Geschlechts und Alters. Sie hatten sich sämtlich dicht nebeneinander gelagert, um so Schutz gegen die Kühle der Nacht und gegen den Ostwind zu finden. Einer benutzte den Leib und den Schoß des anderen als Kopfkissen, während ein Dritter sich in derselben Weise gelagert hatte. Unter ihnen befanden sich über ein Dutzend Knaben und Mädchen im Alter von zwölf bis fünfzehn Jahren, Weiber, über deren Gewerbe ein Blick auf ihre Kleidung und auf ihre Gesichter keinen Zweifel lassen konnte, und zerlumpte Männer in den verschiedensten Altersklassen und wahrhaft vagabundenartigem Aussehen. Einige von ihnen mußten mit Gewalt an den Beinen aus dem Gebüsch gezogen werden. Als sie aufrecht standen, war der Kriminalkommissar über ihren Widerstand sofort im klaren. Er erkannte in ihnen von der Kriminalpolizei seit längerer Zeit verfolgte gefährliche Subjekte. «Aber sagen Sie mir, woher kommen die Kinder?» fragte ich erstaunt. «Das werden Sie gleich hören», erwiderte er und fragte die Kinder nach ihrem Wohnort. Sie waren sämtlich aus den umliegenden Dörfern, keins aus der Stadt. «Das habe ich mir gleich gedacht», sagte der Beamte, «seit mehreren Jahren liefern die Dörfer in der Umgegend von Berlin ein bedeutendes Kontingent für unsere jugendliche Verbrecherwelt. Die Kinder werden nach der Stadt geschickt, um dort Blumen und Früchte zu verkaufen und nebenbei das Gewerbe des Diebstahls zu betreiben. Ein großer Teil unserer jugendlichen Taschendiebe gehört dem Lande an. Finden sie nachts in der Stadt kein Quartier, so kampieren sie bei gutem Wetter im Freien, um am nächsten Morgen das Geschäft fortzusetzen. So treiben sie's einige Tage und kehren dann in das Dorf, wohin sie gehören, zurück. Übrigens sind einige Kaffeeklappen in der Stadt besonders zur Herberge solcher Kinder eingerichtet, wo sie für wenige Silbergroschen Nachtquartier finden. Wenn ich nicht sehr irre, sind Sie selbst vor einigen Jahren bei Aufhebung einer solchen Kaffeeklappe gegenwärtig gewesen.»

Der Kriminalkommissar sah nach der Uhr. «Es ist halb eins; um ein Uhr müssen wir auf dem Sammelplatz sein», sagte er. Unser Zug setzte sich am Fuß der Berglehne gegen das Hallesche Tor hin in Bewegung, die aufgegriffenen Vagabunden in die Mitte nehmend. Als wir einen von den Fahrwegen, welche aus den die Hasenheide durchschneidenden breiten Straßen in den Kiefernwald führen, überschreiten wollten, begegneten uns drei reitende Konstabler, welche einige gefangene Vagabunden in ihrer Mitte führten und sich ebenfalls zum Sammelplatz begeben wollten. Unsere Gefangenen wurden ihnen ebenfalls zum Transport übergeben, und wir setzten nun unseren Weg durch das Dickicht des Kirchenwaldes nach dem Sammelplatz in gerader Linie fort, ohne daß uns weiter etwas aufstieß. Das Terrain war bereits von einem Teil der Kolonne durchsucht worden, welcher mit uns durch das Hallesche Tor marschiert war. Nach zehn Minuten hatten wir den Sammelplatz erreicht. Der größte Teil der drei Kolonnen, welche um halb elf Uhr vom Hof des Polizeigebäudes mit uns ausgezogen, hatte sich bereits eingefunden. Während der folgenden Viertelstunde erschienen die noch fehlenden Mannschaften in einzelnen Trupps. Die Zahl der Gefangenen, welche in der Mitte des Platzes aufgestellt waren, betrug allein über hundert. Sie bestanden durchweg aus denselben Elementen wie diejenigen, welche wir zum Sammelplatz geführt hatten. Mancher gefährliche Verbrecher, auf den die Kriminalpolizei lange vergebens gefahndet hatte, war unter ihnen. Nach ein Uhr setzten sich die Kolonnen in mehreren Abteilungen gegen die Stadt in Bewegung, jede Abteilung einen Trupp von Gefangenen zwischen sich führend. Zwei Abteilungen marschierten durch das Hallesche Tor, zwei nahmen ihren Weg über die Schlächterwiese nach dem Molkenmarkt. Die Razzia in der Hasenheide hatte die Stadt und die Umgegend für viele Monate von einer großen Zahl gefährlicher Subjekte und Vagabunden befreit.

Anhang

Das Victoriatheater

und die Intrigen des Theaterunternehmers Cerf

Nachdem der Theaterunternehmer Rudolph Cerf in ganz kurzer Zeit hintereinander drei Theater, die Theater in Villa Colonna, in der Charlottenstraße und in der Blumenstraße, vollständig ruiniert hatte, beschloß er, ein viertes Unternehmen in größerem Umfang und mit größeren Mitteln zu beginnen. Er erwarb zu dem Zweck das in der Münzstraße Nr.20 gelegene Grundstück für die Summe von 100 000 Talern. Cerf ist bekanntlich ohne Mittel. Er wußte sich von der Dessauer Bank 150 000 Taler Baugelder, eine Hypothek von 42 000 Talern von der Preußischen Rentenversicherungsanstalt und eine zweite Hypothek von 56 200 Talern von mehreren fürstlichen Personen und Bankiers zur Deckung der Kaufgelder zu beschaffen. Was für eine Reihe von Ränken und Intrigen er – der Mittellose –, um solche Summen zu erlangen, in Bewegung setzte, darüber will ich hier schweigen, obschon ich vollständige Kenntnis davon habe; ich könnte ein Buch darüber schreiben. Ich will in dieser meiner Denkschrift über das Victoriatheater nur eine Schilderung der Intrigen Cerfs gegen das Victoriatheater geben, und zu diesem Zweck bedarf es hier zur Einleitung nur einer kurzen und tatsächlichen Darstellung der Art und Weise, wie das Victoriatheater zustande gekommen ist; denn Cerf hat darüber die sonderbarsten Gerüchte in das Publikum zu bringen gewußt, als wenn er der reiche Mann gewesen und von seinen Gläubigern um alle seine Habe betrogen wäre.

Es ging Cerf mit dem neuen Unternehmen wie mit allen andern. Ohne alle Geschäftsübersicht und ohne jede Einsicht war er eines Tages mit den von der Dessauer Bank erborgten Geldern vollkommen fertig. Im Anfang des Jahres 1858 waren die Baugelder bis auf den letzten Taler absorbiert. Das Theatergebäude war nicht einmal im Rohbau fertig und wurde von den Ouvriers[1], welche bereits bedeutende Forderungen an Cerf hatten, liegengelassen. Cerf ließ nun eine neue Hypothek von 50 000 Talern auf sein Grundstück eintragen. Er wußte die Dessauer Kreditanstalt dahin zu vermögen, dieser Hypothek eine Priorität vor den 150 000 Talern zu bewilligen, und dachte durch Versilberung dieser Hypothek sich neue Mittel zu verschaffen.

Es gelang ihm aber nicht, die Hypothek zu versilbern. Es war im Anfang des vorigen Jahres; die politischen Weltverhältnisse sahen sehr drohend aus, die Zeiten, wo er von dem Bankpräsidenten Nulandt 150 000 Taler zu erlangen wußte, waren lange vorüber. Da wandte sich Cerf an die Gnade des Prinzregenten. Der Ruin sämtlicher Ouvriers, welche bereits große Forderungen an Cerf hatten, war unvermeidlich, wenn der Bau nicht fortgesetzt wurde, der Bau selbst fing an zu verfallen und drohte zur Ruine zu werden. Cerf hatte mit seinem Immediatgesuch[2] einen günstigen Moment getroffen. Durch den in Italien beginnenden Krieg zwischen Österreich und Frankreich war eine Stockung in allen industriellen und kommerziellen Unternehmungen eingetreten. In Berlin wurde eine allgemeine Arbeitslosigkeit unter den Handwerkern und Arbeitern befürchtet. Cerf wußte in seinem Immediatgesuch all diese zufällig zusammentreffenden Umstände geschickt zu benutzen, und der Prinzregent beauftragte, um den vollkommenen Ruin des Gebäudes, dem die Administration und gerichtliche Subhastation[3] bevorstand, und insbesondere den unvermeidlichen Ruin der Handwerker und Ouvriers, welche den größten Teil ihrer Mittel und ihres Vermögens in das Unternehmen gesteckt hatten, zu verhindern, den Herrn Branddirektor Scabell durch Kabinettsordre, die Mittel zur Fortführung des Baues zu beschaffen.

Die Bankiers von Magnus, Brüstlein und Oppenfeld erklärten sich nun auf Veranlassung des Herrn Branddirektors Scabell bereit, die Summe von 40 000 Talern zu Allerhöchster Disposition zu stellen, indem der Prinzregent die Verzinsung und die Amortisation dieser Summe garantierte und eine Vorschußzahlung der Logenmiete für die Königlichen Logen mit 50 000 Talern genehmigte. Es geschah dies aber von seiten des Prinzregenten und von seiten der Bankiers ausdrücklich nur unter der Bedingung, daß der Herr Branddirektor Scabell als Königlicher Spezialkommissar zur Sicherung dieses großen Darlehens und zur Sicherung der noch größeren Forderungen der Ouvriers und Lieferanten die Vollendung des Theaterbaus und die Verwaltung des Instituts auf sechs Jahre zu übernehmen habe. Mit den Ouvriers wurde seitens des Herrn Branddirektor Scabell ein Vertrag geschlossen, durch den sie sich verpflichteten, die noch fehlenden, zu 125 000 Taler veranschlagten Arbeiten wieder aufzunehmen und bis zum 1. Dezember 1859 zu Ende zu führen, wenn ihnen 50 000 Taler bar, der Rest aber durch jährliche Abschlagszahlungen von 4 700 Talern und durch die Valuta einer der den Gesamtouvriers zu bestellenden Hypothek von 50 000 Talern, welche mit Vollendung des Baues zahlbar sein solle, bezahlt würden. Die Ouvriers gingen auf diese Bedingungen ein, stellten aber als Grundlage der Unterzeichnungen ihres Vertrages die erste und Hauptbedingung, daß bis zur gänzlichen Befriedigung der Unternehmer aus den Einnahmen des Theaters das Victoriatheater nicht durch Cerf, sondern durch den Herrn Branddirektor Scabell aufgrund eines zwischen ihnen abzuschließenden Vertrages selbständig verwaltet werden solle. Die Dessauer Kreditanstalt bewilligte den Ouvriers mit ihrer Hypothek ein Vorzugsrecht vor der ihrigen und verpflichtete sich, die eigene Hypothek nicht vor dem 1. Januar 1866 zu kündigen, ebenfalls unter der ausdrücklichen Bedingung, daß der Herr Branddirektor Scabell das Theater fertigbaue und dasselbe bis zum 1. Januar 1866 selbständig ohne alle Einmischung des Cerf verwalte. So groß war das Mißtrauen aller kontrahierenden Parteien gegen Cerf, daß jede ihre Mitwirkung zur Vollendung des Baues nur unter der erwähnten ausdrücklichen Bedingung zusagte.

Als nun alle kontrahierenden Parteien über diese Grundlage ihrer Mitwirkung und über die zu gebenden Summen einig waren, wurden zwischen den Gläubigern des Victoriatheaters, als deren gemeinschaftlicher Vertreter der zum Königlichen Spezialkommissar bestellte Herr Branddirektor Scabell fungierte, und dem Schuldner und Konzessionsinhaber folgende zwei Verträge geschlossen:

Der eine Vertrag lautete dahin, daß der Theaterunternehmer Cerf seinen Gläubigern, den Ouvriers, den Bankiers und der Krone sämtliche Grundstücke und den Betrieb des Victoriatheaters für die erhaltenen enormen Darlehen auf sechs Jahre mit der

Maßgabe verpfändete, daß die Verwaltung von seiten des Herrn Branddirektors Scabell während dieser sechs Jahre, ohne daß der ganz unfähige Konzessionsinhaber in die Verwaltung hineinzureden habe, selbständig geführt werde. Dem Cerf wurde das Recht, Anträge zu machen und von allem Kenntnis zu nehmen, vorbehalten. Er erhielt ferner als Inhaber der Konzession ein Jahresgehalt von 1 500 Talern nebst einer freien Wohnung, welche auf ungefähr 250 Taler veranschlagt wurde. Endlich wurden seine sämtlichen Schulden bezahlt. Mit dem Pfandvertrag wurde ein Schuldentilgungsplan verbunden, nach dem die Schulden des Grundstücks in den laufenden sechs Jahren in einzelnen Abzahlungen getilgt werden sollten.

Der zweite Vertrag wurde zwischen dem Königlichen Spezialkommissar als dem von sämtlichen Gläubigern bestellten amtlichen Vertreter und den Ouvriers und Lieferanten des Theaters geschlossen. Er lautete dahin, daß ersterer ihnen 50 000 Taler von den durch die Krone gemachten Darlehen in drei einzelnen Raten auszahlte, der Konzessionsinhaber ihnen eine auf den Grundstücken eingetragene Hypothek von 50 000 Talern bestellte und ihre übrigen Forderungen in einzelnen Ratenzahlungen von 4 700 Talern aus den Einkünften des Grundstücks seitens der Verwaltung getilgt werden sollten.

Der Theaterunternehmer Cerf war mit sämtlichen Verträgen vollständig einverstanden. Er vollzog sie mit seiner Namensunterschrift. Er war sogar derjenige gewesen, der die Pläne zu diesen Verträgen entworfen, sie selbst eingereicht und sich alle erdenkliche Mühe gegeben hatte, das Zustandekommen derselben zu bewirken. Ich erwähnte dies nur, weil dies Subjekt, nach Auszahlung der dargeliehenen Summen und nach dem Zustandekommen der Verträge die Meinung zu verbreiten sich bemüht hat, als wenn er von dem Hausministerium[4], den Ouvriers und den Bankiers zum Schließen dieser Verträge induziert und sogar gezwungen worden sei.

Das ist die einfache und tatsächliche Geschichte der über das Victoriatheater geschlossenen Verträge, über welche Cerf sich angestrengt hat, die wunderbarsten Gerüchte zu verbreiten. Als Cerfs Schulden nun mit 6 000 Talern bezahlt, als die Finanzverhältnisse des Gebäudes durch den Königlichen Kommissar geordnet waren und der Bau seiner Vollendung mit raschester Eile entgegenging, als dann Cerf während der Dauer der sechsjährigen Periode des Vertrages ein jährliches Einkommen von 1 500 Talern und eine schöne und bequeme Wohnung, ohne Zahlung jedes Mietzinses, bewilligt war, da hätte man glauben sollen, wäre Cerf von Dank gegen seine Wohltäter erfüllt gewesen und hätte sich alle mögliche Mühe gegeben, das Interesse des Victoriatheaters zu fördern.

Diese Gedanken hat Cerf niemals gehabt. Schon während des Zustandekommens des mit dem Kronfideikommiß[5] geschlossenen Vertrages faßte er seine Entschlüsse. Sie bestanden darin, keinen Vertrag zu halten, seine Schulden zu bezahlen, sich das Theater fertigbauen zu lassen und sich sodann auf jede Weise und mit Anwendung aller möglichen Mittel wieder in den Besitz des Gebäudes zu setzen. Wer Cerf kennt, kann sich über derartige Pläne nicht wundern. Cerf hat während seines ganzen Lebens noch nie einen Vertrag, noch nie ein Versprechen gehalten. Er schließt Verträge und gibt Versprechungen nur, um die Gegenleistungen anderer in Empfang zu nehmen und sein Wort nicht zu halten. Ich berufe mich auf alle, die jemals mit ihm in geschäftlicher Verbindung standen, ob ich nicht die Wahrheit spreche? Ich berufe mich auf das Zeugnis des Oberbaurats Langhans, der den bekannten Prozeß wegen des Honorars für die Pläne, nach denen das Victoriatheater gebaut ist, jetzt nach zweijähriger Mühe und Anstrengung gewonnen hat. Der Prozeß ist voll der schlagendsten Beispiele Cerfscher Schikane, dem Kläger sein Recht streitig zu machen. Es gab eine Zeit, wo Cerf während seiner Theaterführung in der Charlottenstraße viele Wechsel diskontierte. Das Mißtrauen gegen ihn war so groß, daß jeder Wechselkäufer einen Cerfschen Wechsel immer erst durch drei oder vier Sachverständige prüfen ließ, ehe er die Valuta bezahlte, weil er wußte, daß dem Cerf jeder Formfehler recht war, um seiner Verbindlichkeit zu entgehen. «Laß mir die Kerle nur erst das Theater fertigbauen, dann gebe ich ihnen allen einen Fußtritt und werfe sie hinaus», waren die Worte, die er einmal unvorsichtigerweise äußerte und die seinen Plan und seine Denkweise vollständig charakterisieren. Er meinte mit «den Kerlen» den Königlichen Kommissar und die Räte des Ministeriums des Königlichen Hauses.

Sein Plan zerlegt sich in eine Reihe von Anstrengungen, welche er seit Eröffnung des Theaters gemacht hat und die in ihrem Zusammenwirken das gewünschte Resultat hervorbringen sollten. Der Plan war mit vieler Geschicklichkeit, Schlauheit und Überlegung geschlossen und ist nur bis jetzt an der Energie und Festigkeit des Königlichen Kommissars gescheitert, der das im Victoriatheater steckende Vermögen der Krone, der Bankiers und der Ouvriers zu verwalten und zu verwahren hat und dies bis jetzt mit der größten Treue tat. Als Herr Branddirektor Scabell das Kommissorium in betreff des Theaters übernahm, kannte er den Charakter Cerfs nicht. Er würde sich sonst zweifelsohne gehütet haben, in irgendeine geschäftliche Verbindung zu einem solchen Subjekt zu treten. Er hielt ihn für einen verkehrten und konfusen Menschen; von seinem eigentlichen Charakter hatte er keine Ahnung. Ich habe dem Herrn Branddirektor Scabell im September v. J., wo ich denselben kennenlernte und er mir den Bau des Theaters zeigte, zuerst eine Schilderung des Cerfschen Charakters und seines früheren Lebens entworfen. Sein Staunen wuchs von Minute zu Minute, und ich hatte die bündigsten Beweise nötig, um ihn von der Wahrheit und Richtigkeit meiner Ansichten zu überzeugen. Ein Mann von großem Verstande ist aber Cerf durchaus nicht. Er ist nur zu kleinen Intrigen und Kniffen und zu der Ausführung der Pläne anderer fähig. Für den intellektuellen Urheber aller seiner weittragenden und mit Verstand und Nachdenken zurechtgelegten Pläne halte ich deshalb einen andern. Dieser andere ist sein Schwiegervater, der Stadtgerichtsrat Willberg. Ich nehme nicht im mindesten Anstand, dies öffentlich zu erklären. Ich habe für meine Behauptungen triftige Beweise.

Der Hauptzug in dem Cerfschen Plane, sich wieder in den Besitz der der Krone verpfändeten Grundstücke zu setzen, bestand in der Entfernung des Herrn Branddirektors Scabell. Er wußte, daß, nachdem ihn dieser Mann erkannt hatte, eine jede Vereinbarung mit demselben unmöglich war und, solange derselbe als Königlicher Kommissar das Theater verwaltete, alle seine Pläne scheiterten. Wie er diesen Hauptstreich auszuführen gedachte, werde ich später erzählen; es mußten dazu eine Reihe von Vorbereitungen getroffen werden, welche direkt und indirekt auf dies letzte Ziel hinwirken sollten.

Die Verwaltung des Theaters mußte zuerst in der öffentlichen Meinung sinken und das Theater diskreditiert werden. Er hatte dann ein Recht, von der schlechten Verwaltung zu sprechen, sich darüber zu beklagen und das Hausministerium gegen den Königlichen Kommissar in Harnisch zu bringen. Nach dieser Richtung hin hat Cerf alles Erdenkliche seit fünf Monaten getan. Das Fiasko, welches die Eröffnung des Theaters machte und welches er doch höchstens dem technischen Direktor, Herrn Cornet, aufbürden konnte – wenn überhaupt das Mißfallen einiger Stücke, was sich im vorigen Sommer im Wallnerschen Theater[6] oft täglich wiederholte, ein Fiasko zu nennen ist –, den er selbst engagiert hat, warf er dem Königlichen Kommissar vor und erschöpfte sich darüber bei dem Hausministerium in Eingaben und Beschwerden, welche alles Maß überschritten. Er ging in den Kneipen und Kaffeehäusern umher und klagte jedem, der ihn anhören wollte, seine Not und sein Elend. Er weinte. Cerf kann weinen, und wenn alle Vorstellungen seinerseits, alle Versprechungen, Bitten, Drohungen nichts helfen, dann weint er. Wenige Tage nach der Eröffnung des Theaters erfolgte die Eröffnung der italienischen Oper. Cerf hatte die Italiener im Hotel d'Hambourg, wo er täglich verkehrte, singen hören; er konnte den Erfolg der Oper im voraus berechnen. Mit dem Erfolg der Oper war sein Plan, das Theater in der öffentlichen Meinung zu diskreditieren, zunichte. Was tat er? Er hatte Signor Lorini, Carion und Frizzi kennengelernt. Er schloß mit ihnen, welche keine Ahnung von seinem Charakter haben konnten, Freundschaft und teilte ihnen mit, daß das Victoriatheater bankrott sei und sie nur dazu engagiert seien, das Theater vor dem Bankrott zu retten, widrigenfalls sie auf Erfüllung ihrer kontraktlichen Rechte nie Hoffnung hätten. Die Italiener sind immer mißtrauisch gegen die Deutschen; sie glaubten ihm und kamen eines Tages in größter Bestürzung zu Herrn Direktor Cornet, um ihm ihre Angst mitzuteilen und ihm zu erklären, daß sie nicht singen, sondern sofort wieder abreisen würden. Herr Cornet lief zu dem Königlichen Kommissar, und dieser beschwichtigte ihre Angst und nahm ihnen jedes Mißtrauen, indem er Herrn Lorini sofort eine Summe von 3 000 Talern auszahlte. Damit war diese perfide Intrige geschlagen, die Oper nahm an glänzendem Erfolg von Tag zu Tag zu, machte dem

Victoriatheater in wenigen Monaten einen europäischen Namen und machte es dem Königlichen Kommissar möglich, das erste Quartal seiner Verwaltung mit der enormen Einnahmensumme von 60 000 Talern und mit einem Überschuß im Betriebe von 15 000 Talern nach Abrechnung der bedeutenden Unkosten für Dekorationen, Mobilien usw., zu schließen, welche Summe er zur Vollendung des Baues des Wintertheaters verwandte. Während das Victoriatheater mit der Oper täglich neue Erfolge errang und die andern Berliner Theater leer standen, blieb Cerf indes nicht untätig. Er war unermüdlich in seinen Angriffen und Intrigen. Er lernte den Schriftsteller Arthur Müller kennen, der sein Lustspiel «Die Verschwörung der Frauen in Breslau» geschrieben hatte[7] und dies dem Victoriatheater einreichen wollte. Durch alle nur erdenklichen Vorspiegelungen bewog er denselben, das Stück zurückzuziehen und es dem Friedrich Wilhelmstädtischen Theater einzureichen. Er setzte sich mit einigen hiesigen Zeitungen in Verbindung und wußte unter irgendeiner Form alle vierzehn Tage einen Artikel hineinzuschmuggeln, worin es hieß, daß der Königliche Kommissar sein Amt niederlegen werde. Er wußte, daß jeder derartige Artikel den Kredit des Theaters und das Vertrauen des Publikums erschüttern werde. Er schimpfte alle Tage auf die Verwaltung, und seine Freunde und Anhänger taten alles, was in ihren Kräften stand, Gerüchte und Verleumdungen zu erfinden und weiterzuverbreiten. Cerf hat viele Anhänger in Berlin – das Lumpengesindel, was jede große Stadt in Masse zum Vorschein bringt, die Schwindler, welche den Schwindel und den Betrug für ein Talent und für eine Ehre halten, welche den Bankrotteur preisen, der aus einem betrügerischen Bankrott als reicher Mann hervorgeht, die dunklen Existenzen, welche sich abends und nachts an verrufenen Orten umhertreiben; sie alle priesen ihn als einen großen Mann, weil es ihm gelungen sei, den Bankpräsidenten Nulandt um 150 000 Taler zu kränken und einen Bau so weit zu führen, daß hundert Handwerker und Arbeiter, welche ihr kleines Vermögen und ihre Arbeitskräfte in die Unternehmung gesteckt hatten, um alles, was sie besaßen, gebracht worden wären, wenn die Regierung sie nicht dadurch gerettet hätte, daß sie die Mittel hergab, um das Theater fertigzubauen. Sie alle ärgerten sich, daß der Schwindel einmal nicht triumphieren sollte, und standen ihrem würdigen Genossen in Erfindung und Verbreitung von Gerüchten und Lügen würdig zur Seite. Er verschaffte sich ein Rechtsgutachten, nach dem der Vertrag, den er mit dem Kronfideikommiß geschlossen hatte, nicht rechtsbeständig sein sollte, behauptete, daß er zur Unterzeichnung eines solchen Vertrages induziert und sogar gezwungen worden sei, und scheute sich nicht zu erklären, daß das Königliche Hausministerium die Allerhöchste Kabinettsordre vom 28. Mai so mißbrauche, ihn seiner Habe zu berauben und ihn und seine Familie an den Bettelstab zu bringen. Was soll man zu einer so frechen Verleumdung sagen, wenn man weiß, daß, als Cerf nach der Vollziehung des Vertrages vom 16. Juni bei dem Königlichen Hausministerium gegen die Vollziehung des Vertrages protestierte und behauptete, der Vertrag sei ungesetzlich und erzwungen, ihm seitens des Hausministeriums eröffnet wurde, daß jeder Vertrag von der freien Bewilligung beider Kontrahenten abhängig sein müsse und man es ihm vollständig freistellte, von dem Vertrage wieder zurückzutreten, und daß Cerf dann in einer zweiten notariellen Erklärung den Vertrag in allen Punkten neuerdings anerkannte und sich aller Einwendungen begab? Trotzdem derartige Behauptungen mit der größten Frechheit aufzustellen, dazu ist nur Cerf imstande.

Um seinen Hauptstreich gegen das Theater und gegen den Königlichen Kommissar auszuführen und dadurch das Victoriatheater wieder in seine Gewalt zu bekommen, mußte er ferner vorher dem Königlichen Hausministerium die Verwaltung so zuwider wie möglich machen, den Geschäftsgang in jeder Art und Weise erschweren, den Branddirektor Scabell in der öffentlichen Meinung verdächtigen, ihn in jeder Weise herabsetzen und den Minister des Innern auf den Gedanken bringen, daß die Stellung des letzteren als Branddirektor mit seiner Stellung als Königlicher Kommissar unvereinbar sei. Hierzu benutzte er besonders die Zeit der italienischen Oper. Seine Beschwerden über den Königlichen Kommissar bei allen Behörden waren zahllos. Er beschwerte sich alle Tage, die Beschwerden waren in dem frechsten, unehrerbietigsten Tone selbst gegen das Ministerium geschrieben und enthielten die unsinnigsten Dinge. Um einen Begriff von diesen unsinnigen Beschwerden zu geben, will ich nur erwähnen, daß er sich an einem Tage viermal beschwerte, weil der Herr Branddirektor den Hausinspektor des Theaters im Hause wohnen, weil er den Inspizienten dort schlafen lasse, weil er nicht den Dekorationsmaler Martin – dessen Tätigkeit, Fleiß und Talent doch wohl über jedem Zweifel stehe – zwinge, von morgens sieben Uhr bis spätabends ununterbrochen auf dem Malerboden zu sein, und weil – es klingt in der Tat zu lächerlich – er oft den Ausdruck gebrauche: «Geld spielt bei mir keine Rolle.» Cerf lief im Theatergebäude umher, hetzte die Arbeiter auf, insultierte[8] die Beamten und beschwerte sich in der kläglichsten Weise, wenn die Beamten Befehl erhielten, ihn hinauszuweisen, daß der Branddirektor ihn aus seinem Eigentum hinauswerfe. Er insultierte den Logenmeister, einen höchst bescheidenen und ruhigen Mann, während der Vorstellung in der empörendsten Weise und hatte es nur der Ruhe dieses Mannes zu verdanken, daß derselbe ihn nicht an den Kragen faßte und hinauswarf. Trotzdem mußte der Vorfall als Grundlage zu einer neuen unsinnigen Beschwerde dienen. Daß selbst dem tätigsten und fleißigsten Dezernenten im Hausministerium auf diese Weise die Angelegenheiten des Victoriatheaters zuwider werden mußten, ist leicht ersichtlich. Cerf verschonte selbst den Prinzregenten nicht mit Immediatgesuchen, welche nichts als Beschwerden der unglaubwürdigsten und unsinnigsten Art über den Spezialkommissar enthielten. Der Branddirektor erhielt oft alle Tage anonyme Briefe voll gemeiner Schmähungen, nichtswürdiger Drohungen, obszöner Witze und Drohungen mit Denunziationen von Kriminalverbrechen. Seit den letzten sechs Wochen hat Cerf ein ganz neues Mittel erfunden, dem Spezialkommissar den Geschäftsgang zu erschweren. Er geht mit irgendeinem beliebigen Menschen, dem er Geld schuldig ist oder Geld schuldig sein will, zum Schiedsrichter und erkennt dort im Wege des Vergleichs die Schuld an. Aus einem schiedsrichterlichen Vergleich hat bekanntlich der Gläubiger das Recht, im Wege der Exekution die qu.[9] Summe mit Beschlag zu belegen. Er sagt alsdann seinem wirklichen oder fingierten Gläubiger: «Ich bin bereit, dich zu bezahlen, der Branddirektor Scabell verwaltet mein Theater, hat eine gefüllte Kasse, und die Einnahmen gehören mir. Belege sie mit Beschlag und klage die Einnahmen ein.» Der Gläubiger wendet sich ans Stadtgericht, und dasselbe ist genötigt, auf Grund dieser unwahren Vorspiegelungen eine Arrestlegung im Wege der Exekution gegen den Königlichen Kommissar zu veranlassen und dem Petenten die Autorisation zur Klage zu erteilen. Daß die Klage nie zu einem Resultat führen kann und dem auf diese Weise hintergangenen Gläubiger eine Menge der unnützesten Kosten entstehen, weil die Einnahmen des Theaters durch den antichretischen[10] Pfandvertrag bereits auf sechs Jahre der Krone verpfändet sind, ist Cerf natürlich gleichgültig; es liegt ihm ja nur daran, dem Königlichen Kommissar den Geschäftsgang zu erschweren. Er hat diese Angriffe während der letzten Wochen auf Höhe enormer Summen in Bewegung gesetzt.

Das alles war aber noch nicht genügend, um seinen Hauptstreich mit Hoffnung auf Erfolg wirksam in Szene setzen zu können. Cerf bedurfte dazu mehr. Er dachte sich, wenn es ihm gelänge, den Königlichen Kommissar öffentlich mit Schmutz zu bewerfen, wogegen der sich, in seiner Stellung als Königlicher Beamter, ebensowenig wie der Generalintendant der Königlichen Schauspiele, Herr Kammerherr von Hülsen, öffentlich verteidigen könne, denselben zu verdächtigen und zu beschimpfen, daß derselbe dann genötigt sei, selbst sein Amt niederzulegen, um diesen schmutzigen Angriffen zu entgehen. Ich habe bis jetzt in der Beschreibung der Cerfschen Intrigen nur Tatsachen erzählt, ich habe mich allen Urteils, um nicht tendenziös zu erscheinen, enthalten; hier aber erkläre ich, daß mir die deutsche Sprache keinen Ausdruck bietet, um die Intensität meiner Verachtung und Indignation über ein derartiges Manöver auszudrücken. Zur Ehre der Redaktionen aller hiesigen großen Zeitungen muß ich im voraus erklären, daß sie sich mit Verachtung von diesen elenden Insinuationen[11] abgewandt haben und es dem Cerf nie gelang, auch nur einen einzigen derartigen Artikel in ihre Spalten hineinzubringen, trotz jeder List, die er anwandte. Ich berufe mich auf das Zeugnis des Herrn Dr. phil. S. Gumbinner, Redakteur der «Spenerschen Zeitung», über die Mittel, welche er versucht hat. Dennoch fand Cerf bei drei hiesigen Blättern seine Leute. Es sind der «Publizist», die «Gerichtszeitung» und der «Charivari». Es gibt hier in Berlin wie in allen großen Städten Menschen, welche für Bezahlung alles schreiben, was man will, welche für Geld die

Ehre anderer beschmutzen und sich dingen lassen wie ein Bravo. Ihnen fehlt nur der Mut des Bravos; denn sie wissen ihre Schmähartikel so einzurichten, daß sie den Beleidigten sicher verletzen, ohne daß das Strafgesetz auf sie angewendet werden kann. Der Korrespondent der «Gerichtszeitung», dessen sich Cerf für diese Zwecke bediente, ist mir persönlich ganz genau bekannt. Ich will ihn indes hier nicht öffentlich nennen, weil ich überzeugt bin, daß er für sein Arbeiten von Cerf kein Geld erhalten hat. Er verachtet Cerf ebenso, wie ich ihn verachte, aber er leistete ihm diese Dienste aus einer eigentümlichen Liebhaberei zum Skandal und zu persönlichen Angriffen dieser Art. Psychologisch ist mir dies immer ein Rätsel gewesen. Wenn jemand andere politische Überzeugungen als die seinigen verficht, so ist dies erklärlich, weil er große Zwecke und Ziele hat. Wie jemand sich aber mit dem Schmutz befassen kann aus einer eigentümlichen Liebhaberei zu diesem Schmutz, ist mir ein Rätsel. Die Artikel wurden wider den Willen des Verlegers, des Herrn Verlagsbuchhändlers Behrend, der darüber oft in Entrüstung geriet, in das Blatt hineingeschmuggelt. Der Mitarbeiter des «Publizisten», den sich Cerf gewann, ist mir ebenfalls bekannt. Sein Name ist aus einem in Deutschland bekannten politischen Prozesse mit Schmach bedeckt. Zu Herrn Thiele glaube ich aber auch die Überzeugung aussprechen zu können, daß die meisten derartigen Schmähartikel in den «Publizist» ohne sein Wissen eingeschmuggelt worden sind. Es geschah dies zweimal mit dem «Preußischen Volksblatt», obschon der Redakteur, Herr Dr. H. Keipp, weil er den Herrn Branddirektor Scabell und seine amtliche Tätigkeit hochschätzte und die Erbärmlichkeit der Intrige durchschaute, sich derartige Artikel energisch verbat. Der Verfasser der Artikel wartete deshalb zweimal den Zeitpunkt ab, wo der Redakteur verreist war, und schmuggelte an diesen beiden Tagen seine Schmähartikel in das Blatt. Einen aber, der sich dem Cerf für seine Zwecke für Geld mit Leib und Seele verdingte, will ich hier öffentlich nennen, weil er sein Geschäft mit größter Schamlosigkeit und prinzipiell betrieben hat und noch heute dreimal wöchentlich betreibt. Es ist der Redakteur des «Charivari», Held. Held ist seit zehn Jahren bei seinen früheren Parteigenossen verachtet, in Berlin geht kein Mann von Ehre mit ihm um. Das elende Blatt, welches er redigiert, ist immer voll von persönlichen Schmähungen und frechen Angriffen gegen Personen und Behörden, welche er frecherweise in den Mantel des Liberalismus zu kleiden versucht. Mit diesem schloß Cerf eine innige Allianz, und alle feigen Gesellen, welche den Branddirektor Scabell beneideten, denen seine vielfache, rastlose Tätigkeit aus irgendeinem egoistischen Grunde zuwider war, oft Menschen, welche in seinen eigenen Büros saßen, sandten heimlicherweise oder anonym ihre boshaften Artikel ein, um auf irgendeine der Amtsführungen des Branddirektors einen Schatten zu werfen. Zuerst debütierte der «Charivari» mit einem langen Feuilleton-Artikel: «Enthüllungen über das Victoriatheater». Der Artikel war sehr geschickt geschrieben und gehört in die Reihe jener perfiden Artikel, wo das Wahre mit dem Falschen so künstlich vermischt ist, daß nur der Wohlunterrichtete beide Elemente herauszufinden vermag. Ein einziger Satz enthält oft drei wahre Tatsachen, welche mit drei falschen oder erlogenen so zusammengewürfelt sind, daß man gar nicht an der Wahrheit zweifelt. Zu dem Artikel hat der Stadtgerichtsrat Willberg das Material hergegeben und es bis zu einem gewissen Punkte verarbeitet. Held hat es dann nochmals überarbeitet und für diese schmachvolle Arbeit 15 Taler erhalten, welche ihm Cerf talerweise verabreicht hat. Ich berufe mich auf das Zeugnis des Hofrats Borck, wie schmählich eine ihn betreffende Tatsache der unbedeutendsten Art dort dargestellt und ausgebeutet war. Als der Artikel beendet war, den Cerf sich alle Mühe gab, in Hofkreisen durch andere Personen zu verbreiten, drohte Cerf dem Königlichen Kommissar, den Artikel als Broschüre erscheinen zu lassen, falls er sich nicht mit ihm vereinbare. Er erhielt natürlich darauf keine Antwort. Dann begann der «Charivari» in einer Reihe von Schmähartikeln die amtliche Tätigkeit des Branddirektors zu bemängeln und versuchte, ihm Nachlässigkeiten usw. nachzuweisen, immer auf das von Cerf gesteckte Ziel lossteuernd, daß das Königliche Kommissariat unvereinbar mit dem Amte eines Branddirektors sei. Jeder Artikel war giftig und boshaft, aber immer so gefaßt, daß er mit den Strafgesetzen nicht kollidierte. Einmal vergaß sich Held, überschritt diese Schranke und wurde zu 50 Taler Geldbuße oder drei Wochen Gefängnis verurteilt. Bis jetzt hat er sich geweigert, das Erkenntnis im

«Charivari» abzudrucken. Doch ich will zu Ende damit kommen; die(-se – d.Hrsg.) Tatsachen kümmern mich nicht, es liegt mir nur daran, das Schmähliche in der Intrige nachzuweisen. Welch ein Haufen von Schande und moralischer Verworfenheit, sich von einem Subjekte wie Cerf aus den unlautersten Motiven dingen zu lassen, einen Mann von Ehre mit Schmutz zu bewerfen! Held weiß recht gut, daß, indem ich nur *diese* Seite seines schmachvollen Handels erzähle, ich ihn schone. Ich habe mich in den Stand gesetzt, um mit ihm zu Ende zu kommen, auch eine andere Seite kennenzulernen. Auch Herr Dr. jur. Eichhoff sollte gegen den Königlichen Kommissar in Bewegung gesetzt werden. Ich erfuhr dies, setzte Herrn Eichhoff von der wahren Sachlage und der schmachvollen Intrige in Kenntnis, und mit Verachtung wandte er sich von solchen Subjekten ab.

Nachdem Cerf sich auf diese Weise nach allen Seiten hin das Terrain zurechtgelegt hatte, dachte er, nun sei es an der Zeit, seinen Hauptschlag gegen das Victoriatheater, gegen das Hausministerium und gegen den Königlichen Kommissar auszuführen. Er brachte eine Possessorienklage[12] gegen letzteren beim Stadtgericht an und beantragte, ihn wieder in den faktischen Besitz des Theatergebäudes und aller Räumlichkeiten zu setzen. Er stützte seine Klage darauf, daß Fehler bei der Übergabe stattgefunden und daß er noch, nachdem der Königliche Kommissar die Gebäude in Besitz genommen, Besitzhandlungen dort ausgeübt habe. Der Königliche Kommissar hatte ihn nämlich mehrere Monate lang aus Humanität in dem Gebäude geduldet, er hatte ihm einzelne Zweige der Verwaltung beim Bau übergeben und hatte ihm erlaubt, einzelne Zimmer des Theatergebäudes zur Aufbewahrung von Gegenständen zu benutzen. Alle diese Tatsachen benutzte nun Cerf, um zu beweisen, daß er zuletzt faktisch in Besitz gewesen sei. Welch eine Nichtswürdigkeit darin liegt, das Vertrauen eines anderen in dieser schmählichen Weise auszubeuten, das ging Cerf nichts an. Daß es eine Ehrensache ist, einen Wechsel oder einen Schuldschein, wofür man die Valuta vollständig erhalten hat, auch in dem Falle zu bezahlen, wenn darin ein Formfehler vorkommt und dieser Formfehler vor einer Klage schützen würde, davon weiß ein Schwindler und ein Betrüger nichts, denn er weiß ja gar nicht, was Ehre ist. Also Cerf strengte diesen Possessorienprozeß an und war gar nicht zweifelhaft, daß er ihn gewinnen würde. Die Skribenten, welche er sich gedungen hatte, feierten seinen Triumph bereits vorher alle Woche.

Vierzehn Tage vorher, ehe das Erkenntnis erwartet werden konnte, machte er dem Staatsministerium in Verein mit dem Theaterdirektor Franz Wallner den Antrag, den zwischen ihm und der Krone bestehenden Vertrag zu lösen und ihm das Victoriatheater zurückzugewähren, indem sämtliche Interessenten damit einverstanden seien. Er reichte zu dem Zwecke einen bereits abgeschlos senen Vertrag mit Herrn Wallner als artistischem Direktor des Victoriatheaters ein und begründete die letzte Behauptung – eine seiner frechsten Lügen – damit, daß er dem Hausministerium die Erklärung dreier Ouvriers vorlegte, welche zu dem Plane ihre Zustimmung gaben. Durch welche Mittel, Versprechungen, Drohungen oder geheime Verträge er diese drei Unglücklichen seinen Wünschen geneigt gemacht hat, weiß ich nicht. Daß sie betrogen werden, ist mir unzweifelhaft. Es wurde ihm und Herrn Wallner die ganz fachgemäße Antwort, daß einer solchen Rückgewährung gar nichts entgegenstehe, falls es ihm und Herrn Wallner gelänge, sämtliche Gläubiger des Victoriatheaters entweder zur Bezahlung oder sonst zu vermögen, alle Ansprüche an die Krone und den Branddirektor Scabell aufzugeben und dieselben außer jeder Verbindlichkeit zu setzen.

Cerf wußte recht gut, daß ihm dies unmöglich sei, sich auch ganz von selbst verstände. Er wußte recht gut, daß keiner der Gläubiger die Königliche Garantie, zu seinem Gelde zu kommen, aufgeben wolle oder dafür seine Garantie nehmen werde, eines Menschen, der im Schuldgefängnis saß, gegen den die Exekution hundertmal fruchtlos ausgefallen ist und der den Manifestationseid geleistet hat. Diese wahnsinnigen Gedanken hat er selbst jenen drei Ouvriers, welche er bewog, ihm formell ihre Zustimmung zu geben und sich vor dem Hausministerium als Repräsentanten sämtlicher Gläubiger zu gerieren, nicht zugetraut. Ich behaupte aber, daß der ganze Antrag ihm gar nicht ernst gewesen ist; es war ihm nur daran gelegen, das Hausministerium momentan zu düpieren und eine formelle Zustimmung zu erlangen. Er war nämlich seiner Sache, den Possessorienprozeß zu gewinnen, ganz gewiß. Nur in dieser bestimmten Voraussetzung hatte er überhaupt diesen Rückgewährungsantrag gemacht. Er hoffte, in einem Zeitraum von vierzehn Tagen auf Grund eines Erkenntnisses in der Possessoriensache durch die Exekutionskommission in den faktischen Besitz des Victoriatheaters gesetzt zu werden, und erwartete, daß, bei der grenzenlosen Verwirrung, welche dann in allen Besitzverhältnissen des Theaters entstehen würde, das Hausministerium, der Königliche Kommissar und sämtliche Ouvriers mit Dank geneigt sein würden, auf seine dem Hausministerium eingereichten Pläne einzugehen und sich mit ihm ganz nach Wunsch zu vereinbaren.

Zur selben Zeit wurde im Hause der Abgeordneten der Minister des Innern wegen des Königlichen Kommissoriums des Branddirektors Scabell interpelliert. Möge das ehrenwerte Kammermitglied mir erlauben, ihm hier zu sagen, daß diese Interpellation ganz unmotiviert und gar nicht am Platze war. Nur dann wäre dazu eine Veranlassung gewesen, wenn sie zugleich behauptet und bewiesen hätte, daß der Herr Branddirektor Scabell sein Amt als Branddirektor durch sein Kommissorium vernachlässige, und selbst in diesem Falle hätte der Magistrat diese Angelegenheit im Wege des Schriftwechsels mit den verschiedenen Ministerien abmachen können. Aber dies behauptete der Abgeordnete auch gar nicht, er dachte nicht daran, es behauptet dies auch niemand, sondern jeder ist von dem Gegenteil vollständig überzeugt. Ich aber behaupte, daß der Abgeordnete auf irgendeine Weise zu dieser Interpellation ohne sein Wissen durch eine Cerfsche Intrige induziert worden ist. Es verstehe mich niemand falsch. Es ist fern von mir, zu behaupten, daß das Kammermitglied irgendeine Ahnung von dieser Intrige hatte; ich bin sogar bei seinem durchaus ehrenwerten Charakter vollkommen überzeugt, daß, wenn es gewußt hätte, wozu seine Interpellation eigentlich dienen sollte, es sie niemals angebracht hätte. Aber es war für Cerf eine Lebensfrage, jetzt, wo er den Prozeß um den Besitz des Theaters zu gewinnen gewiß war, wo er hoffte, daß das Hausministerium und die Ouvriers in der dann entstehenden grenzenlosen Verwirrung seine Rückgewährungsanträge genehmigen würde, einen entscheidenden Schlag gegen den Königlichen Kommissar, von dessen Energie er allein Widerstand erwartete, zu tun. Der Minister des Innern sollte nämlich durch die Interpellation vermocht werden, dem Hausministerium zu erklären, daß Scabell entweder seine Stelle als Branddirektor oder als Königlicher Kommissar niederlegen solle. Mit diesen drei Faktoren, mit dem Gewinn des Prozesses, seinem Rückgewährungsprojekt und dem Zurücktritt des Herrn Scabell, war er seines Sieges gewiß.

Aber es kam anders. Cerf verlor seinen Prozeß und damit die ganze Basis seiner Pläne. Er wurde mit seiner auf die höchste Frivolität, nämlich auf die Täuschung des Vertrauens, welches ein Mann von Ehre zu ihm gehabt hatte, gegründeten Klage zurückgewiesen. Damit stand sein ganzes Rückgewährungsprojekt nackt da und versetzte ihn und Herrn Wallner nun wirklich in die Notwendigkeit, die Summe von 200 000 Talern schaffen zu müssen, um die ihm von der Krone gestellten Bedingungen zu erfüllen. Dazu kam noch, daß der Minister des Innern, Herr Graf von Schwerin, nicht in die ihm gestellte Falle ging. Er durchschaute die Gemeinheit der Intrige und gab die von Cerf so sehnsüchtig gehoffte Erklärung nicht. Ich sah Cerf am andern Tage, nachdem er am Abend vorher die Nachricht bekommen hatte, daß der Prozeß verloren sei.

Ich habe dies Subjekt oft beobachtet, ohne daß er es weiß. Heute sah ich einen Ausdruck auf seinem Gesicht, wie ich ihn nie sah. Bestürzung, Niedergeschlagenheit, Planlosigkeit wechselten in jedem Moment miteinander; sogar der Ausdruck frecher Frivolität, den es sonst nie verleugnete, war auf diesem Gesichte verschwunden!

Cerfs seit vielen Monaten mit so großer Schlauheit vorbereiteter Plan, die Krone, die Bankiers und die Ouvriers um den Besitzstand zu bringen, der sie einzig und allein vermocht hat, die Mittel zur Vollendung des Baues des Victoriatheaters herzugeben, ist mit dem Verlust des Prozesses vollkommen gescheitert. Kein vernünftiger Mensch wird sich finden, der ihm, einem Subjekt, welches manifestiert hat[13], gegen den die Exekution unzählige Male fruchtlos ausgefallen ist, 200 000 Taler borgt. Kein Ouvrier wird daran denken, ohne daß er nicht bar bezahlt wird, die Krone und den Königlichen Kommissar aus der Verbindlichkeit zu lassen. Außer jenen drei Unglücklichen, die ich oben erwähnte, haben sämtliche anderen Ouvriers dies dem

Königlichen Hausministerium bereits schriftlich erklärt und ihren Willen dahin ausgesprochen, daß sie zu der Verwaltung des Königlichen Kommissars alles Vertrauen haben, aber mit Cerf und Wallner nichts zu tun haben wollen. Doch nein, einer muß dem Cerf beitreten. Es ist der Schlossermeister Schladensky, der sein ganzes kleines Besitztum dem Bau des Theaters geopfert hat. Mit Tränen in den Augen kam er zu dem Königlichen Kommissar und zeigte ihm an, daß er nun doch gezwungen sei, mit Cerf gemeinschaftliche Sache zu machen. Und warum? Er hat eine Hypothek auf seinem Grundstück stehen, der Arme, deren Kündigung die Subhastation desselben zur Folge hat. Cerf hat den Eigentümer der Hypothek zu gewinnen gewußt, und dieser hat seinem Schuldner erklärt, daß, wenn er nicht sofort von seiner dem Hausministerium abgegebenen Erklärung zurücktrete, er die Hypothek kündigen und ihn ruinieren würde. Welch eine Verworfenheit! Die übrigen Ouvniers wissen, daß die Hypothek von 50 000 Talern, welche Cerf ihnen als Lockspeise vorhält, unbedingt ihnen gehört, wenn sie sie im Wege des Prozesses einklagen, daß, wenn Cerf sie ihnen aber wirklich zediert, sie im Konkurs, den Cerf wenige Monate nach der Übernahme der Grundstücke selbst einleiten wird, mit der Hypothek ausfallen. Sie sagen mit vollkommener Überzeugung: «Wenn es möglich ist, uns aus der Verwaltung des Theaters zu befriedigen, wird der Branddirektor es tun. Bei Cerf sind wir gewiß, daß wir alle hintergangen werden.» Sämtliche Schauspieler und Beamten des Victoriatheaters haben dem Hausministerium dieselbe Erklärung abgegeben wie die Ouvriers. Sie alle haben einen zweiseitigen Vertrag mit dem Königlichen Kommissar abgeschlossen, und die Lösung oder Anwendung eines solchen Vertrages ist selbstredend nur mit beiderseitiger Bewilligung möglich. Herr Lorini hat erklärt, daß er seinen Vertrag für die nächste Saison der italienischen Oper mit einem Kavalier geschlossen habe und sich statt seiner keinen «voleur»[14] oktroyieren lasse.

So sind Cerf und Wallner von allen denen, auf deren Zustimmung es ankommen würde, bereits desavouiert[15]. Ich begreife in der Tat Herrn Wallner nicht. Er muß den Verstand verloren haben. Cerf hat nichts auf der Welt zu verlieren, kein Vermögen, keine Ehre, keinen guten Namen; Herr Wallner ist freilich ein schwacher Schauspieler und ein unbedeutender Theaterdirigent; er hat aber ein Besitztum und einen gewissen Namen. Wie kann er dies bei einer Verbindung mit einem Subjekt wie Cerf in die Schanze schlagen, um so mehr, wenn er seinen Vertrag mit Cerf ansieht, wo er bei jedem Paragraphen sieht, daß er düpiert ist und daß Cerf ihn in demselben Augenblick vor die Tür setzen wird, wo er ihn zu seinen Zwecken benutzt hat! Der Vertrag ist, vom Standpunkt des Gesetzes und der möglichen Revenuen[16] des Grundstückes, eine Lächerlichkeit und eine wahre Monstrosität.

Und das Victoriatheater! Das Institut steht in voller Blüte. Der Bau der beiden prächtigen Theater[17] ist vollendet. Der Garten ist zu einem reizenden Aufenthalt während des Sommers umgeschaffen worden. Die Oper des Victoniatheaters, welche in jeder Saison wiederkehrt, hat sich einen europäischen Ruf erworben. Das Schauspiel wird unter der Leitung des technischen Direktors Herrn Hein bald zu den ersten in Deutschland gehören. Die Einnahmen des Theaters betrugen in den fünfeinhalb Monaten seines Bestehens 84 000 Taler. Die Einnahme des ungünstigsten Monats im Jahr betrug allein, ohne jede Mitwirkung der Oper, 8 787 Taler. Die mit den «Maurern»[18] allein gemachte Einnahme betrug 9 000 Taler. Nach diesen Resultaten glaube ich die Überzeugung aussprechen zu können, daß, wenn die Verwaltung mit Umsicht und Sparsamkeit weitergeführt wird, es möglich sein wird, sämtlichen Ouvriers gerecht zu werden und ihnen ihre Forderungen bis zum letzten Taler zu bezahlen.

Wenn aber das Victoriatheater wieder in die Hände Cerfs gerät, so ist der Ruin des Theaters und der Ouvriers unzweifelhaft, nicht allein, weil dies Subjekt keine Idee von einer ordentlichen Geschäftsführung besitzt – die drei Theater, die er nacheinander bankrott gemacht hat, liefern den Beweis zu meiner Behauptung –, sondern weil es sein höchster Wunsch sein muß und ist, das Theater zur Subhastation zu bringen. Mit Hilfe von 30 000 Talern, welche er auf den Namen seiner Frau, welche, wie jeder weiß, die Tochter des unvermögenden Willberg ist, auf das Haus Grenadierstraße 30 hat eintragen lassen, mit Hilfe der 50 000 Taler, welche er jetzt den Ouvriers als Lockspeise vorhält, und mit Hilfe anderer geheimer Mittel, welche ich wohl kenne, würde er selbst dann im Konkurs das Theater für sich aufkaufen, nachdem er sämtliche Schulden und die Last der Ouvriers sich im Konkurs abgeschüttelt hat. Man vergesse dies nicht, der Konkurs des Theaters, Abschüttelung aller Gläubiger und eigener Wiedererwerb im Konkurs, das ist Cerfs eigentlicher Plan.[19] Ich bin fest überzeugt, falls das Hausministerium auf seine Rückgewährungsprojekte eingeht und Cerf wieder in den Besitz des Theaters gesetzt wird, er wird binnen drei Monaten den Konkurs über das Victoriatheater eröffnen, und nach sechs Monaten wird er ein reicher Mann und Eigentümer des Theaters sein, während die Dessauer Bank und die Ouvriers vollkommen um alle ihre Forderungen bis auf den letzten Taler gebracht werden und Herr Wallner wieder sein während dieser drei Monate durch ihn selbst vollständig ruiniertes Theater in der Blumenstraße übernehmen muß. Wenn aber das Theater in der jetzigen Verwaltung bleibt und nicht nächstens wiederum eine Krisis überstehen muß wie die soeben stattgehabte und von Cerf und Wallner angezettelte – die Krisis hat dem Victoriatheater einen Schaden von 10 000 Talern verursacht –, wenn der Königliche Hausminister ferner ein Mann ist, in dessen Anschauungen der Glanz der Residenz seines Königlichen Herrn und die Kunst in erster Reihe stehen und dem es, wenn es nötig sein sollte, auf einige tausend Taler nicht ankommt, so kann das Victoriatheater auf dem Gebiet der ausländischen Oper, der großen Ausstattungsstücke, des Schauspiels und des feinen Lustspiels in Europa einen ersten Rang einnehmen und wird diesen Rang, bevor das Jahr zu Ende geht, bereits eingenommen haben. Selbst die Feinde des Theaters müssen eingestehen, der Königliche Kommissar, Herr Branddirektor Scabell, hat es auf diesen Weg gebracht.

Zum Schluß dieser meiner Denkschrift über das Victoriatheater und die Intrigen Cerfs erlaube ich mir noch einige Worte, die ich dem Königlichen Kommissar und auch mir selbst schuldig zu sein glaube. Ich habe kein Interesse zur Sache. Ich habe keine amtliche Stellung irgendwelcher Art zu dem Victoriatheater. Das Victoriatheater hat mir niemals einen Taler eingebracht. Persönliches Interesse kann mich also nicht zu dieser Schrift bewogen haben. Man könnte mir aber erwidern, sie sei durch ein Interesse für den Herrn Branddirektor Scabell motiviert. Wenn dies der Fall wäre, so hätte ich selbstredend diese Gelegenheit ergriffen, dessen Verwaltung zu loben. Ich hätte anführen können, daß derselbe in unglaublich kurzer Zeit einen Prachtbau aufgeführt und ein Theater geschaffen hat, wie ich in Europa kein zweites gesehen habe. Ich hätte ausführlich von den enormen Einnahmen des Theaters seit den fünf Monaten seines Bestehens sprechen können. Ich hätte von jener glänzenden Oper reden können, wie sie Berlin seit zwanzig Jahren nicht gehört hat; ich hätte von jenen großartigen Ausstattungsstücken reden können, wie sie nur die Königliche Oper in gleicher Weise hergestellt hat. Ich hätte sagen können, daß diese Ausstattungsstücke in ihrer Darstellung und Ausführung dreimal nacheinander ein anderes hiesiges Theater vollständig geschlagen haben. Ich hätte erwähnen können, daß Herr Branddirektor Scabell den ersten und künstlerisch höchststehenden deutschen Theaterdirektor, Herrn Hein, für das Schauspiel engagiert und für die nächste Wintersaison mit Herrn Lorini eine Oper geschaffen hat, welche die vorige Oper weit übertreffen wird. Ich habe dies alles nicht getan, und niemand kann mir deshalb derartige Motive unterschieben. Wenn aber mir jemand vorwirft, ich habe diese Broschüre geschrieben, um einem Manne von Ehre, dessen rastlose Tätigkeit und Talent ich hochschätze, eine Genugtuung zu verschaffen gegen derartige infame Angriffe und Intrigen verächtlicher Subjekte, welche ich hier nebst ihren unlauteren Motiven enthüllt habe; wenn mir jemand sagt, ich habe sie im Interesse der Wahrheit und des Rechts geschrieben, so nehme ich diese Vorwürfe recht gern hin und erkläre, daß sie mich treffen; aber ich glaube der Zustimmung und des Lobes aller, welche noch Begriffe von Wahrheit und Ehre haben, gewiß zu sein.

Sollte Cerf oder eines seiner gedungenen Subjekte mir auf meine Denkschrift etwas erwidern, sollten sie den Versuch machen, auch mich mit Schmutz zu bewerfen, so erkläre ich im voraus, daß ich auf derartige Angriffe kein Wort erwidern werde. Wenn ich im voraus jemanden für beleidigungs- und satisfaktionsunfähig erkläre, wie ich dies hier nochmals mit Cerf, seinen Anhängern und seinen gedungenen Subjekten tue, so kann ich ihn selbstverständlich auch nachher nicht für würdig erklären, mich mit ihm auf eine weitere Polemik einzulassen. Es ist ein in der Gesellschaft allgemein anerkannter Grundsatz, daß ein

Ehrloser nie eine Satisfaktion erhält und nie beanspruchen kann. Daß aber das, was ich in diesen Blättern erzählt habe, den Vorwurf der vollkommenen Schmach verdient, darüber appelliere ich an die öffentliche Meinung, an die Meinung aller anständigen Menschen. Nur einen Weg will ich dem Cerf offenlassen. Ich fordere ihn auf, diese Denkschrift der Staatsanwaltschaft zu übergeben und einen Preßprozeß gegen mich einzuleiten. Ich werde dann öffentlich jede Tatsache, die ich behauptet habe, vertreten und beweisen. Solange aber setze ich meine Ehre als Pfand ein, daß das, was ich geschrieben habe, die Wahrheit ist, und ich bin überzeugt, sie wird in der Meinung der Menschen dem Geschrei und den Schmähungen dieses Subjekts gegenüber vollständig das Gleichgewicht halten. Selbst meine Feinde müssen mir den Ruhm zugestehen, daß ich nie die Unwahrheit geschrieben, daß nie persönliche Interessen mich bei meinen schriftstellerischen Arbeiten geleitet und daß ich immer nur meine eigenen persönlichen oder politischen Überzeugungen verteidigt habe, ohne Menschenfurcht, ohne Egoismus und ohne jemals darin zu wanken.

Dem Cerf stelle ich aber eine zweite Denkschrift in Aussicht. Sein eigenes Lebens- und Charakterbild.[20] Ich kenne seine ganze Vergangenheit genau. Ich habe mich von jener Zeit unterrichtet, wo der Fürst Wittgenstein nach dem Tode seines Vaters nicht ihm, sondern seiner Mutter die Theaterkonzession übertrug. Sein Verfahren gegen den Branddirektor Scabell ist eine neue Auflage seines damaligen Benehmens und seiner Intrigen gegen seine Mutter. Ob seine Mutter eine ehrenwerte Frau war oder nicht, weiß ich nicht; ich weiß nichts von ihr. Aber das weiß ich, daß selbst ein Galeerensklave Achtung vor seiner Mutter hat und sie nicht mit Schmutz bewirft. In der ganzen Stadt herrschte damals über das Benehmen Cerfs gegen seine Mutter eine allgemeine Entrüstung. Ich kenne Cerfs Geschäftsführung als Theaterdirektor in der Charlottenstraße und in der Blumenstraße. Ich will zwei Tatsachen anweisen, die dieselbe vollkommen charakterisieren. Ein Schauspieler nahm aus einer auf der Bühne hängenden Öllampe einige Tropfen Öl, tat dies in ein Fläschchen, um sich damit die Schminke abzureiben, und nahm es mit in seine Garderobe. Cerf versuchte diesen Mann wegen Diebstahls zu denunzieren. Die Tatsache ist faktisch; der Schauspieler ist hier; ich kann ihn vorführen. Ein hübsches junges Mädchen war beim Chor ohne Gehalt engagiert. Eines Abends stellte ihr Cerf einen alten Herrn, den Grafen v. K., vor. Nach dem Schluß des Schauspiels sagte er zu dem Mädchen: «Sie werden heute abend mit dem Grafen v. K. soupieren.» Sie verweigerte dies Ansinnen durchaus, und als Cerf sie zu dem Wagen des Grafen führen wollte, entfloh sie. Am andern Morgen erschien ein Polizeibeamter in der Wohnung dieses jungen Mädchens. Cerf hatte der Polizei vorgelogen, daß das Mädchen kontraktbrüchig sei, und wollte sie durch die Polizei abends auf das Theater führen lassen. Der Polizeibeamte überzeugte sich sofort von der Lügenhaftigkeit der Angabe, und der Handwerker, bei dessen Familie das Mädchen wohnte, ging in seiner gerechten Erbitterung zu Cerf und prügelte ihn durch. Ich erinnere einen hiesigen, sehr achtbaren Schauspieler an einen ähnlichen Vorfall mit seiner Tochter, bei welcher Gelegenheit das Subjekt von der Mutter des Fräuleins Ohrfeigen erhielt. Jenes junge Mädchen und dieser Schauspieler sind hier; ich kann sie vorführen. Ich kenne aber auch Cerfs Leben in Hamburg und in Rio. Über seinen letzteren Aufenthalt spricht Cerf nie. Ich habe einen Zeugen hier, der ihn in Rio mit Affen und Papageien handeln sah, der ihn als Pächter des Hauses 38 der Ellnbogenstraße kannte, des niedrigsten und schmutzigsten Hauses, welches Rio aufzuweisen hat. Ich kenne die dunkle Geschichte dieses Hauses, ich kenne auch den Neger, den Cerf zu einer Tat gedungen hat, welche ihn den dortigen Gerichten überlieferte! Die Akten des Auswärtigen Ministeriums müssen hierüber die Dokumente enthalten; und wenn dies nicht ist, so ist der Telegraph imstande, die amtlichen Beweise in wenigen Tagen zur Stelle zu schaffen. Ich frage die hiesige Polizeibehörde, wie es möglich ist und womit es verantwortet werden kann, ein solch gemeinschädliches Subjekt frei in der Stadt umherlaufen zu lassen? Falls Cerf nun in seinen Intrigen gegen das Victoriatheater und gegen den Herrn Branddirektor Scabell innehält und sich anständig benimmt, werde ich schweigen. Falls Cerf aber in seinen Intrigen und Machinationen weiter fortfährt, will ich ihm aus diesen Tatsachen ein Lebens- und Charakterbild entwerfen, vor dem sein Gesicht noch einmal erröten soll – ob vor Scham oder Zorn, weiß ich nicht. Ich aber werde dann die Genugtuung haben, die Stadt für immer von diesem Subjekt befreit zu haben, eine Genugtuung, welche sich die kaiserliche Regierung von Brasilien durch einen gerichtlichen Akt selbst verschafft hat.

Anmerkungen

Das Haus des Elends

1 Diese volkstümliche Bezeichnung des Arbeitshauses geht auf das Wahrzeichen der Fleischer zurück, denen das Haus ursprünglich gehörte.

2 1790 als Stadtgefängnis eingerichtet, unterstand die Berliner Stadtvogtei dem benachbarten Polizeipräsidium. Hier wurden Untersuchungshäftlinge, zu geringen Strafen Verurteilte sowie Schuldgefangene und andere Polizeihäftlinge untergebracht. Die Tretmühle wurde 1835 auf Betreiben des Berliner Vereins zur Besserung der Strafgefangenen eingeführt. Vgl. auch Ernst Rosenfeld: Die Geschichte des Berliner Vereins zur Besserung der Strafgefangenen 1827–1900. Berlin 1901, S. 37 ff.

3 auch bei Karl Gutzkow: Aus der Knabenzeit 1811–1821. In: Gutzkows Werke. Hrsg. von Peter Müller. Leipzig/Wien o.J. Bd. 3, S.291.

4 d. h. Beschwerde, Protest einlegen.

5 Der Berliner Polizeipräsident von Hinckeldey wurde 1856 im Duell erschossen. Sein Grabstein befindet sich auf dem alten Friedhof von St. Nicolai und Manen am Prenzlauer Tor.

6 Schönhauser Allee Nr. 59 der heutigen Zählung.

7 Anselm, Ritter von Feuerbach (1775–1833), deutscher Strafrechtler und Richter.

8 Das in die vorliegende Auswahl nicht aufgenommene Kapitel «Das Haus der Büßerinnen» aus G. Haschs Buch: Die dunklen Häuser…

Ein Besuch im Zellengefängnis bei Moabit

1 Diese «Denkschrift des Ministers des Innern an den Landtag über die Einzelhaft» erschien ohne Nennung des Verfassers in: Archiv für Preußisches Strafrecht. Bd. IX, 1861, S. 245 ff.
Verfasser der Denkschrift war jedoch der Begründer der Inneren Mission in Deutschland, Johann Hinrich Wichern (1808–1881), was Gustav Rasch nicht wissen konnte.

2 Franz von Holtzendorff (1829–1889): Gesetz der Verwaltungsmaxime? Rechtliche Bedenken gegen die Preußische Denkschrift betreffend die Einzelhaft, Berlin 1861.

H., seit 1861 Professor für Straf-, Staats- und Völkerrecht in Berlin (ab 1872 in München), forderte einen Strafvollzug nach engl. Vorbild und lehnte die von Wichern vorgeschlagene und praktizierte Einzelhaft ab.

3 d. h. Strafvollzug.

4 d. h. beeinflußt; eigentl. krankhaft verändern.

5 Das zitierte Gefängnis-Reglement von Rawicz, Provinz Posen (heute Bezirk Poznan, VR Polen), wurde durch Ministerialerlaß vom 25. Dezember 1835 zur verbindlichen Norm für alle preußischen Zuchthäuser mit Ausnahme der Gefängnisse. der Rheinprovinz; bei Rasch irrtümlich auf den 5. Dezember datiert.

6 Cesare Beccaria, Marchese de Bonesana (1738–1794), italien. Rechtsgelehrter. Trat in seiner 1764 (zunächst) anonym erschienenen Schrift «Dei delitti e delle pene» für eine Milderung der Strafen sowie Einschränkung der Folter und der Todesstrafe ein.

7 George Sand (eigentl. Aurore Dupin, Baronin Dudevant), frz. Schriftstellerin (18041876).

8 John Howard (1726–1790), engl. Philanthrop und Gefängnisreformer. Hauptwerk: The State of the Prisons in England and Wales…, London 1777. H. forderte darin u. a. die Abschaffung der Deportation von Strafgefangenen nach Übersee.

9 Denkschrift betreffend die Einzelhaftfrage und ihre Durchführung in Preußen vom 22. August 1859.
Die erste Audienz bei Friedrich Wilhelm IV. in dieser Sache fand am 6. März 1856 statt und führte zur oben genannten Denkschrift.

10 Baubeginn im Jahre 1843 irrtümlich bei Rasch. Tatsächlich Bauzeit von 1842 bis 1846 unter der Leitung des Geheimen Oberbaurats Busse.
Zum Moabiter Gefängnis vgl. auch den zeitgenössischen Bericht über die neue Strafanstalt zu Moabit (1861) sowie Karl Wilke: Bau-Einrichtung und Verwaltung der Kgl. neuen Strafanstalt (Zellengefängnis) bei Berlin. Berlin 1872.

11 Rasch spielt hier auf seine eigene Schrift «Aus meiner Festungszeit» an. Vgl. dazu auch das Nachwort zur vorliegenden Auswahl.

Ein Haus in der Vorstadt

1 Die Bezeichnung «Voigtland» geht auf die Zeit der Gründung im Jahre 1752 zurück, als hier im Norden Berlins nichtzünftige Handwerker aus dem Voigtland angesiedelt wurden.

2 vgl. Nachwort der vorliegenden Auswahl.

3 d. h. frühere Ereignisse oder Verhältnisse, das frühere Leben.

4 Berliner Tageszeitung.

5 berüchtigte Kneipen im Norden von Berlin.

6 Der Norden Berlins wurde im Volksmund auch als «Feuerland» wegen der dort befindlichen Fabriken (Borsig, Egells u. a.) bezeichnet.

7 Ob Rasch hier auf konkrete zeitgenössische, aktenkundige Prozesse anspielt, ist ungewiß.

8 d. h. gewandtes Benehmen, Auftreten.

9 Gemeint sind die revolutionären Ereignisse in Ungarn während der Jahre 1848/49.

Aus den Familienhäusern

Dieses Kapitel beginnt mit einer Auslassung, da dem für die vorliegende Auswahl benutzten Exemplar der Berliner Ratsbibliothek an dieser Stelle zwei Seiten fehlen.

1 Zur Kinderarbeit in Preußen vgl. z. B. Jürgen Kuczynski: Geschichte des Alltags des Deutschen Volkes. Berlin 1981. Bd. 3, 5. 233 ff.

2 Die Listen der Mietsschuldner haben sich in den Akten des Berliner Stadtarchivs erhalten.

3 entspricht 25° Celsius.

4 «Auszug eines Berichts über die innere Verfassung, den physischen und moralischen Zustand der Bewohner der von Wülcknitzschen Familienhäuser und deren Mängel nebst Gutachten zur Abhülfe derselben vom 11. Januar 1827.» Verfasser: Dr. Thümmel.
Nach Geist/Kürvers: Geschichte des Berliner Mietshauses. 1740–1862. München 1980. S. 194 ff.

5 Der korrekte Titel lautete: «Dies Buch gehört dem König.» Der «junge Schweizer» konnte von Geist/Kürvers als der Schweizer Pädagogikstudent Heinrich Grunholzer (1819–1873) identifiziert werden.

6 Da die Eingangssätze zu den «Erfahrungen...» von Rasch nicht korrekt zitiert wurden, folgt die vorliegende Auswahl der Originalausgabe von 1843 (dort S. 543 f.).

Eine Nacht in der Berliner Verbrecherwelt

1 architektonische Verzierungen in S-Form, auch als Kehlstoß bezeichnet.
2 Bereits Friedrich Saß berichtete in seinem Buch «Berlin in seiner neuesten Zeit und Entwicklung 1846» von diesen «Lehnfrauen». Danach betrugen die Leihgebühren im Jahre 1846 z. B. für ein seidenes Kleid 20 Silbergroschen, für ein Paar Strümpfe einen Silbergroschen – zuzüglich 100–200% Zinsen pro Tag und Stück!
In: a. a. O. Neu hrsg. und mit einem Vorwort versehen von D. Heikamp. (West-) Berlin 1983, S. 77.
3 Königsmauer, eine enge Gasse, welche die Königstraße mit der Rosmariengasse bzw. -straße zwischen der Neuen Friedrichstraße und der Klosterstraße verband; traditionelles Prostituiertenviertel; Ende der 1880er Jahre abgebrochen.
4 d. h. in Unehren aus dem Dienst entlassen
5 kleines Sofa; von frz. causerie, d. h. Plauderei, anmutige Unterhaltung.
6 ursprünglich niedriger Sessel ohne Lehne, später auch allgemein für Fußschemel.
7 preußische Goldmünze im Wert von 5 Talern, bis Ende Juni 1874 gültig.

Das Haus Zum Guten Hirten

1 Charlottenburg, aus dem Dorf Lietzow bei Berlin entstanden; 1705-1710 angelegt durch Friedrich I, welcher sich gleichzeitig zum ersten Bürgermeister der Stadt erklärte. 1920 eingemeindet.
2 Sperrbezirk eines Klosters.
3 Anspielung auf die Polemiken gegen Johann Hinrich Wichern.
4 Gräfin Ida Hahn-Hahn, deutsche Schriftstellerin (1805-1880), trat im November 1852 zu Angers in ein Kloster ein, gründete später in Mainz ein eigenes Kloster und widmete sich dort neben ihrer schriftstellerischen Arbeit vorwiegend der Gefangenenfürsorge.
5 Speisesaal eines Klosters.

Die nächtliche Konditorei

1 Karl Ludwig von Hinckeldey, Berliner Polizeipräsident von November 1848–1856, ab 1853 Leiter der Abteilung Polizei im Ministerium des Innern. Vgl. auch Anm. 5 zum Kap. «Das Haus des Elends» der vorliegenden Auswahl.
2 d. h. vor den Staatsanwalt bringen.
3 d. h. Verbindungsweg; ursprüngliche Bezeichnung für die Elsässerstraße, heute der westliche Teil der Wilhelm-Pieck-Straße zwischen Oranienburger und Rosenthaler Tor.
4 Tonhalle, Friedrichstraße 112.
5 d. h. anerkennen, für echt erklären.
6 eigentlich zurückbehalten, hier im Sinne von inhaftieren gebraucht.

Das Haus der Armen und der Elenden

1 Ursprünglich wurde das betreffende Gelände als «Contre-Escarpe» bezeichnet; dann Alexanderstraße 1–4. Vgl. auch das Kap. «Das Haus des Elends» in der vorliegenden Auswahl.
2 Das Haus Belle-Alliance-Platz 11 wurde laut Kabinettsordre Friedrichs II. vom 6. März 1742 zum Arbeitshaus eingerichtet.
3 eigentl. der südwestliche Teil Rumäniens; hier als gleichbedeutend mit «Ende der (zivilisierten) Welt» benutzt.
4 vgl. das Kap. «Das Haus des Elends» in der vorliegenden Auswahl.
5 d. h. mißbilligen, widerrufen.
6 d. h. hassenswert.
7 Strafanstalt bei Prettin in der Nähe von Torgau.
8 d. h. Wachtmeister.

Das Totenhaus

1 Wahrscheinlich Irrtum von Rasch bzw. Druckfehler; der Sache nach handelt es sich um Robert Froriep (1804–1861). F. wurde 1833 u. a. Prosektor, d. h. stellvertretender Leiter der Anatomie, und Konservator des pathologischen Museums der Berliner Charité.
2 Rudolf Virchow (1821–1902), Pathologe, Anthropologe und Politiker.
3 Johannes Müller (1801–1858), erhielt 1833 die ordentliche Professur für Physiologie in Berlin.
4 Otto Theodor Freiherr von Manteuffel (1805–1882), seit 1845 führender Mitarbeiter im preußischen Innenministerium, das er ab November 1848 leitete. Von 1850 bis 1858 Außenminister.
5 Gottfried Kinkel (1815–1882), Dichter und Kunsthistoriker. Im November 1850 von Karl Schurz aus dem Spandauer Gefängnis befreit, anschließend konnte K. nach England fliehen.

Nächtliche Razzia im Tiergarten

1 italien. im süßen Nichtstun.
2 d. h. Hilfe, Unterstützung.
3 Entstanden 1843/44 als Ausflugslokal nach Plänen von C. F. Langhans. Nach einem verheerenden Brand im Jahre 1851 nach Entwürfen von E. Titz um einen Theaterbau erweitert; ab 1894 Konzert- und Opernhaus.
4 preußischer Beamter an einem Gericht zweiter Instanz.
5 Gaststätte, in welcher hauptsächlich Angehörige der höheren Stände verkehrten.

ANHANG

Das Victoriatheater und die Intrigen des Theaterunternehmers Cerf

1 selbständige Handwerker.

2 unmittelbar an den Landesherrn gerichtetes Gesuch.

3 d. h. Zwangsversteigerung.

4 d. h. Ministerium des Königlichen Hauses.

5 unveräußerliches Familiengut.

6 Im Wallnerschen Theater. Von dem österreichischen Schauspieler und Schriftsteller Franz W. (1810–1870) im Jahre 1856 geleitetes Theater in Bouchés Blumengarten. Errichtet nach Plänen des Architekten Titz in der Zeit vom 3. März bis 7. Mai 1856. Vgl. dazu Franz Wallners neues Sommertheater. In: Illustrierte Zeitung Nr. 676, XXVI. Bd. Leipzig, 14. Juni 1856, S. 402.
W. gründete danach im Jahre 1864 ein eigenes Theater.

7 Hier irrte sich Rasch im Titel des Lustspiels. Er korrigierte sich jedoch in seiner Broschüre «Die Beweismittel für die in der Broschüre ‹Das Victoriatheater und die Intrigen…› behaupteten Tatsachen», ebenfalls Berlin 1860. Danach handelte es sich um das Lustspiel «Wie geht's dem König?»

8 d. h. beleidigte.

9 d. h. die fragliche.

10 d. h. Pfandvertrag mit Nutzungsrecht.

11 d. h. Verdächtigungen.

12 d. h. Besitzstandsklage, ein nur den Besitz betreffender Rechtsstreit.

13 d. h. den Offenbarungseid geleistet.

14 d. h. Dieb (frz.).

15 d. h. verleugnen, widerrufen, nicht anerkennen.

16 Einkünfte.

17 Das Victoriatheater bestand aus einer sogenannten Sommer- und Winterbühne, die beide zu einem Bau vereinigt waren.

18 d. h. das Volksstück «Die Maurer von Berlin». Vgl. Abb. 11.

19 Cerf handelte hier in ähnlicher Weise wie eine Reihe von zeitgenössischen Grundstücks- und Wohnungsspekulanten.

20 vgl. Anm. 7, dort der Titel der Broschüre.

Nachwort

«Höchst widerspenstig, gefährlich und mit äußerster Strenge zu behandeln.»

Der Kommandant der Festung Magdeburg, Oberst von Hermann, im Jahre 1850 über Gustav Rasch.

Gustav Rasch, Verfasser kritischer Sozialreportagen und politischer Tagesschriftsteller, gehört zu den (fast) Vergessenen.

In keiner Literaturgeschichte, in keinem Nachschlagewerk, in keinem Lexikon, in keinem noch so auf Details versessenen biographischen Handbuch ist er festgehalten. Selbst die sonst so exakten Bücherverzeichnisse und Bibliographien führen seine zahlreichen Bücher und Schriften, die er wechselseitig in seinen Arbeiten zitiert oder als Literaturangaben erwähnt, nur lückenhaft auf. Seine Zeitungsartikel sind heute unbekannt. Keine Bibliothek besitzt einen vollständigen Überblick über sein Schaffen.

Lediglich August Bebel überliefert der Öffentlichkeit seinen Namen. Im zweiten Band seiner Erinnerungen «Aus meinem Leben» heißt es über Gustav Rasch: «Das tägliche Einerlei unserer Haft (gemeinsam mit Wilhelm Liebknecht auf der Festung Hubertusburg – d. V.) wurde Ende Februar 1874 durch einen Besuch von Gustav Rasch in amüsanter Weise unterbrochen. Rasch war ein wenig Sensationsschriftsteller, er liebte es, in seinen Arbeiten die Farben etwas dick aufzutragen. Er hatte sich dadurch einen Namen gemacht, daß er Ende der fünfziger und in der ersten Hälfte der sechziger Jahre in der ‹Gartenlaube› und in mehreren großen liberalen Zeitungen zahlreiche Artikel veröffentlichte über die Schandwirtschaft der Österreicher in Venetien und die ‹Tyrannenherrschaft› der Dänen in Schleswig-Holstein, die großes Aufsehen erregten. Jetzt kam er hauptsächlich wohl zu einem Besuch, weil er hoffte, Material für einen Artikel zu erhalten. Solche Besuche fanden auf dem Bureau in Gegenwart eines Beamten statt und sollten nicht über eine Stunde währen.

Das paßte aber Rasch nicht. Er verlangte vom Direktor, mit uns unter vier Augen sprechen zu dürfen, auch wünschte er unsere Zellen zu sehen. Der Direktor lehnte dieses Ansinnen mit den Worten ab: Er (Rasch) solle sich doch in seine Lage denken, um einzusehen, daß das nicht gehe; wäre er (Rasch) Direktor, könnte er auch nicht anders handeln, worauf Rasch mit seiner göttlichen Unverfrorenheit antwortete: ‹Oh, wenn er Direktor wäre, er erlaube es sicher!› Eine Antwort, die uns alle zu schallendem Gelächter veranlaßte.» (August Bebel: Aus meinem Leben. 2. Teil. Stuttgart, 1911, S. 276.)

Nach seinen eigenen Aufzeichnungen zu urteilen, gehörte Rasch offensichtlich zu jenen bürgerlich-progressiven Kräften, zeitweiligen politischen Emigranten aus dem Umfeld der 48er Revolution und späteren Journalisten und Schriftstellern, die, wie er in seinem im Jahre 1871 veröffentlichten Buch «Berlin bei Nacht» rückblickend schrieb, «… aus der Zeit des Hinckeldeyschen Polizeiregiments… in manche amtliche Konflikte geraten waren».

Die Wohnung Gustav Raschs in der Berliner Stallschreiberstraße wurde mehrfach durchsucht, er wurde verhaftet, bei anderer Gelegenheit fahndete man bei ihm nach Manuskripten. Rasch wurde in das Gefängnis am Berliner Molkenmarkt, in die Kasematten von Magdeburg und Silberberg geworfen. In seinem 1868 erschienenen Buch «Aus meiner Festungszeit. Ein Beitrag zur Geschichte der preußischen Reaktion» gibt Gustav Rasch eine eindrucksvolle Schilderung dieser Ereignisse. Wenn man diesen Ausführungen Glauben schenkt, dann gehörte Gustav Rasch im Revolutionsjahr 1848 zu jenen mutigen und selbstlosen jungen Männern, die «… sich noch in der ersten Hälfte… (ihrer – d. V.) zwanziger Jahre (befanden)».

Er beteiligte sich – nach eigener Darstellung – am 13. Juni 1848 an der Aushebung und Entfernung der eisernen Gittertore im Königlichen Schloß zu Berlin und setzte sich dabei an die Spitze eines bewaffneten Volkshaufens. Bereits einige Jahre zuvor sei er als Assessor am Berliner Kammergericht tätig gewesen und hätte sich während der revolutionären Märzereignisse des Jahres 1848 gerade auf das Examen als Obergerichtsassessor vorbereitet.

Mehrere Monate vor Aushebung der Gittertore des Schlosses sei er als Auskultator, d. h. als junger, nicht stimmberechtigter Justizbeamter, bei den Sitzungen des Berliner Kriminalgerichts am Molkenmarkt anwesend gewesen, um seine Ausbildung zu vervollständigen. Der Titel «Auskultator» (von lat. Zuhörer) war in Preußen bis zum Jahre 1869 üblich und wurde danach allgemein durch den Titel «Referendar» ersetzt.

Gustav Rasch wußte also, wie in Preußen Revolutionäre bestraft wurden, und er entzog sich dem Beschluß des Königlichen Preußischen Kammergerichts in Berlin, ihn wegen «Aufruhrs mit Anwendung von Waffen und Gewalt» zu verurteilen, durch Flucht in die Schweiz. Hier in Basel, im Gasthof «Zum Schwarzen Bären», habe er seinen in den führenden deutschen Zeitungen veröffentlichten Steckbrief in aller Ruhe gelesen, schreibt Rasch, bevor er in das französische Strasbourg, dann weiter nach Paris und schließlich nach London emigriert sei.

Schon eine erste Überprüfung dieser anscheinend so präzisen und deshalb glaubwürdigen Angaben, an denen man nicht zweifeln würde, hätte sich nicht bereits Mißtrauen angesichts des absoluten Verschweigens von Gustav Rasch in den einschlägigen Nachschlagewerken eingestellt, ergibt jedoch, daß sie, jedenfalls was seine Person betrifft, da und dort nicht stimmen.

So fand der Sturm auf die Gittertore des Königlichen Schlosses nicht am 13. Juni 1848, sondern am 14. d. M. statt, und Rasch, der sich dieser Aktivitäten sogar in einem Brief vom 9. April 1849 aus Paris an Karl Marx rühmte, nimmt es mit den Angaben nicht sehr genau. Diesmal stimmt zwar das Datum, aber nicht die Angabe der Tageszeit. Während Rasch an den «Herr(n) Redacteur» Marx nach Köln schrieb, daß «... die Fortnahme der Gitterthore auf dem Schloß zu Berlin am 14. Juni v. J. (d. h. im Jahre 1848 d. V.) morgens» geschah, (MEGA, Bd. 111/3, Berlin 1981, S. 343), fand dieses Ereignis in Wirklichkeit erst in den frühen Nachmittagsstunden statt. Hält man Rasch, der in allen seinen Publikationen großen Wert auf präzise Angaben von Ort, Zeit, Personen und Daten legte, noch zugute, daß er sich in seinem zwanzig Jahre später erschienenen Buch «Aus meiner Festungszeit...» im Datum geirrt habe, daß nach solch langer Zeit gewissermaßen eine Erinnerungslücke aufgetreten sein könnte, so verwundert es doch, daß er seine zeitlichen Angaben bei solch einem wichtigen Ereignis, wie es die Entfernung der Gittertore des Königlichen Schlosses in Berlin gewesen ist, in seinem an Marx verfaßten Brief vorverlegt, zudem noch nicht einmal ein Jahr verstrichen war.

Der Hergang ist folgender gewesen: Als Anfang April 1848 das Gerücht aufkam, daß Arbeiter die Schatzkammer im Königlichen Schlosse stürmen wollten, wurden drei Bataillone Bürgerwehr dort stationiert. Zur Verteidigung wurden die Toröffnungen zunächst provisorisch verbarrikadiert, dann durch Gittertore gesichert. Am sogenannten Küchenportal, dem Durchgang zwischen den beiden Schloßhöfen, war das aus zwei Flügeln bestehende Gitter bereits angebracht, am Portal 1, am Schloßplatz, waren die Handwerker gerade dabei, die Gitter einzusetzen, als plötzlich am 14. Juni, nachmittags 13 Uhr, ein Volkshaufen vom Lustgarten her durch das Portal 4 in den ersten Schloßhof drang und die Aushängung der Tore verlangte.

Die Gitter des Portals am Schloßplatz wurden zur Kurfürstenbrücke getragen und in die Spree geworfen. Die beiden anderen Gitter des Küchenportals wurden zur Schloßbrücke gebracht. In der Nähe des Zeughauses wurde die Gruppe von der Bürgerwehr aufgehalten, und beide Flügel wurden nach erregten Diskussionen in die nahe gelegene Universität geschafft. Studenten ließen die in die Spree geworfenen Flügel bergen, beteiligten sich wohl auch selbst daran und trugen auch die Flügel in die Universität. (Nach Adolf Wolff: Berliner Revolutionschronik… 3. Bd. Berlin 1854, S. 259 f.)

Rasch war am Vormittag des 14. Juni mit dem Einsammeln von Geld für brotlose Arbeiter vor dem Schloß beschäftigt, wo er das Einhängen der fraglichen Gittertore beobachtete. Auf einer Versammlung der bewaffneten Studentenkorps mittags in der Universität, an der Rasch als Mitglied des demokratischen Klubs teilnahm, «trug er den Vorfall im Schlosse vor und äußerte dabei, das Studentenkorps dürfe durchaus nicht leiden, daß die Thore eingehängt würden, und müsse es zu verhindern suchen», wie die Anklageschrift vom 13. Mai 1850 formulierte (nach Adolf Wolff, a. a. O.).

Nach hitzigen Debatten in der Universität, bei denen sich

lediglich der Student Friedrich den Äußerungen von Rasch anschloß, gingen beide in das benachbarte Kastanienwäldchen, wo sie vor einer erregten Menge sprachen. Friedrich und Rasch konnten die Menge dazu bewegen, vor das Schloß zu ziehen und die Wegnahme der Gitter zu fordern. Der mit einem Säbel bewaffnete Rasch fand sich dann als Anführer jener Gruppe, die vor dem Zeughaus aufgehalten wurde. Er «... vertheidigte, indem er sich auf den niedergelegten Thorflügel stellte, die Nützlichkeit und Nothwendigkeit der Entfernung der Gitterthore und forderte die ihn umstehende Menge erfolgreich zum Weiterbringen der Thorflügel auf» (A. Wolff, a. a. O.).

Die Berliner Adreßbücher dieses für Rasch so wichtigen Jahres 1848 nutzen wenig zur Feststellung seiner Identität, denn sie verzeichnen keinerlei Eintragung unter seinem Namen. Der Adreßkalender des Jahres 1845 nennt zwar einen Auskultator Herrn Rasch, wohnhaft Marienstraße 1 a, aber dieser war am Stadtgericht in der Königstraße und nicht am Kriminalgericht am Molkenmarkt tätig. 1846 zog er in die Potsdamer Straße 111 und wirkte dann am Stadtgericht in der Jüdenstraße. Die Adreßbücher und die Beamtenlisten für das Jahr 1847 und besonders für das uns hier interessierende Jahr 1848 dagegen verzeichnen keinerlei Eintragung mehr. Rasch scheint spurlos verschwunden gewesen zu sein. Auch die führenden Zeitungen des Jahrgangs 1848, auf die Gustav Rasch sich in seinem Buch «Aus meiner Festungszeit...» beruft, führen keinen Steckbrief auf seinen Namen. Sowohl die Vossische als auch die Haude- und Spenersche Zeitung, die hauptsächlich in Frage kämen, kennen keinen steckbrieflich gesuchten Gustav Rasch. Wieso kommt Gustav Rasch zu diesen Angaben, und vor allem: Kannte August Bebel die widersprüchliche Biographie dieses Mannes, der ihn im Februar 1874 auf der Festung Hubertusburg in Wermsdorf bei Leipzig kurz vor seiner Verlegung auf die Festung Königstein als Mitglied der SDAP besuchte? (Vgl. dazu das Personenverzeichnis der kritischen Bebel-Auswahl des Dietz-Verlages aus dem Jahre 1983 im 6. Bd., S. 785; dort auch Angabe der Lebensdaten 1825–1878).

Immerhin hatte Rasch bis zu diesem Zeitpunkt zahlreiche Bücher geschrieben, die unter seinem Namen in den Magazinen der Bibliotheken stehen. Wer war Gustav Rasch wirklich? Ernst Dronke bezeichnete ihn in einem Brief vom 7. Mai 1850 an Friedrich Engels geradezu als «Renommist und Bummler», dem es «... schmeichelt, für ‹revolutionär› gehalten zu werden...», dessen Dienste man in Anspruch nehmen sollte, den man aber zweckmäßigerweise nicht in alle Details der konspirativen Arbeit einweihen müsse. (MEGA, Bd. III/3, Berlin 1981, S. 541).

So ließ ihn zwar der Kreis um Karl Marx und Friedrich Engels mit deren Billigung und Wissen Geld für die politischen Emigranten sammeln (wie schon vorher für die Arbeitslosen), und man bediente sich seiner Kenntnisse und Verbindungen im Kampf gegen sektiererische Kräfte und Splittergruppen, hielt ihn ansonsten jedoch auf Distanz.

Gustav Rasch war, in der Hoffnung, straffrei auszugehen, im Februar 1850 wieder nach Berlin gekommen und dort zunächst in den Untergrund gegangen. Hier lebte der «Narr aus Berlin» (nach der abschätzigen Bemerkung von Ernst Dronke in einem Brief an Friedrich Engels vom 21. Februar 1850) unter dem Decknamen Moritz Rabe in einem Haus an der Ecke Neue Grün- und Wallstraße. Deshalb also keine Eintragung im Berliner Adreßbuch! Vielleicht erklärt sich dadurch auch das «Schweigen» der Adreßkalender der Jahre 1847 und 1848. Möglicherweise lebte Rasch bereits in diesen Jahren im Untergrund, aber wie konnte er sich dann auf seine Prüfungen zum Obergerichtsassessor vorbereiten oder an den Sitzungen des Berliner Kriminalgerichts teilnehmen?

Nach seiner «Selbstdarstellung», an deren dokumentatorischer Treue in bezug auf seine Person allerdings mittlerweile gezweifelt werden muß, wurde Rasch nach seiner Verurteilung am 13. Mai 1850 und einer Gefängnisstrafe von 3 Monaten in der Berliner Stadtvogtei am 13. Juli des Jahres 1850 von dort in die Festung Magdeburg übergeführt und anschließend im Mai 1851 auf die Festung Silberberg im damaligen Regierungsbezirk Breslau verlegt, hatte also insgesamt 17 Monate Haft abzubüßen.

Und kein Gustav Rasch wird in späteren Adreßkalendern, so z. B. in denen der Jahre 1859 bzw. 1866 verzeichnet, obwohl er doch ein Berliner Erfolgsautor und Journalist war, der sogar Prozesse geführt haben will und solche führen wollte und den

– nach seinen Schriften zu urteilen – zahlreiche Reisen nach Italien, Schleswig-Holstein, London und anderswohin führten.

Die aus diesen Tatbeständen resultierenden Fragen sind gegenwärtig nicht mit der gebotenen Präzision zu beantworten, aber eines scheint sicher: Gustav Rasch war ein politischer Tagesschriftsteiler mit außerordentlichen und zum Teil verblüffenden Detailkenntnissen, der seine persönlichen Spuren aus verschiedenen Gründen verschleiert hat und bei dessen Schriften Erfindung und Realität sich im Sinne einer «social fiction» zu einem Ganzen mischen. So berichtet er z. B. in seinem Buch «Aus meiner Festungszeit...» von einer illegalen Gefängniszeitung in der Festung Magdeburg aus dem Jahre 1850, die dort unter dem Titel «Casemattenfloh » bei den Inhaftierten kursierte.

Diese Zeitung «… hatte Federzeichnungen als Illustrationen, enthielt *Leitartikel* (gesperrt im Orig. – d. V.) und Correspondenzen aus den verschiedenen Casematten und persiflierte den Commandanten und unzuverlässige Gefangene in schonungsloser Weise.

Die Zeitung übersprang sogar den Bretterzaun unseres Gefängnishofes und drang in die Casematten der Baugefangenen und der Sträflinge, in das Haus, wo die Gefangenen erster Classe wohnten und in die Wachstuben der Officiere und Soldaten…»

Ähnlich verhält es sich mit der im Anhang der vorliegenden Auswahl aufgenommenen Kampfschrift «Das Victoriatheater und die Intrigen des Theaterunternehmers Cerf» aus dem Jahre 1860 sowie mit dem unmittelbar darauffolgenden Pamphlet Gustav Raschs «Die Beweismittel für die in der Broschüre ‹Das Victoriatheater und die Intrigen des Theaterunternehmers Cerf› behaupteten Thatsachen» aus dem gleichen Jahre.

Hier deutet alles darauf hin, daß Gustav Rasch über Hintergrundwissen verfügte, das aus Quellen gespeist wurde, die bis in hohe diplomatische Kreise reichten. Ob Gustav Rasch über diese Kanäle vielleicht sogar von den schützenden Allerhöchsten Privilegien des Rudolf Cerf alias Hirsch wußte, die jener – nach einer Information von Dr. Ruth Freydank, Leiterin der Theatergeschichtlichen Sammlung des Berliner Märkischen Museums den Spionagediensten seines Vaters für die Krone während der Befreiungskriege zu verdanken hatte und der deshalb aus allen

Feuern immer heil herauskam, muß allerdings dahingestellt bleiben. Solange noch keine gesicherte Biographie Gustav Raschs existiert, die nur aus dem Vergleich seiner Schriften mit noch zu erschließenden archivalischen und anderen Quellen unter Berücksichtigung gedruckter und ungedruckter Äußerungen von Zeitgenossen zu erarbeiten ist, muß vieles, was ihn selbst betrifft, vage bleiben.

Um dem verwirrenden Spiel um die Biographie Gustav Raschs endlich die Krone aufzusetzen: der Berliner Bestsellerautor und langjährige Vertraute und Hausarzt Varnhagen van Enses, Max Ring (1817–1901), bediente sich in seiner 1882 veröffentlichten Publikation «Berliner Leben. Kulturstudien und Sittenbilder» nicht nur gleicher bzw. ähnlicher, wenn auch politisch eindeutig entschärfter Themen, sondern er benutzte auch in den darin enthaltenen Kapiteln «Die Morgue von Berlin» und «Im Asyl für Obdachlose» wörtliche oder dem Wortschatz Gustav Raschs entlehnte Formulierungen, ohne ihn als Quelle zu nennen.

Gerade bei dem kenntnisreichen Max Ring kann man sich des deutlichen Eindrucks nicht erwehren, daß er Gustav Rasch als Person, aber auch dessen Aufsätze, Artikel und Bücher (vor allem in seinen Erinnerungen, in welchen er z. B. auf den Skandal mit dem Victoriatheater eingeht, ohne Rasch auch nur mit einer Silbe zu erwähnen) wider besseres Wissen verschweigt.

Schließlich hatten beide nach der Mitte der 1850er Jahre z. B. in der auch bei Bebel erwähnten Zeitschrift «Die Gartenlaube» nebeneinander mal mit, mal ohne Namensnennung publiziert und sich die Themen ihrer Aufsätze gegenseitig «zugespielt». Ob mehr dahintersteckt als nur ein gelegentliches Voneinander-Abschreiben unter Presseleuten ist schwer auszumachen.

Außerdem stimmt es nicht, wenn Max Ring in den kurzen Vorbemerkungen zu seiner Publikation aus dem Jahre 1882 u. a. behauptete, daß «... Berlin in vielen Punkten noch eine terra incognita...», d. h. ein unbekanntes, unbebautes Feld der Literatur sei. Dieses Argument wird allein schon durch die auf Berlin bezogenen Aufsätze Gustav Raschs widerlegt. Und seit dem frühen 19. Jahrhundert, genauer: seit dem Sommer des Jahres 1804, als in der Beilage des deutschsprachigen Journals des Luxus und der Moden (Nr. 8, August 1804) der zweite Teil des Buches

«Berlinische Nächte» mit den darin enthaltenen Kapiteln über die neue Berliner Straßenbeleuchtung, über die Eröffnung des Neuen Schauspielhauses, über die Welt der Domestiken, über die Berliner Giftmischer u. a. angekündigt wurde, fließt ein ziemlich breiter, nie versiegender Strom an sozialkritischer, manchmal ein wenig sensationslüstern aufgebauschter Berlin-Literatur. Und immer wieder wurden die «dunklen Häuser» Berlins beschrieben (Max Ring, Bernhard Heßlein, Gustav Rasch u. a.). Das Schweigen Max Rings, das Verschweigen Gustav Raschs kann man sich vielleicht auch damit erklären, daß Ring, wie viele andere auch, nach der gewaltsamen Reichseinigung von oben 1871 die eigene literarische Vergangenheit verdrängen und damit vor der Öffentlichkeit und vielleicht sogar vor sich selbst ungeschehen machen wollte.

Die Berlinischen Sandfelder, von denen Edgar Bauer bereits in seiner Jugendnovelle «Es leben feste Grundsätze» aus dem Jahre 1843 gesprochen hatte, trugen sehr wohl die «...schwanke Palme der Poesie» (Edgar Bauer, 1843), und sie entbehrten auch nicht der sozialkritischen Darstellung. Letztere erreichte mit dem berühmten «Königsbuch» der Bettina von Arnim aus dem gleichen Jahre, besonders mit seinem Anhang, einen Höhepunkt.

Die Themen, mit denen Gustav Rasch in der vorliegenden Auswahl vorgestellt wird und die in den entsprechenden Anmerkungen ausführlich kommentiert werden, sind also in der Berlin-Literatur verankert und haben ihre feste Tradition.